01 小学数学教学法

曹培英 ◎ 主编

小学数学问题解决教学研究

跨越断层，走出误区

曹培英 张晓芸 ◎ 著

上海教育出版社
SHANGHAI EDUCATIONAL PUBLISHING HOUSE

图书在版编目（CIP）数据

跨越断层，走出误区：小学数学问题解决教学研究 / 曹培英，张晓芸著. — 上海：上海教育出版社，2021.8
ISBN 978-7-5720-1014-9

Ⅰ.①跨… Ⅱ.①曹… ②张… Ⅲ.①小学数学课-教学研究 Ⅳ.①G623.502

中国版本图书馆CIP数据核字(2021)第145678号

策　　划	蒋徐巍
责任编辑	蒋徐巍
封面设计	王　捷

Kuayue Duanceng Zouchu Wuqu Xiaoxue Shuxue Wenti Jiejue Jiaoxue Yanjiu
跨越断层，走出误区：小学数学问题解决教学研究
曹培英　张晓芸　著

出版发行	上海教育出版社有限公司
官　　网	www.seph.com.cn
地　　址	上海市闵行区号景路159弄C座
邮　　编	201101
印　　刷	常熟华顺印刷有限公司
开　　本	700×1000　1/16　印张 20.5　插页 3
字　　数	320 千字
版　　次	2021年8月第1版
印　　次	2025年3月第5次印刷
书　　号	ISBN 978-7-5720-1014-9/G·0797
定　　价	59.80 元

如发现质量问题，读者可向本社调换　电话：021-64373213

丛书序

(一)

　　教学法是一个多义词。

　　有作"教学方法"使用的,如讲授教学法、实验教学法等;也有视为多种方法综合的"教学模式",如情境教学法、四步教学法、五步教学法等。

　　在教育理论界,有时即指教学论,讲的是教学的一般原理;有时则指某学科的教学法,如语文教学法、数学教学法等[1]。

　　这与西方近代教育理论似乎相近。例如,著名捷克教育家夸美纽斯(Comenius)早在1632年就已成书的《大教学论》共三十三章中,有五章阐述教学法,如科学教学法、艺术教学法、语文教学法等。可见,各科教学法最初是在"教学论胎内"孕育的,是一般教学论的应用和具体化。

　　在我国,先于《大教学论》1800多年的《学记》,论及了许多至今仍有指导意义且文化特色鲜明的教学原则与"善教""善学"之法,但总体上是教育教学的通论。到近代,学校教育兴起,则教学法引进在先,教学论形成在后。清末由日文翻译为教授法。1917年陶行知学成回国,对当时学校像是"教校""先生只管教,学生只管学"的状况极为不满,在南京高等师范学校把全部课程中的"教授法"改为"教学法",从而赋"教学"以"教学生学"的语义[2]。

　　就小学数学学科而言,较早且较著名的有俞子夷编译的《小学算术教

---

[1] 王策三.教学论稿[M].北京:人民教育出版社,1985:2.
[2] 施良方,崔允漷.教学理论:课堂教学的原理、策略与研究[M].上海:华东师范大学出版社,1999:6.

法》。内容包括教材的编排(书中叫做"学习的组织")、练习与习惯养成法、思考推理、个性的差异、成绩考查等。用今天的目光来看,仍不乏先进性。

至60年代,"学科教学法"改称"教材教法",如北京出版社于1963年出版的《小学算术教材教法》(北京市教育局中小学教材编审处编)。的确,学科教学法的研究内容大体上可以概括为"教什么""怎么教"两大问题。杜威(John Dewey)认为,没有脱离教材的方法,"方法乃是将教材有效地导向所希望的结果"。再说,教材怎么处理,其本身也是方法问题。

改革开放后,"普通教学法"陆续改称"教学论","理由似乎很简单,就是要提高理论性,区分层次性"[1]。较早且较著名的如王策三著的《教学论稿》,阐述的是"教学的一般原理"。显然,在我国,教学论是在教学法基础上演化而来,是学科教学法共性的提炼与升华。

随后,我国各师范大学纷纷仿效,将"学科教学法"改为"学科教学论",乃至"学科教育学"。实际上,大多是教学论、教育学的框架或理论加学科的例子。对此,有学者给出尖锐评论:"我国的教学法……到如今,竟走上了末路,成为淡化学科特点的'学科教育学'。"[2]虽说一家之言,但值得警醒、反思。

美国教育心理学家舒尔曼(Lee S.Shulman)针对美国教师资格认证、培训只关注教育通识而看不到学科的影子这一"缺失的范式",提出了学科教学知识(Pedagogical Content Knowledge,简称PCK)的概念,认为PCK在教师专业知识结构中处于核心地位。其实,学科教学法言说的就是结合教学内容的学科教学知识。

结合教学内容阐述教学方法的合理性在于:"教育学、教学论、课程论的那些'教学方法'即使确有根据(即撇开那些杜撰的'教学方法'),因游离于具体教材,也就不足以解决教学实践中对具体教材如何处理问题。"[3]

如果说由实践上升为理论,是一种创新研究,理论思辨层面的创新研究,那么将理论落地解决操作问题,同样是一种创新研究,实践应用层面的创新

---

[1] 丁邦平."教学论"与"教学法"的关系探析——(跨文化)比较教学论的视角[J].教育学报,2015,11(05):53-64.
[2] 陈桂生.教学法的命运[J].全球教育展望,2007(04):18-21.
[3] 同[2].

研究。

小学数学教学法就是一种将一般的理论应用于小学数学教学实际的研究结晶。它融合了数学的算术、代数、几何、概率统计等分支的基础知识,综合了教育学的德育论、课程论、教学论等分支的基本原理,以及心理学、认识论、数学史的相关研究成果,同时也是广大教师长期积累的实践经验和做法,即学科教学知识去粗取精的筛选、由表及里的分析、由此及彼的提炼。

因此,小学数学教学法能给教师提供"教学生学"的有效指导、有益借鉴,使教学实践少走弯路,更快地"得法"。

(二)

这套"小学数学教学法"丛书各册的主标题都是"跨越断层,走出误区"。什么断层？教育理论与教学实践的断层。正是因为断层的存在,导致认知出现某些偏差,实践进入一些误区,需要厘清,有待走出。为什么会有断层,原因是多方面的,其中很重要的一点,就是我们一直强调理论与教学实践的紧密联系,却不愿、不敢或者说不想直面两者的分野。

有学者撰文指出:"20世纪50年代,在中小学,教学法颇为盛行……以致在很长时间里,从事一般教育理论研究的大学教师,如果不懂中小学教材教法,因同中小学教师缺乏共同语言,而很难走进中小学。""如今,不懂教学法的'专家'可以大摇大摆地进出中小学(惭愧,本人就是一例),而教研室的研究人员,大学的教学法教师,不论教育理论的功底如何,却玩起了'教学理念'。这就叫做'外行人干起了内行事,内行人干起了外行事'。"[1]

其实,有自知之明、正视研究边界的学者绝非个别。

记得20世纪80年代,一次教研活动中,一位教育期刊主编与特级教师就分数应用题的两种教法发生辩论,那位特级教师认为主编的对策不可行,说到激动时冒出一句:那你来教给我们看。主编反怼:演员可以不同意批评,但不应反过来要求评论家作示范表演。

---

[1] 陈桂生.教学法的命运[J].全球教育展望,2007(04):18-21.

前不久听说一位资深教授在同类场合给出相似隐喻:教育理论是美食家,不是厨师。真是"入木三分"。

历史地看,在我国,从孔夫子到陶行知,都是理论研究与实践操作集于一身者,都既是美食家,也是厨师。随着学术不断分化、专深,教学理论研究者与实践工作者分处不同场域,形成不同的思维方式和话语系统,难免导致脱节,各说各话。

曾有领导针对师范大学与区教育学院在教师继续教育上的分工与协作问题,拿医学作出类比:师范大学的研究相当于基础医学,区教育学院的研究犹如临床医学。两者的专攻以及相互依存关系,尽在不言之中。

毫无疑问,教育理论研究生成知识,教学实践研究生成技术。研究基础医学的教授绝不会对临床医生的手术指手画脚,因为那是拿生命开玩笑。

说白了,理论就是理论,理论不是说明书,也不是操作指南。教育理论能够在思想层面给我们以启迪、指引,却难以在实践层面告诉一线教师某一学段、某一学科、某一课题该怎么展开教学。如果某一教育理论能够解决小学数学的一系列具体教学问题,那么小学语文、中学数学呢?

实际教学中,面对特定的内容、学生,由于各种主客观因素的综合作用,教师会形成自己的教学行动习惯路径,就像一列"自带轨道的火车",并没按照理论为其编制好的轨道驶向下一个站点[1]。他们会自觉反思,但常因纷繁事务的羁绊而缺乏足够时间,常因深深浸润其中而缺乏跳出来审视的宽阔视野。更由于教学工作的特殊性,不同于工程学有图纸、有工艺规程和各环节质量检测,也不同于医学有治疗标准、有各项监测指标和详细病历记录,以致有效的教学做法与经验常常处在自生自灭状态,很容易失落,得不到传承与发展。因此,作为断层间的行者,有责任"把优秀教师的实践教学法智慧系统地整理并呈现出来"[2],以方便教师"做中学",促进"做中悟"。

---

[1] 石中英.论教育实践的逻辑[J].教育研究,2006(01):3-9.
[2] 舒尔曼.实践智慧:论教学、学习与学会教学[M].王艳玲,等译.上海:华东师范大学出版社,2014:158.

（三）

目前，我国教师队伍的实际状况是，职前都有教育学、心理学理论以及学科教学概论之类的学习经历。特别是自 20 世纪末国务院颁布的《教师资格条例》实施以来，非师范类专业毕业的教师也都通过了教育学、心理学的考试。

鉴于此，这套"小学数学教学法"丛书不再按照学科教学法通常的惯例，从教育目的、课程目标讲起，而是采用教学专题研究的方式确定各册的选题。

专题研究虽然不如分年级的教材教法那样，可以完全对应教师眼前的教学工作，但有助于克服教学的"碎片化"现象与"课时主义"弊端，也有利于教师确立教学的整体观，审视教学的系统及其过程。

我们的专题研究采取回溯式研究与探索式研究相结合的思路，基于历史，与时俱进，并精选、汇集了大量鲜活、典型的案例与课例。

这些立足课堂、源于实践的案例研究与课例研究，其实是一种螺旋上升、不断改进的行动研究。呈现出来的叙事、反思、分析、概括，其实正契合了后现代教育研究走向现象学和描述学的潮流，与理论研究方式的转型，可谓殊途同归。

我们的专题研究秉承实践性研究的价值观，努力将普遍的教育规律置于具体情境之中，理性地审视教学实践发生的过程与条件，尽可能将默会状态的实践性知识，用教师们熟悉的日常教学语言加以显性化和适度的理论诠释，力求达成理论与实践的通融。因而，本套丛书不再单独设立章节阐述理论。

长期的教师培训经验表明，"实例可以把理论具体地表现出来，或者读的人能够自己看了实例体会出理论来。这也是一种近乎归纳的学习法"[1]。

我们相信这样的论述方式，不仅便于教师理解与吸纳，有利于推动教学实践的深入，促进教师专业水平的提升，也是本土教育理论发展的源头活水。

---

[1] 俞子夷.小学算术教学法[M].上海:商务印书馆,1926:1.

与国际上实施全科教学的国家相比,我国小学一以贯之的分科教学体制凸显了教学的专业性,使数以百万计的小学数学教师可以持续几十年地专注于一门学科的教材教法。它的弊端在于时间长了,容易出现思维的固化与眼界的窄化,但瑕不掩玉的优点在于长期的工作、研究聚焦,有利于不断丰富本学段、本学科的教学实践经验。这一群体长期沉淀的学科教学知识是世界其他各国无法比拟的"富矿"。正是因为充分认识并发挥了这一得天独厚的优势,所以我们的回溯式与探索性相结合的研究,实乃"站在巨人肩膀上的攀登"。因此,本套丛书的出版既是一种"反哺""回馈",也是一种"交流""共享"。

愿丛书在惠及教师进而使学生得益的同时,成为繁荣学科教学法研究的引玉之砖。

2021年2月

序

（一）

在中国，数学问题解决的研究，可以说既古老又年轻。

说它古老，是因为中国古代的数学研究集中在两个方面。一是数的运算，二是一个个数学问题的算法，两方面的成就都称之为"术"。重视问题解决术是我国的传统。

说它年轻，是因为与国际数学教育接轨的问题解决研究，在20世纪90年代才形成一个高潮。本书作者关于问题解决的第一篇论文《谈小学数学学习中的问题解决》，刊于《课程·教材·教法》1999年第9期。若以"问题解决"为主题、"小学数学"为关键词，则该文是CSSCI检索的第一篇。

中华人民共和国教育部于2001年颁布的《基础教育课程改革纲要（试行）》，明确提出培养学生的"分析问题和解决问题的能力"。同年颁布的《全日制义务教育数学课程标准（实验稿）》，首次将"解决问题"列为义务教育阶段数学教学的四大课程目标之一。之后，《义务教育数学课程标准（2011年版）》延续了这一改革。

就小学数学而言，问题解决是公认的教学难度大、学生出错多的领域，也是改革力度相当大的领域，有不少收获，但还存在一些认知偏差与教学误区。例如，认为改革就是把应用题的名称改为实际问题，就是加强生活应用，就是用问题解决替换应用题，就是不讲方法讲策略，等等。

谁都知道，名称的更换并非改革的实质，换汤不换药是任何改革的大忌。就数学的实际应用而言，20世纪50年代在煤油灯下记流水账的是小康人家。到如今，家庭收入数百倍地增长，油盐柴米的计算却已逐渐淡出。如果小学的数学应用满足于仅仅是日常购物，岂不倒退到100多年前清末"使知日用之计算"的教学水平？

也有一些是"摸石头过河"过程中生成的问题。例如，取消应用题的单元设置，让数学应用跟着知识走，问题解决本身的结构说不清、道不明，等等。

历史地看，从杜威到布鲁纳（Jerome Seymour Bruner），一个核心的突破就是由"经验课程论"进化为"结构课程论"。尽管基于布鲁纳理念的数学教育现代化运动毁誉参半，紧接其后的是回归基础运动，但两者遭遇的挫折具有质的区别。"一切学习来自经验"的教学主张走不远是"内伤"，源自经验主义哲学自身的偏颇；数学教育现代化运动受挫则是"外伤"，过于依赖数学家的主导。实践也已经表明，经验课程难以适应"知识爆炸"时代的发展，而凸显"学科结构"理论的国际影响，至今方兴未艾。

回到当下，恢复数学应用与数学知识天然联系的主张固然不错，但问题解决及其教学本身的结构化，特别是问题解决的内容、方法的系统性，也不能始终处于混沌状态。这是本书直面以对、重点研讨的内容之一。

本书的另一个重点是问题解决教学的具体操作问题。

作为"小学数学教学法"丛书中的一本，秉承理论基于实践，指导融入实践，实践检验理论，修正、发展理论的信念，力求为教师奉献一本"教学生学"的问题解决教学的操作指南。

（二）

本书的研究特点——

首先，我们认为，中国的数学教育研究，一方面一直传承着注重数学问题算法的文化传统，另一方面又先后吸取了多国的理论与实践经验。在我们的数学教育研究中，既有杜威"儿童中心""做中学"的基因，又有苏联注重数学知识系统性的特点。而且，由于历史的原因，这些外来文化经历了从虚心学习、照搬，到彻底批判、否定，再到重新肯定其合理内核的过程。同样，问题解决的研究也融汇了我们自己的传统与多方面外来的精髓。

其次，我们的问题解决研究，一方面关注研究内容的系统性、结构性，力求在各种倾向之间获得一种平衡，另一方面又非常重视实际教学的可操作性与多层次的适应性。

我们几十年研究的主要路径(两个方向的箭头表示有过多次反复)可用如下简要图示来概括:

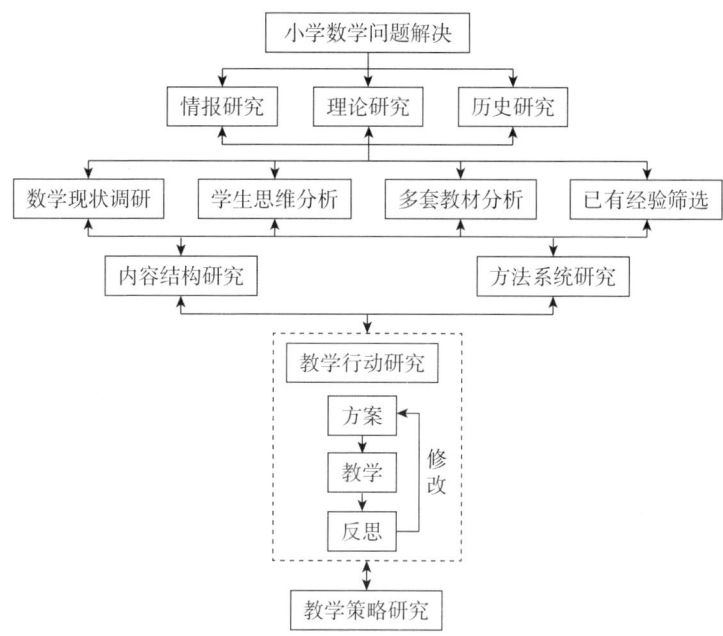

正是基于不断学习、探索、深入反思、持续实践研究的积淀,本书力求通过一系列鲜活、生动、新颖、独特的案例与课例,提炼切实可行的做法与策略。我们相信,一个典型的实例胜过一打理论。

因此,在本书中,作者尽可能将问题解决的诸多理论渗透在实例中,让实践说理、做而论道,以期激活读者自身的教学经验,辨析得失,参悟、提升自己的理性认识。

在成书过程中,我们多次请同仁试读,听取意见,反复修改。尽管一丝不苟,竭尽心血,肯定还会有不少瑕疵、失误,恳请方家赐教。不胜感激!

2021年初春

目 录

第一章 问题解决的概述
第一节 研究的背景 /3
第二节 问题解决的内涵与外延 /7
第三节 问题解决教学现状的调研分析 /21

第二章 问题解决的内容结构
第一节 现行教材问题解决教学内容的分析 /29
第二节 内容改革的问题与对策 /31
第三节 问题解决内容结构体系的建构 /35

第三章 问题解决的方法及其教学改进
第一节 基本步骤 /47
第二节 方法系统 /53
第三节 问题解决方法的教学改进 /56

第四章 问题解决的教学策略
第一节 结构化教学策略 /93
第二节 直观化教学策略 /99
第三节 生活化教学策略 /104

第四节　变式呈现策略　　　　　　　　　/109
　　第五节　思路诱导策略　　　　　　　　　/112
　　第六节　分解训练策略　　　　　　　　　/118

第五章　"数学广角"系列的教学研究
　　第一节　从价值取向到教学策略　　　　　/133
　　第二节　搭配　　　　　　　　　　　　　/150
　　第三节　集合　　　　　　　　　　　　　/163
　　第四节　优化　　　　　　　　　　　　　/178
　　第五节　田忌赛马　　　　　　　　　　　/197
　　第六节　鸡兔同笼　　　　　　　　　　　/209
　　第七节　植树问题　　　　　　　　　　　/224
　　第八节　数与形　　　　　　　　　　　　/238
　　第九节　抽屉原理　　　　　　　　　　　/257

第六章　问题提出的教学研究
　　第一节　历史回顾与研究意义　　　　　　/275
　　第二节　问题提出的内涵与分类　　　　　/280
　　第三节　教师设计的问题提出　　　　　　/283
　　第四节　学生自为的问题提出　　　　　　/290
　　第五节　学生问题提出能力的培养策略　　/295
　　第六节　教师的挑战　　　　　　　　　　/310

第一章
问题解决的概述

问题解决自20世纪80年代提出以来,一直受到各国数学课程改革的重视。原因何在?

什么是问题解决?各种诠释有何内在联系?怎样的分类比较符合小学数学实际?

从应用题到问题解决,一直是教与学的难点。目前教学的瓶颈何在?

这一章,将从概述国际、国内背景与研究现状入手,对这些问题作出简要的阐述,并通过典型案例,展现获取数学知识、应用数学知识过程中问题解决的生动面貌。

在此基础上,给出我们的调研分析,指出教师的困惑所在,为后面的探讨提供线索。

第一节 研究的背景

一、国际背景

回顾 20 世纪中叶以来国际数学教育改革的历程,先是美国受苏联第一颗人造地球卫星发射成功的刺激,检讨科技落后的原因,公认在于教育,从而数学学科首当其冲,掀起"新数运动"(即"数学教育现代化运动"),在整个 60 年代席卷全球。

至 70 年代,"新数运动"暴露的一些问题,特别是数学教育质量下降,遭到大众的猛烈批评,于是又响起了"回归基础"的口号。

到 80 年代提出"问题解决",起初人们心存疑虑,会不会又是十年一个口号? 然而,历史并未重演。

自 1980 年 4 月,全美数学教师理事会(National Council of Teachers of Mathematics)在指导 80 年代学校数学教育的纲领性文件《行动的议事日程》中,提出"把问题解决作为学校数学教育的核心"以来,美国历次数学教育改革的重要文件都将问题解决摆在了突出的位置。1988 年修订的《美国学校数学课程与评价标准》,从标准总论到各年段标准,都将问题解决列为五个过程标准之首位[1]。十年后推出的《美国州际核心数学课程标准》,"以八个数学实践标准作为讨论的起点",排在第一的就是"理解问题并能坚持不懈地解决问题"[2]。可以说,问题解决牢固地确立了它在数学教育中的地位,相关的研究一直是国际数学教育界和教育心理学界的研究热点。这对美国这样一个喜欢标新立异的国家来说,实在难得。

---

[1] 全美数学教师理事会.美国学校数学课程与评价标准[M].人民教育出版社数学室,译.北京:人民教育出版社,1994:1-3.

[2] 全美州长协会和首席州立学校官员理事会.美国州际数学课程标准:历史、内容和实施[M].蔡金法,等译编.北京:人民教育出版社,2016:15-16.

为什么"问题解决"具有如此经久不衰的生命力？其内在的必然性与合理性何在？

首先，源于社会发展的需要。人类社会的进步，科学技术突飞猛进的发展，要求基础教育确立从小培养学生创新意识的目标。重视问题解决的教与学，无疑是达成这一目标的有效途径。

其次，数学观的演变影响了数学教育。数学绝对真理性的丧失与逻辑相容性的搁浅，也促使数学教育不再唯一地强调数学知识技能的掌握目标，进而更加关注数学思考与问题解决。

再次，心理学的研究提供了理论支撑。20世纪初以来，心理学家对问题解决做了大量的研究。这些研究涉及问题解决的过程、影响因素、心理机制以及问题解决的策略等方面，形成了一系列问题解决的理论。尤其是信息加工理论与现代认知心理学的相关研究给数学教育界带来了许多有益的启示，促进了实践研究的深入。

正是在这样的背景下，问题解决的重要地位得到了普遍的认同，并逐渐演化为世界性的数学教育改革的共同追求。

日本文部科学省于2008年3月公布的《小学数学学习指导要领》，内容方面将原来3～6年级的"数量关系"扩展为1～6年级，同时1～6年级都安排了"数学活动"，且纳入"问题解决"的视野[1]。德国的数学教育标准将"数学地解决问题的能力"列为六大数学能力之一[2]。英国国家数学课程标准的学习目标，在"使用和应用数学"方面，有关问题解决的目标列在最前面，其后才是交流、推理[3]。新加坡自1990年的小学数学教学大纲，首次将发展学生的问题解决能力作为核心目标至今，一直保持着这一特点。在新加

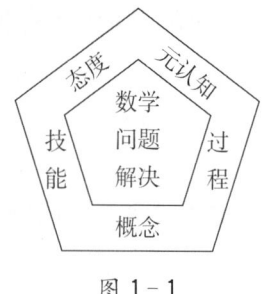

图 1-1

---

[1] 黄燕苹，黄翔. 日本《小学数学学习指导要领》内容结构的调整与变化[J]. 课程·教材·教法，2009，29(04)：88-93.

[2] 徐斌艳. 关于德国数学教育标准中的数学能力模型[J]. 课程·教材·教法，2007(09)：84-87.

[3] 徐文彬，杨玉东. 英国国家数学课程标准介绍[J]. 中学数学教学参考，2006(24)：53-56.

坡的数学课程中,问题解决非常明确地处于中心地位(图1-1)[1]。

二、国内背景

在我国,数学问题解决具有悠久的历史传统。中国古代数学几乎所有的成果都是问题解决的结晶。植根于民族文化的这个鲜明特点也深深影响着我国的数学教育,解题研究之风长久盛行,且不断与时俱进。例如,从聚焦问题求解到关注数学思想方法的渗透,从单一、封闭性问题到多样、开放性问题,从强调熟能生巧到重视理解反思等。

在小学,数学应用的内容大多以各种形式的应用题为载体,因此从"算术"到"数学",应用题一直是主要教学内容之一。1952年的小学算术教学大纲曾经要求用总课时的一半左右来教学应用题。该大纲还采用当时苏联教材的应用题分类体系,并引入一系列类型名称。这种应用题分类教学的方式对以后的教材和教学影响很大。按照该大纲的要求,复合应用题要学到六步计算,还有近10种典型应用题。实际上,真正能够达到这些教学要求的学生为数不多,而且升入中学学了列方程解应用题以后,算术方法很快就回生、遗忘了。应用题教学内容繁难庞杂的局面,直到1978年小学数学教学大纲才得到扭转。该大纲和教材不仅精简了应用题教学的内容,而且还强调启发学生分析数量关系,使应用题教学由重视一招一式的解题技巧训练转变为重视解题思路教学,重视培养分析问题、解决问题的能力。同时引进方程,以算术解法为基础,逐步过渡到列方程解应用题,使应用题教学改革进入了一个新的发展阶段。20世纪90年代末的义务教育小学数学教学大纲推进了这方面的改革[2]。

进入21世纪,于2001年颁布的《基础教育课程改革纲要(施行)》明确提出培养学生的"分析问题和解决问题的能力"。同年颁布的《全日制义务教育数学课程标准(实验稿)》把"数学思考""解决问题"和"知识与技能""情感与态度"一道,作为义务教育阶段数学的四大课程目标,将培养学生的"应用意识"作为核心词之一予以强调,并专设"实践与综合应用"模块。

---

[1] 孔企平.对新加坡小学数学课程特色的分析[J].课程·教材·教法,2006(12):80-84.
[2] 曹培英.小学数学教学改革探析——在规矩方圆中求索[M].北京:人民教育出版社,2004:20-21.

进一步，《义务教育数学课程标准（2011年版）》延续了这一改革，不仅又加入了"创新意识"这一核心词，还将我国数学教育优良传统"双基""两能"发展为"四基"（数学的基础知识、基本技能、基本思想、基本活动经验）、"四能"（发现和提出问题的能力、分析和解决问题的能力）。数学课程标准的这些发展性变化，既顺应了国际数学教育改革的趋势，又具有中国的特色，同时也为加强和改进问题解决的教学及其研究指明了方向。

三、研究现状

心理学的问题解决研究早于数学的问题解决研究。"认知革命"前的问题解决研究产生了"试误说""顿悟说"等理论。"认知革命"后的问题解决研究则经历了"纯粹"信息加工的问题解决研究与涉及知识层面的问题解决研究两个阶段。预示着今后研究的若干特点：在研究范式上信息加工理论与建构主义相整合，在研究思路上问题解决中的主客体相互作用思想日益凸显，在研究内容上以涉及知识层次为重心。心理学的研究发展对于数学问题解决研究具有基础理论指导意义。

数学的问题解决及其教学研究，美籍匈牙利数学家、数学教育家乔治·波利亚(George Polya)算得上是较早的先驱，其1944年的名著《怎样解题》提出了一些关于问题解决的基本步骤和方法，并提炼成了"怎样解题表"。这在我国中小学数学教学中有相当深远的影响。

20世纪80年代以后，美国数学教育家舍费尔德(A. Schoenfeld)进行了大量关于数学问题解决教学的研究，特别是如何教学生解决数学问题以及如何评价学生是否掌握了解决问题的策略及其迁移情况。同时，他还将调控（元认知）与情意因素（如数学信念）引进了数学问题解决的过程。这对我国数学问题解决的研究也产生了比较明显的影响。

国内的研究相比国外，起步较晚，但很快取得了不小的进展。

起初，以数学解题本身及其教学研究居多，比较重视对数学思维及其培养的研究和数学方法论的研究。此后又一度侧重数学应用题、数学开放题的编制及其教学研究。

21世纪初以来，研究面有所扩展，出现了一些关于问题解决过程心理机制(如问题空间、问题表征)、问题解决心理过程分析、问题解决影响因素(情境、信念、调控、文化)的研究。比较集中的是问题解决的策略研究、问题解决的教学策略研究、问题解决的教学设计与课例研究,以及原教学大纲与现课程标准的比较研究、不同版本教材的比较研究等。

此外,还有数学问题解决教学模式、数学问题解决理论建构等方面的初步研究。

对于一线教师来说,以上研究除了教学设计与课例的研究,总体感觉比较"高大上",与教学实践的具体操作有一定的距离。特别是学生应该掌握哪些问题解决的方法、怎样教学这些方法,这类研究目前不仅相对比较少,而且不够系统,对教师的实践指导力不足,也难以帮助学生真正掌握方法、形成能力。因此,这将成为本书探讨的重点之一。

第二节 问题解决的内涵与外延

一、问题解决的内涵

从心理学的视角来看,当人们面临一项任务而又没有直接手段去完成时,于是就有了"问题"。代表性的界定是:指给定信息与目标指向之间存在障碍的情境。信息、目标、障碍是问题的三要素。举例来说,一道小学数学题或一页数学课文(信息),你想解答或理解它(目标),中学生无需思索,小学生则要动番脑筋(障碍)。

进而,问题解决较权威的解释是:指具有目的性并有认知成分参与的思维活动序列。举例来说,幻想(没有明确目的)、发扑克牌(没有认知成分参与)、回忆电话号码(没有思维活动序列)就不是问题解决。

在数学教育领域,对于问题解决的内涵,不同学者、不同文件给出了不同的解释。较有代表性的观点有以下几种。

其一,问题解决是应用数学的过程。例如,美国数学督导委员会(National

Council of Supervisors of Mathematics)在《21世纪的数学基础》中指出:"问题解决是把前面学到的知识运用到新的和不熟悉的情境中的过程。"

其二,问题解决是一种能力。例如,英国的考克罗夫特(W.H.Cockcroft)等人称:"那种把数学用于各种情况的能力,我们叫做问题解决。"

其三,问题解决是数学学习的目的。美国学者西尔弗(E.A. Silver)指出:"20世纪80年代以来,世界上几乎所有的国家都把提高学生的问题解决能力作为数学教学的主要目的之一。"

其四,问题解决是一种教学模式。例如,英国的《考克罗夫特报告》中提到:"将'问题解决'的活动形式看作数学教或学的类型。"

上面四种解释的着眼点虽各有侧重,但其实质是一脉相通的,即问题解决是一种在应用数学的过程中形成的数学能力,这种数学能力是数学教学必须着重培养的数学素质之一,需要构建一种适当的教学活动模式来实现这一培养目标。[1]

其五,问题解决是一种学习方式。事实上,问题解决本是学习心理学中早就有的一个重要概念。在美国心理学家加涅(Robert Mills Gagne)最初提出的学习等级分类中,问题解决为层次最高的一类学习,是指以独特的方式选择多组规则并加以综合运用的学习。

用现代认知心理学的话语来讲,问题解决是一种基于主动探究的认知方式。

按照建构主义的观点,这种学习、认知方式的优势在于能够有效地促进理解和知识的意义建构。

从问题解决学习的心理活动来看,它是一种以问题为目标定向,以思考为内涵的探索活动。具体地说,是指学生面临新的问题情境,发现它与主客观需要有矛盾但又缺乏现成对策时所引起的探究处理问题方法的学习心理活动。

有必要提出,之所以强调问题解决的心理学含义,是因为将问题解决视为一种高级形式的学习,其外延要比"学习解题"(不管是什么样的题)广泛得多。

在培训活动中,多次有教师问:解决问题与问题解决有没有区别?这一问题源自数学课程标准,2011年版将2001年版(实验稿)中的"解决问题"改成

---

[1] 曹培英. 谈小学数学学习中的问题解决[J].课程·教材·教法,1999(09):44-47.

了"问题解决"。

"问题解决"翻译味明显,若将它看作偏正词组"问题的解决",与动宾词组"解决问题"的含义相同;但它还可以看作省略成分的短语,如"问题及其解决"等,则"问题"与"解决"并列,内涵就更为丰富。不妨联系课程目标的变化,由原来的"两能"发展为"四能",因此可以认为改为"问题解决"与"四能"目标相一致。

二、问题解决的外延

考察概念的外延,可以从它的分类着手。

按照上面陈述的前四种观点,侧重于数学的应用,通常将问题解决分为纯数学的问题解决与数学的现实问题解决两类。每一类还可以进一步细分为算术问题、代数问题、几何问题。这是根据应用的范围、问题的学科属性所作的分类。

按上述第五种观点,侧重于学习、认知的方式,我们主张将问题解决分为获取知识、应用知识的问题解决两大类。

从小学数学教与学的实际来看,问题解决首先存在于获取数学知识的过程中,表现为凭借已有的知识、经验去完成新的学习课题;其次存在于应用数学知识的过程中,表现为将学过的数学知识、原理、技能迁移到新的问题情境中去。即

$$\text{问题解决} \begin{cases} \text{获取数学知识的问题解决} \\ \text{应用数学知识的问题解决} \begin{cases} \text{常规问题解决} \\ \text{非常规问题解决} \end{cases} \end{cases}$$

之所以明确列出常规问题解决,是因为小学数学的学习,从自然数的认识与四则运算掌握、应用开始,面对着大量的常规问题,这些常规问题的解决构成了重要的、不可或缺的数学基础。舍此,则非常规问题解决将不可想象地成了无源之水、无本之木。

心理学对问题解决的公认分类也是常规性问题解决与创造性问题解决。

当然,第二级分类也可以按另一个维度分为无现实情境的数学问题解决、有现实情境(包括虚拟童话情境)的实际问题解决。考虑到小学数学应用数学知识的问题解决以实际问题为主,较少涉及纯数学问题,所以采用上述的分类。

三、两类问题解决的实例分析

作为上述分类的"实证",这里分别给出各子类的具体案例,以期展现小学数学问题解决教学有血有肉的全貌。

(一) 获取数学知识的问题解决

1. 学习课题的问题特征

问题解决作为高层次的学习,对学习课题所要解决的问题,有一定的要求,即问题必须符合一定的特征。综合各家的研究,比较趋同的是以下三个特征:

(1) 是初次遇到的新问题;
(2) 是克服障碍的探究活动;
(3) 能生成新的知识。

通常,小学数学教材中新的学习课题以及首次出现的例题,无论是否赋以现实情境,大多符合以上特征。因此,小学数学新课教学应该是问题解决学习的主要渠道。

上述问题特征并没有对问题是否具有现实情境加以要求。也就是说,采用问题解决学习方式的例题(问题),可以是实际问题(如下面课例1"谁跑得快"),也可以是经过教学法加工的纯数学问题(如下面课例2"把纸看作平面,在纸上任意画两条直线,会有哪几种情况")。

实践表明,过分推崇现实情境,甚至用情境命名课题,利少弊多。以如今已见惯不怪的课堂教学现象为例,"昨天我们学了'参观花圃',今天学习'秋游'"(指"用四舍法试商""用五入法试商"),犹如"打哑谜",令局外人摸不着头脑。

而且,当教师不满意教材提供的情节内容,自己创设具有地方特点或学校特色的问题情境时,只好更改课题名称。于是,使用同一教材、同一内容的一堂课,不同的教师教,就出现了不同的课题。例如,同是教学乘法对加法的分配律,甲教师自拟的课题是"水果大超市",乙教师自定的课题为"选购西装",丙教师的课题叫做"课桌椅"……五花八门,唯独不见乘法分配律的"蛛丝马迹"。

情境变了,"运动场"换成了"大舞台",课题再叫"运动场"显然不合适。问题在于,课题"多样化"的目的是什么?是不是应该听任数学课题被情境颠覆,让人看不出这是一节数学课,让人摸不透这节课学了什么?由此引起的质疑是:究竟何为载体,何为主题?数学课题,究竟应当突出载体,还是突出主题?

表现主题的载体可以千变万化,这是由数学广泛应用性所决定的。数学教学的课题应当是教学内容的概括,常常起到画龙点睛的效果;它对知识的内化往往具有简化记忆与提示回忆的作用。那种外加的课题名称,既增加了记忆的内容,又添加了回忆检索以及后继教学的麻烦。[1]

更为重要的是,一方面,并非所有内容都需要由现实情境引入。例如,四则混合运算的顺序,为什么要规定先乘除后加减,纯粹是为了保证运算结果的唯一性。如果用现实情境来解释,那么既有先乘除的实际需要,也有先加减的实际需要,根本说明不了什么。

另一方面,并非所有内容都适宜由现实情境引入。例如,教学形如 $ax+bc=d$ 或 $ax+bx=c$ 的方程,从实际问题引入,不得不将原本分别出现的列方程教学与解方程教学整合在一节课内完成,客观上造成了学习的难点相对集中。这对教师的教学能力和学生的学习能力都是一种高难度考验。[2]

因此,采用问题解决的教学方式让学生获取新知识,将难点集中于一课并非上策。"克服障碍的探究活动"必须因内容、因学生、因教师制宜,把握适度的挑战性,力求使学生"跳一跳够得着"。

2. 两个概念教学的课例

一般来说,将解决实际问题的教学过程归结为问题解决的过程是十分自然的。教学计算法则,教学几何求积公式的推导,也能视为问题解决。除此之外,小学数学的概念教学能否纳入问题解决的范畴呢?请看下面两例。

---

[1] 曹培英.数学还是那个数学——让数学教学回归数学(上)[J].小学数学教育,2015(11):2-3.
[2] 曹培英.数学教学问题情境的"规定"与"选择"[J].小学数学教师,2007(1-2):20-28.

课例 1-1 教学速度概念（谁跑得快）

目前，多数教材中速度概念是通过举例给出的。例如：

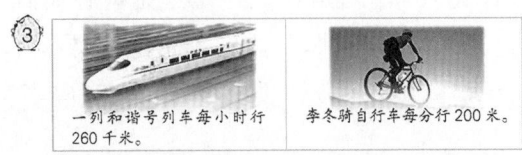

每小时 260 千米、每分 200 米是速度，可以写成"260 千米/时""200 米/分"，千米/时读作千米每时，米/分读作米每分。

图 1-2

实践表明，一般学生都能基于生活经验接受速度概念，但仅仅通过举例，对速度是由路程和时间两个量决定的，感受不够深刻。为使学生清晰认识所谓"速度快"意味着"跑得多、用时少"，采用问题解决教学方式让学生探究是很有必要的。同时，问题情境中的已知数据不宜过于简单。例如：

竞走成绩表		
	时间/分	路程/米
松鼠	4	280
猴子	4	240
小兔	3	240

猜一猜，谁走得最快？

图 1-3

面对便于口算的数据，多数学生的反应是乘法口诀，如"三八二十四"，以致路程除以时间的体验若有若无。因此，宜改用多数学生需要用竖式笔算的数据。

教学前，进行了两项学情调查，一是计算熟练情况的测试，二是不等式传递性、自反性直观理解的实验。结果是：一位数除三位数还需要列竖式笔算；不等的传递性、对称性，直观理解没问题。如图 1-4，一般学生都能看图作出正确判断：石榴最重，茄子最轻。事实上，一些幼儿园的大班就有类似的思维训练。

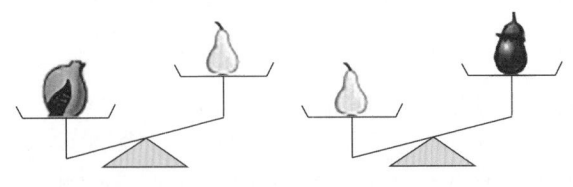

图 1-4

由此,决定挖掘、增强该课题学习过程中的思维内涵,通过问题解决提升学生的理解水平。

教学时,首先让学生看着情境图[1](图1-5),说说已知的条件信息,并提出比较快慢的问题。

图1-5

学生一共提出五个问题,即

(1) 小象和小熊谁快?

(2) 小牛和小熊谁快?

(3) 小牛和小象谁快?

(4) 谁最快?

(5) 谁最慢?

然后让学生先独立思考,再交流。教师对交流作了组织:先说不用计算,直接就能得出结果。于是:

(1) 小象和小熊用的时间相同,直接比较路程,小象比小熊快。

(2) 小牛和小熊跑的路程相同,直接比较时间,小牛比小熊快。

(3) 小牛和小象用的时间、跑的路程都不同,计算它们每分钟跑的路程再比较,因为小牛每分钟跑 $432÷6=72$(米),小象每分钟跑 $544÷8=68$(米),所以小牛比小象快。

教师追问:能估算比较小牛和小象的快慢吗?

---

[1] 上海市中小学(幼儿园)课程改革委员会.九年义务教育课本·数学·三年级第二学期(试用本)[M].上海:上海教育出版社,2019:9.

有学生答:小牛跑了432米,估成420米,除以6等于70,所以小牛每分钟跑的路程超过70米。

其他学生受到启发,接着说:小象跑了544米,估成560米,除以8等于70,说明小象每分钟跑了不到70米,所以估算也能比较。

(4) 综合(2)和(3),小牛比小熊快,小牛比小象快,得到小牛最快。

(5) 综合(1)和(2),小象比小熊快,小牛比小熊快,得到小熊最慢。

至此,五个问题都有了答案。教师按预设教学方案,要求学生检查比较的结果。这时,有学生看着教师的如下板书:

直接比较: ①象>熊 ⎱ 熊最慢
　　　　　②牛>熊 ⎰
　　　　　　　　　　　牛最快
计算比较:③牛>象

又发现了与众不同的比较方法:

综合③和①,小牛比小象快,小象比小熊快,得到小牛最快;反过来,就是小熊最慢。

教师加以板书:

由③和①:牛>象>熊,牛最快

反过来: 熊<象<牛,熊最慢

教师顺水推舟指出:用不同的方法解决同一问题得到相同的结果,也是一种比较常用的检验方法。接着让学生看教材,自学什么是"速度",怎样表示。

容易看出,上述以解决问题"谁跑得快"为载体的教学过程,不仅帮助学生理解了速度的内涵,还渗透了一系列的数学思想方法,如学生由①和②得出熊最慢,由②和③得出牛最快,用到了"归纳";由③和①推出牛最快,反过来推出熊最慢,实际上是在自发地依据不等的"传递性""对称性"进行"演绎"。在此过程中,学生获得了相当丰富的数学活动经验。

更有意思的是,教师的小结又引发学生再次发现新的解法。原来,教师在强调比较快慢的一般方法"求速度"时,指出计算每分(每秒、每时)的路程,是把"时间不同"转化为"时间相同"。个别学生受此启发,想到了另一种"转化"为时间相同的比较方法:

因为 小象8分跑544米→2分跑138米,

　　　小牛6分跑432米→2分跑144米,

所以小牛比小象快。

真是欲罢不能。教师本想转入课堂练习,却又一次出现思维活动的高潮。问题解决式学习的优势,可见一斑。

至于由"路程÷时间=速度"推出求路程、时间的关系式,对三年级学生来说一般不会有丝毫困难。因为从学习表内乘除法起,依据一句口诀算四题乘除法就打下了良好的基础。

评课时,有教师质疑,五个问题的交流教师是否必须干预?非要学生先汇报不用计算直接判断的,最后汇报要计算的,是否合理。执教教师说:试教时,让学生自由发言,结果前两位学生分别回答了第③和第①两个问题,教师在板书过程中发现,利用不等的传递性,其他三个问题都已经解决,即

由牛＞象,象＞熊,可得牛＞熊或牛＞象＞熊。

但学生没有发现,经启发,也只有个别学生认同,大多数学生只想汇报其他问题的答案。所以从面向全体学生考虑,决定对交流加以组织。

确实,从纯数学角度看,两两比较 a、b、c 三个量的大小,设第一次的结果是 $a>b$,只有当第二次出现 $b>c$ 或 $c>a$ 时,才能两次解决问题。也就是两两比较三个量的大小,一般需要比较三次。

这一似乎偶然的现象,再一次表明问题解决的教学有利于生成新的认识。

■ 课例 1-2　教学垂直与平行的概念

对于小学生来说,两条直线的"位置关系"是比较抽象的。教师利用学生的已有认识,通过课前谈话,引出同学关系、师生关系等人际关系,以及8是4的2倍等数量关系,为认识位置关系作好铺垫。

上课伊始,首先通过猜谜语复习直线概念。教师出示长方体的侧面,四个面上各写了一个字,展开成一个平面(图1-6),四字组成谜面"无始无终",打一几何图形。揭示谜底,引出直线及其特点"两端可以无限延长"。展开时教师还在黑板上板书"同一平面",从而比较自然地引出学习内容:今天研究同一平面上两条直线的位置关系。

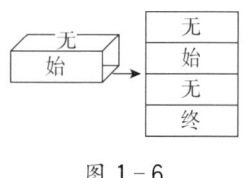

图 1-6

接着出示操作要求:把纸看作平面,每人先在纸上任意画两条直线,再小组合作,相互看看、想想,会有哪几种情况?

教师贴出学生画的各种情况(图1-7),让学生进行分类,并说明理由。

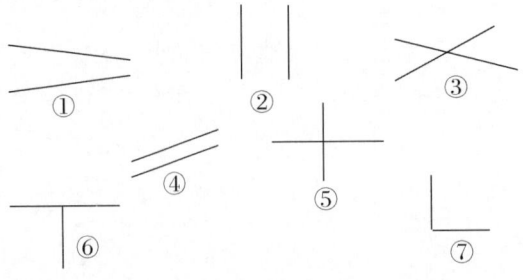

图 1-7

起初学生分成三类或四类,但都把③和⑤归为一类,理由是它们都交叉了。教师说,两条直线"交叉",数学上叫做"相交",让学生指出分别在哪一点相交,引出"交点"。然后提醒学生,你们画的是什么(直线),直线有什么特点(可以无限延长),把①⑥⑦中的直线延长看看,学生发现延长后①相当于③,⑥和⑦与⑤相同。从而三类、四类都归为两类,由此引出,同一平面上的两条直线,可以根据它们是否相交,分成相交与平行两类。然后追问:有没有哪位同学画的两条直线既不相交,又不平行?既相交,又平行呢?从而确认分类不重、不漏。

进一步,提出问题:两条直线相交有没有特殊情况?由此解决以下问题:

(1) 两条直线相交组成几个角?(四个)

(2) 特殊情况是相交成什么角?(直角)这时四个角的大小有什么关系?(相等)

(3) 怎样验证,需要量四个角吗?(只要量出一个角是 90°,另外三个角都可以用 180°—90°求出)

至此,完成板书(图 1-8):

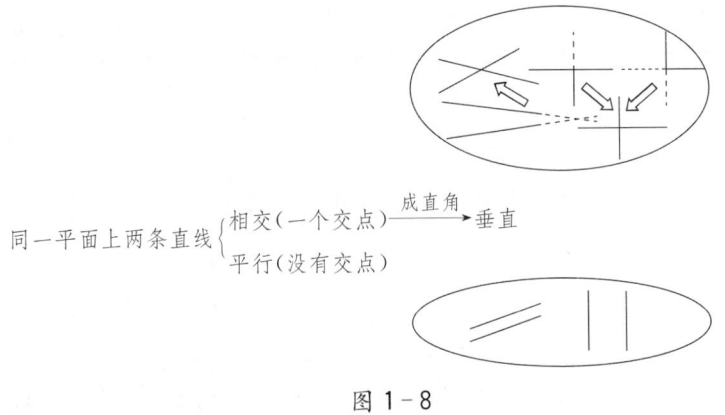

图 1-8

上述概念建立过程,从画图到交流对话,到最终解决"有哪几种情况"这一问题,同样是一个问题解决的过程。因为学生面对的是"初次遇到的新问题",他们通过"克服障碍的探究活动""生成了新知识"。在此过程中,不仅有分类讨论,还有演绎推理(根据平角的概念,由量得一个角是直角,推出其他三个角是直角)。

而后的练习也有比较典型的问题解决。例如,教师将双杠模型放在讲台上,让学生找一找有几对互相平行的木棒。两条横杠互相平行是显然的,四个脚呢？学生有两种数的方法。

数法一:左前脚与其他三个脚分别平行,右前脚与后面两脚分别平行,右后脚与左后脚平行,共有(3+2+1)对互相平行的脚。

数法二:前面两脚在一个平面上且不相交,互相平行;同理,后面、左面、右面的两个脚也分别在同一平面上,互相平行,左前脚与右后脚也在同一平面上(学生想到了用一张纸衬在两脚后面(图1-9),以显示它们在同一平面上),右前脚与左后脚也是如此,共有(4+2)对互相平行的脚。

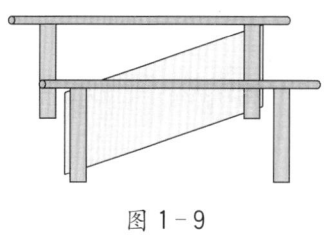

图1-9

这里,空间的平行线、平行的传递性等中学数学知识呼之欲出,小学生的数学学习潜能不容小觑。

3. 问题解决式数学学习的一般过程

问题解决式的数学学习过程,大致包括四个环节:

感知问题→分析问题→解决问题→检验反思(评价)

这是基于一般情况所作的划分,四个环节是典型的,但又不是刻板的。在不少情况下,某一环节可能嵌入另一环节之中,从而使问题解决过程得到简缩[1]。

上面介绍的课例1,四个环节比较清晰;课例2,环节之间的过渡显得比较模糊。首先,教师并没有刻意展开感知问题的环节,而是在出现不同分类时,再提醒学生注意"条件",即直线可任意延长。其次,分析问题与解决问题结合

---

[1] 曹培英.谈小学数学学习中的问题解决[J].课程·教材·教法,1999(09):44-47.

在一起进行,呈现边分析、边解决的特点。至于检验评价,则表现为知识结论的确认与梳理(如确认"不重、不漏")。尽管如此,课例2的问题特征明显,解决过程具有挑战性,且数学内涵丰富,不失为比较典型的问题解决。

早在1999年,笔者基于教育心理学的学习理论,曾撰文论述了"获取数学知识过程中的问题解决"。当时国内对问题解决的研究兴趣,主要集中在应用数学知识的问题解决方面,特别是开放题的设计与教学的研究。随着时间的推移,将问题解决视为学习方式、教学模式的研究越来越多。为贯彻、落实数学课程标准提出的"四基""四能"目标,小学数学还会在这方面有更多的深入实践与进一步的研究。

(二) 应用数学知识的问题解决

1. 常规问题与非常规问题的辨析

在心理学中,常规性问题与创造性问题的分野,一般认为主要在于解决问题的方法上。需要生成新方法的称为创造性问题,使用现成方法的称为常规性问题。

在小学数学教学中,常规问题与非常规问题的区别,除了思路、方法的创新与否,还有所用知识的综合程度,以及所给条件的差异(如直接条件、间接条件、隐蔽条件)。

然而,思路、方法的创新不是问题解决的必要特征。换句话说,常规问题与非常规问题的差异是相对的。因此,不妨把问题解决设想为一个连续体,从常规到非常规呈现渐进的转变。以第二学段的应用问题为例。

例 1-1 按要求解答。

(1) 看表填空:

	路程/米	时间/分
松鼠	240	3
小猴	200	5
小兔	220	4

① (　　)最快,因为它(　　　　);
(　　)最慢,因为它(　　　　)。

② 松鼠每分钟比小猴每分钟多跑(　　)米。

(2) 小鹿前3分钟的速度比后2分钟的速度平均每分钟快20米。李明说前3分钟的速度加上后2分钟的速度,再除以2,就是5分钟的平均速度。你觉得李明的算法对吗?如果不对,与正确答案相差多少?

显然,两题都是速度概念的应用问题。第(1)题的前一小题涉及比较速度快慢的两种极端情况,即跑的路程最大(小)而用时最小(大)的最快(慢),旨在促进学生通过问题解决加深对速度概念的理解。后一小题还涉及计算两数相差多少的问题,综合程度有所提高,但仍然是常规问题。

第(2)题就不同了。多数学生认为李明的算法不对,其中一部分能说明理由:时间相等时李明的算法才是正确的。但难以突破求相差多少的障碍。一些学优生想到的解决方法是假设小鹿前3分钟的速度是100米/分,则后2分钟的速度就是80米/分,应用"路程÷时间"的数量关系得:

$$(100×3+80×2)÷5=92(米/分)$$
$$(100+80)÷2=90(米/分)$$

至此,才发现正确答案比李明的计算结果大2米/分。说明这些学生还没有将问题看破。

事实上,李明的算法相当于把前2分钟的两个10米补给后2分钟,因此还有一个10米没有拿来平均分,也就是相差20÷2÷5=2(米/分)。可以图示如下(图1-10):

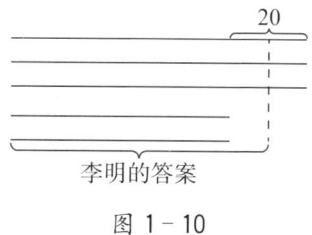

图1-10

可见,同样是速度概念的应用,第(2)题的挑战性就在于问题解决方法的创新,可以归入非常规问题解决。

2. 常规问题解决的案例

以"单价×数量＝总价"数量关系的应用为例。

例 1-2 两种巧克力混合成什锦巧克力，其中牛奶巧克力每千克 36 元，花生巧克力每千克 30 元。

(1) 如果两种巧克力各一半，每千克多少元？

$$(36+30)÷2=33(元)$$

(2) 如果牛奶巧克力更多，请估计每千克的价钱。

$$大于33元，小于36元$$

(3) 如果 3 颗中有 2 颗是花生巧克力，每千克多少元？

$$(36+30×2)÷3=32(元)$$

(4) 妈妈带了 100 元，买每袋 30 元的花生巧克力。最多可以买几袋？还剩多少元？

$$100÷30=3(袋)……10(元)$$

三道题都不同于教材简单应用的练习题，且思维难度有所提高，第(4)题还综合了有余数除法的应用，但都属于常规问题解决。

3. 非常规问题解决的案例

通常，教材中的"数学广角""数学广场""数学好玩"等单元中的问题，大多属于非常规问题解决。

例 1-3 比赛的数学问题。

(1) 16 支队比赛，采用单场淘汰制，一共要比赛多少场？

(2) 假设我班代表学校参加 5 校拔河比赛，采用淘汰赛制，决出冠军一共需要比多少场？请画出最有利于我班的对阵图。

(3) 动物棋规定：老鼠吃大象，大象吃老虎，老虎吃猫，猫吃老鼠。请设计对阵图，使得：

① 老鼠成为幸运者。

② 猫成为幸运者。

解决第(1)题的典型思路是：单场淘汰制每一场比赛淘汰 1 支队，16 支决出冠军需要淘汰 15 支队,所以要比赛 15 场。

第(2)题的前一问题为上题思路的简单应用,后一问题的解决实际上用到了"轮空"的策略(图 1-11)。

```
A B C D 我班          鼠 象 虎 猫      鼠 象 虎 猫
```

图 1-11   图 1-12

第(3)题则是"轮空"策略的灵活运用,既要让幸运者轮空,又要使它的天敌在前面被吃掉(图 1-12)。这样的趣味性非常规问题,儿童乐于探索、尝试,难度不大且情趣盎然,有助于开拓学生的问题解决思路。

至于应用数学知识解决问题的一般过程,将在第三章展开探讨。

第三节　问题解决教学现状的调研分析

一、调研设计

把脉现状,是深化研究、提升成果指导力的基础。因此,在情报研究、课例分析、经验回溯的基础上,我们从研究需要出发,设计调研问卷,面向小学数学教师发放专项调查问卷,期望验证教学改革的进展,探寻当前一线教师在问题解决教学中存在的问题与不足,为反思性实践探索提供数据支持。

通过以下流程,加强问卷调查的有效性,从中提取有价值的信息。

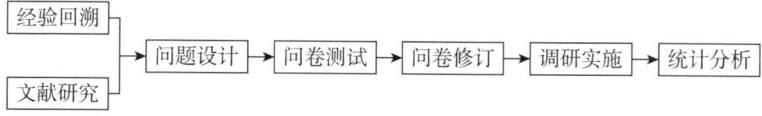

为使现状分析能够真实反映国内小学数学问题解决教学改进的进展与问

题,采用"多视角多层面互相印证"的研究策略予以展开,如图1-13所示。

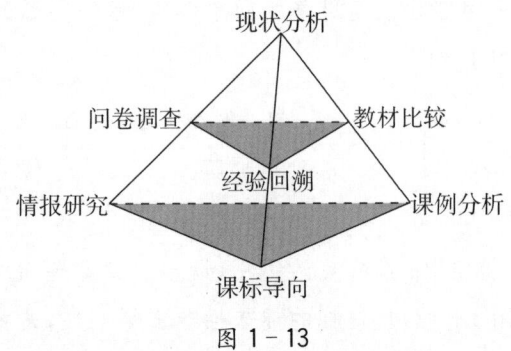

图1-13

这就使得关于"现状"的分析、归因具有较为扎实的实证支撑。

二、问题分析

进入21世纪以来,伴随着数学课程标准的实施,各种版本的小学数学实验教材都将问题解决的思想融入教材编写,以"解决问题"替代原教材中的"应用题",并在各部分内容里加强了数学现实背景的揭示与联系实际的应用。

例如,人民教育出版社出版的小学数学实验教材(人教版),从二年级起设置"解决问题""数学广角"单元;江苏教育出版社出版的小学数学实验教材(苏教版),从四年级开始专门开辟"解决问题的策略"单元。2012年起,人教版在精简、调整"数学广角"单元的同时,"解决问题"不再单列,而是分布到数与代数、图形与几何、统计与概率领域的各单元中;苏教版则在一、二年级分散教学的基础上,从三年级开始安排单元集中教学解决问题的策略。

总的来说,近二十年的实践有很大改观,进展、收效与问题、不足同在。这里仅就问题择要加以梳理。

1. 指向"教什么"的困惑

通过问卷与座谈、走访等形式,对收集到的意见进行整理、归纳,提取出以下几个相当集中的困惑。

困惑一:只知道要加强数学应用,不清楚实际问题的内容序列,只能按教材教;每个年级数学应用的重点是什么心中无数,教师的主观能动性只是根据学生的错误增补应用题目。

困惑二:过去的应用题教学强调分析法、综合法和画线段图,什么题目从问题或从条件入手分析、什么题目要画线段图比较清晰;对教师而言,现在好像是一笔糊涂账,只能照本宣科。

困惑三:过去教材会总结应用题的解答步骤,便于教师展开针对性教学;课改后这些没有了,分析问题、解决问题能力的培养缺少抓手。

显然,三个困惑都属于"教什么"的问题。困惑一指向问题解决的内容结构、教材编排,将在第二章中展开探讨;困惑二、三针对问题解决的方法、步骤,要不要教学,教学哪些,这些问题将在第三章中深入研究。

2. 针对"怎样教"的问题

(1) 情境取材:回归现实生活的适切性。

这方面的进展最为直观。各套教材设计的实际问题,题材丰富多样,涉及社会、自然众多领域,成为新一轮课改以来小学数学教材的一大特色。

各地教师也都发挥自己的创造性,原创了不少富有新意、贴近现实的实际问题。

内容取材方面有待进一步研究的问题主要是:

其一,哪些题材处在学生常识的最近发展区内?

其二,是否需要考虑题材的"序"与范围的"度",以及题材对于不同地域的适切性?

例如,一次公开课,教师自行设计给四年级学生解答的实际问题:

我国的稀土储量全世界最多,约 3640 万吨,是澳大利亚的 7 倍。澳大利亚的稀土储量约多少万吨?

上题涉及的稀有金属"稀土"及其"储量"概念,超出了多数四年级学生的常识范围(稀土之乡的学生除外)。虽说稀土是何物,储量指什么,澳大利亚在哪里,都与数学抽象无关,理论上并不影响数量关系的分析与题目的解答,甚至在一定程度上还有助于训练学生剔除情节的干扰,抽象出数量关系的能力;但对多数学生来说,读题感觉"云里雾里",容易滋生学习数学的负面情绪,助长学困生不求甚解、随意猜测的习惯。

又如，笔者赴云南主持教育部农村骨干教师国家级培训期间，一位来自香格里拉的教师给教材提意见：素材大多取自城市，给边远地区的孩子增添了学习困难。请她举出实例：如图1-14，两题的素材，压路机、灯箱广告，确是山区孩子见不到的事物。

图 1-14

容易形成两点共识：一是教材选用素材要兼顾城市与农村，包括插图，要让初次见到的孩子一看就能明白。二是随着年级的升高，逐步扩大联系实际的范围，既是需要的，也是可行的。一方面，要关注新生事物的出现、新技术的应用，更新素材、更新数据，使内容充分体现社会的发展与进步；另一方面，题材的选择又要与学生的年龄特点、常识基础与阅读能力相适应。

例如，与稀土储量类似题材的六年级练习题：

例 1-4 智利是世界上铜储量最多的国家，以"铜矿之国"闻名于世。已探明铜的储量为 1.86 亿吨，约占世界总储量的 $\frac{1}{3}$。铜的世界总储量是多少亿吨？

尽管不是每个六年级学生都知道智利这个国家，都理解铜储量的含义，但他们已经能够也愿意接受这样的"新鲜事物"，通过解题扩展自己的知识面。

然而，情境取材的选择是一个实践性很强且众口难调的问题。凡是关于教材编写形式的比较研究，几乎都会指出这一问题。我们的国情是城乡差别大、民族众多，教材难以照顾到各地区、各民族的差异。因此，根本的出路在于课程实施校本化，即统一教材的处理因地制宜，教师应当也可以酌情自行更换部分问题情境的素材。

（2）题目设计：问题与条件的开放性。

多年来，教材与教师在设计实际问题时都比较注重问题与条件的开放性，主要表现在：

一是只给出相关的条件信息，由学生提出问题，将培养学生的问题意识和提出问题的能力落实在平时的教学中。

二是尽可能还原问题原貌，素材的陈述与插图包含冗余信息，从而培养学生从较多的信息中识别多余条件、捕捉必要条件的能力。

然而，提问训练怎样循序渐进，不在一个层次上重复，也涉及"度"与"序"的把握、设计等问题。这些问题将在第六章中予以回答。

（3）呈现方式：真景实境的利与弊。

如今，教材中的实际问题常常借助照片、插图表现问题情境，使之一目了然。课堂上教师演示的课件更是发挥多媒体声、光、色俱全的特点，展现较为真实的问题情境。因此，不仅学生喜闻乐见，还明显降低了理解题意的难度。一个有力的例证是，过去学生解答应用题时相当常见的，见"一共"就"加"，见"剩下"就"减"的现象，似乎悄然消失了。以致一些青年教师甚至不知道学生会有如此典型的解题错误。

呈现方式的改进收到了较为明显的实效。然而，潜在的问题是：视觉化的技术倾向是否弱化了审题能力？

目前，学生审题习惯不佳的现象比较普遍，固然有多方面的原因，这里仅指出具有直接影响的两点。

其一，有研究显示，沉湎于动漫的儿童，与喜欢看文字书籍的孩子相比，阅读能力相对偏低。反映在数学教学中，大量的"图说"代替"言说"，审题跟着视觉走，容易导致对画面的依赖，从而削弱文字阅读能力和情境的想象力。

其二，不分条件与问题，一概称之为"信息"，且不再强调审题的要领，不再重视审题的训练。由此，当情境图中信息较多、较散，需要识别、挑选条件时，学生往往出现困难。

例 1-5 环城自行车赛问题[1]

由题意，要求"还要骑多少千米"，可以用总里程减去前两段的里程，也可

---

[1] 课程教材研究所，小学数学课程教材研究开发中心.义务教育课程标准实验教科书·数学（四年级下册）[M].北京：人民教育出版社，2004：100.

以把后3天的里程相加。如此简单的问题,每一届都有学生因不理解题意而束手无策。

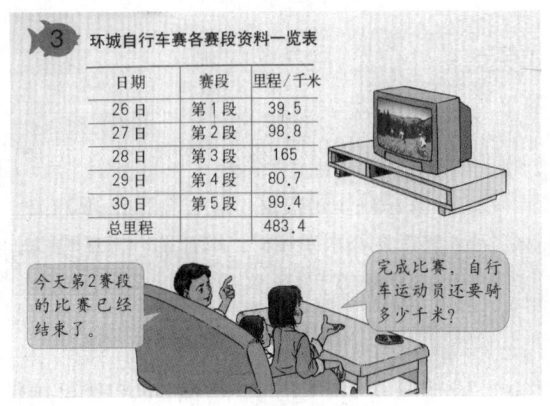

图1-15

显然,问题出在审题环节。

教师经常采用的提问方式"你看图获得了哪些信息",千篇一律,过于笼统,对学习困难学生来说,这样的问题问了也白问!

一次听课,一位大胆的学生说:"信息太多了,说不过来。"教师回应道:"找一找,哪些信息与数学有关?"只见另一位举手回答的学生,从26日,第1段,39.5千米开始,把表格读完,再读对话。教师给予肯定:"好,题目的意思懂了吗?"学生当然回答"懂了"。于是,"小组讨论,怎样解答"。

陪同听课的教研员对笔者说,现在的审题,大多如出一辙。[1]因此,怎样实施审题训练,就成为第五章的必不可少的内容之一。

---

[1] 曹培英.小学数学问题解决教学研究(二)[J].小学数学教育,2013(7/8):4-7.

第二章
问题解决的内容结构

问题解决究竟教学哪些内容?

过去的应用题,教材编排比较清晰,教师教过一轮也就心中有数了。现在呢?崇尚结构化的今天,问题解决教学内容的结构成了被遗忘的角落。

这一章,首先通过三套教材中实际问题的总量分布与分类统计,揭示教材编排中存在的问题,并探讨可行对策。

进而梳理小学数学问题解决教学内容的总体结构,概括数量关系的基本结构,探讨其发展变化,并且从学科、学生两方面总结编排线索。

第一节　现行教材问题解决教学内容的分析

如前所述,数学问题解决存在于知识的获取与应用的过程中。从本章起,主要研究应用数学知识的问题解决。

在整个小学阶段,教材以整数及分数(小数)的运算为主线,问题解决总体上与四则运算相随相伴,成为小学数学教材中问题解决的主要内容。

一、教材问题解决内容总量的分布

从文献检索来看,已有不少教材比较研究、编写特点研究、教学适应性分析以及教学经验总结,缺少的是教学内容的定量统计分析,对现行教材的研究由此展开是很有必要的。

对国内目前[1]使用面(发行量)处于前三位的三套教材(分别以 A 版、B 版、C 版简称)中"实际问题解决"的所有例题及习题,进行分册统计,涵盖小学 1~5 年级,每套教材各 10 册。各册实际问题的总数分布如图 2-1 所示。

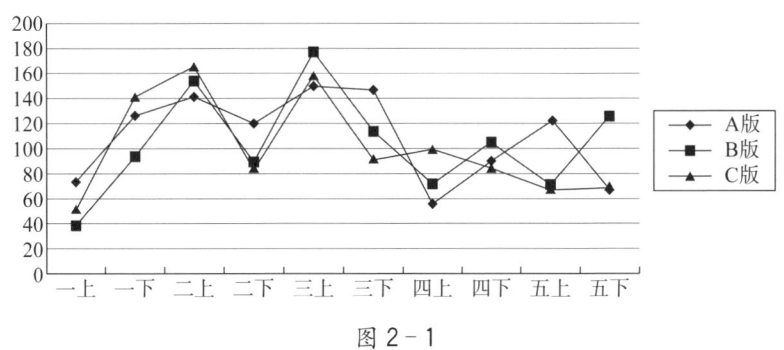

图 2-1

---

[1] 指根据《义务教育数学课程标准(2011 年版)》修订,于 2014 年出齐各册的教材。

统计结果令人惊讶,三套教材实际问题解决的分布波动都相当大,既无递增、递减性,又无均衡性,显然是欠合理的。这从一个侧面反映了问题解决目前的内容编排具有一定的随意性,同时也凸显了解决内容结构问题的必要性。

二、教材问题解决内容的分类统计

为了找到究竟什么应用多、什么应用少,从而使内容精简、充实的建议具有数据的实证支持,因此又对各册的实际问题作了进一步的分类统计。

以A版一、二年级的实际问题为例,分类统计结果[1]如表2-1、表2-2所示(各维度分类的具体标准见下文)。

表2-1 A版一年级实际问题分类统计表

合计	一步										两步			多步
	加		减			其他	思路		情境		连加	连减	加减	
	和	多几	剩(部分)	差	少几		顺向	逆向	熟悉	陌生				
一上 74	35		22	6			55	8	57	6	4		4	3
一下 125	26		47	18	2	13	100	6	94	12	6	3	1	9

(表中"差"指求两数相差多少,其中"一上"是看图填差)

表2-2 A版二年级实际问题分类统计表

合计	一步													两步									多步
	加		减			乘	除		其他	思路		情境		连加	连减	加减	乘±		除±		两个条件	其他	
	和	多几	剩(部分)	差	少几		等分	包含		顺向	逆向	熟悉	陌生				( )	/	( )	/			
二上 141	30	11	3	9	9	48			6	115	1	114	2	4	2	1		17					1
二下 120	7		8			5	26	49	3	98	0	96	2		4	1	1	9	4				2

(表中"( )""/"分别指综合列式中含与不含小括号的实际问题)

由于A版教材"倍"的概念安排在三年级,因此二年级的乘法应用问题只有求"积"(即求相同加数的和)一种类型,除法的应用问题只有"等分"(即求相同加数)、"包含"(即求相同加数的个数)两种类型。

---

[1] 为检验数据统计的可靠性,抽取两册分别由两人独立编码,一致性均大于90%。

从以上两表可以看出,某些类别的实际问题,如一年级上学期的"求和"、一年级下学期的"求剩余(部分)",数量偏多,可以适当精简;明显缺失的,如只含两个条件的两步运算实际问题,应弥补。

第二节 内容改革的问题与对策

一、存在问题

如果说将"应用题"改为"实际问题"只是名称的改变,那么打破原来的应用题教学系统,让应用跟随知识的学习加以编排的处理方式,则是一个实质性的改进。它的优势不仅在于加强了数学的应用,还在于回归数学学习的本来面目,恢复数学知识与其应用的天然联系。

随之而来的主要问题:其一,怎样形成实际问题自身的"序"? 其二,是否需要关注数量关系覆盖的"面"?[1]

1. 实际问题自身的"序"

过去,严格按照计算步数与运算组合的顺序来编排应用题的做法,有其合理的一面,但过于拘泥这一"序",就难免忽视儿童的生活经验与认知特点,陷入僵化。现在突破这个框架之后,因为不少实际问题是多种数学知识的综合应用,所以"学什么、用什么"的体系难以贯彻到底。因此,实际问题自身是不是应该形成一个系列,怎样构建这一体系等问题,是我们无法回避、必须面对的。

2. 数量关系覆盖的"面"

过去,为覆盖应用面,有一种比较极端的取向,就是对四则运算进行排列

---

[1] 曹培英.小学数学问题解决教学研究(二)[J].小学数学教育,2013(7/8):4-7.

组合,以此作为编写应用题的线索。这样编排不但繁琐,还容易凸显应用题人为编造的弊端。那么,摒弃这一做法之后,比较常见的数量关系是否还需要覆盖呢?

事实上,无论怎样覆盖,应用题的教学内容始终是可能存在的实际问题的"样本"。特别是现在,强调、重视举一反三,例题、习题取样更加精简了。自然,样本越小,取样的代表性、典型性就越重要。[1]

二、改进对策

1. 基本思路

小学数学问题解决教学的内容调整必须直面一对主要矛盾:一方面,数学应用意识、数学应用能力的培养有待加强;另一方面,减轻小学生过重课业负担的社会呼声有增无减,"减负"仍然是课改的主基调。

比较各种调整举措,切实可行的基本思路是:多精简,少增加,在教学改进上下功夫。

(1) 多精简

以上述图2-1、表2-1、表2-2等统计分析为依据,尽可能精简过多重复的应用练习题目,适当平衡各册应用题目的总量。

(2) 少增加

只增补不可或缺的内容,如只含两个条件的两步运算实际问题。尽可能少增设新的例题。

(3) 自然渗透

弥补问题解决方法教学的缺失,尽可能采取自然渗透的策略,在教学改进上下功夫。也就是在现有教学内容中挖掘问题解决方法的内涵,通过改进教学而不是新增例题来加强问题解决方法的教学。

概括地说,调和上述主要矛盾的三个关键词是:精简、增加、渗透。

---

[1] 曹培英.小学数学问题解决教学研究(二)[J].小学数学教育,2013(7/8):4-7.

2. 两条原则

针对怎样形成实际问题自身的"序"与是否关注数量关系覆盖的"面",主要对策是以下两条原则。

（1）协调原则

兼顾实际问题由简到繁的"序"与儿童思维的"序",协调编排。

若只考虑实际问题由简到繁的"序",则从一步运算的应用到两步、三步运算的应用就是最主要的编排线索。

但若考虑儿童思维由易到难的"序",则同样是一步运算的应用:"求一个已知数的几倍"与"已知一个未知数的几倍是多少,求这个未知数",有经验的教师都知道,两者的难度属于两个层次。在小学数学教师的话语系统中,前者叫做"顺向思维的问题",后者叫做"逆向思维的问题"。类似地,同样是两步运算的应用,"已知三个必要条件"与"已知两个必要条件",即

两者的难度差异也是不容低估的。道理很简单,少了一个条件,其中某一条件就要重复使用,难度系数势必提高。所以,由简到繁的"序"与由易到难的"序",必须统筹兼顾,协调编排。这一已经受长期实践检验的应用题教材编排经验,并没有因为课改而失效。[1]

（2）效能原则

精心选编,追求数量关系有限覆盖的效能,以"触类旁通"促"举一反三"。

为使大多数学生能够举一反三,关键在于"举一"的典型性、启发性。换句话说,"举一触类"了,自然就能"旁通反三"。试举一例。

■ 课例 2-1　由一步运算应用到多步运算应用的教学。

[原型题]

李老师买《童话故事》用了 375 元,买《科幻故事》用了 285 元。一共要付多少元？

---

[1] 曹培英.小学数学问题解决教学研究（二）[J].小学数学教育,2013(7/8):4-7.

[扩展变式题]

李老师买了5套《童话故事》，每套75元，又买了3套《科幻故事》，每套95元。一共要付多少元？

算式是：

$$75×5+95×3=375+285=660(元)。$$

这是求两积之和的实际问题。容易想到，只需将问题改为"买5套《童话故事》比3套《科幻故事》多付多少元"，就是求两积之差的实际问题。

[可逆变式题]

把总价660元或相差90元作为已知条件，让学生改编成求四个因数之一，如求《科幻故事》单价的问题：

李老师买了5套《童话故事》和3套《科幻故事》，总价660元。《童话故事》每套75元，《科幻故事》每套多少元？

其他各题不一一列出。实践表明，一般学生都能"举一反三"。

进一步，还可以启发学生改编成"求两商之差"的问题：

李老师买了5套《童话故事》共375元，买了3套《科幻故事》共285元。每套《童话故事》的价钱比每套《科幻故事》少多少元？

也可以提出问题"两种书的单价相差多少元"，让学生补充适当的条件。

[情境变式题]

配套练习可以继续适当给出其他情境变式。例如：

(1) 制作一种飞机模型，李师傅每天制作75架，制作了5天；张师傅每天制作95架，制作了3天。他们一共制作了多少架飞机模型？

(2) 如图2-2，小明和小红在学校门口分手，7分钟后他们同时到家。小明平均每分钟走45米，小红平均每分钟走多少米？

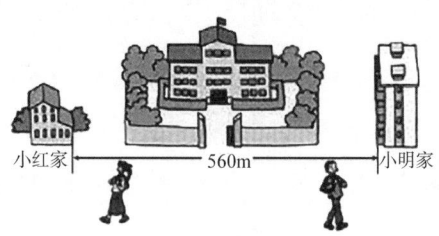

图2-2

不难看出,两积之和的数量关系 $a\times n+b\times m=c$(不妨称之为线性组合关系),在小学数学中是应用范围相当广泛的一个数学模型。当两个积中各有一个因数相等时,设 $n=m=x$,则 $ax+bx=c$ 就是它的一个典型变式,所谓的相遇问题就是它的现实原型之一。同时,由它还能自然导出两积之差、两商之和差的数量关系。因此,"两积之和"是必须"有限覆盖",并且给予重点关注的数量关系。

换个角度看,追求数量关系有限覆盖的效能,即关注它的"生长性"和发展价值,其实质就是追求教材与教学的"结构化"。理论与实践都能告诉我们,结构化的教材与教学,有利于促进学习的迁移与"四能"培养目标的落实。[1]

第三节　问题解决内容结构体系的建构

一、总体结构

小学数学问题解决的内容早就形成了一个整体结构(图 2-3)。在数概念与四则运算应用的基础上还有几何、统计初步知识的应用,以及方程、比和比例的应用。本次课改在此基础上引进了问题解决的专题,如人教版的"数学广角",北师大版的"数学好玩",苏教版"问题解决的策略"。除此以外,每套教材都有综合与实践活动,实质上也是数学问题解决,只是联系实际的范围更广,整体结构如图 2-4 所示。

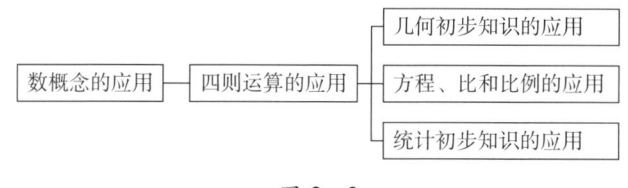

图 2-3

[1] 曹培英.小学数学问题解决教学研究(二)[J].小学数学教育,2013(7/8):4-7.

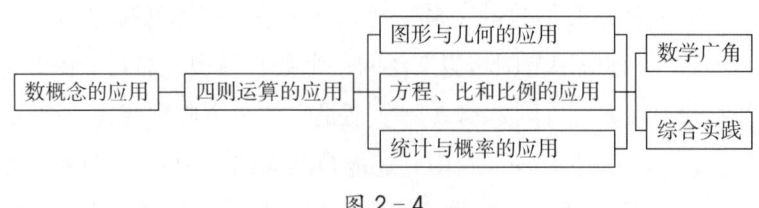

图 2-4

数概念的应用主要是整数、小数、分数相关概念的应用。以整数为例,内容主要是"几个与第几个"(即基数、序数的应用)、以万(亿)为单位与精确到万(亿)位概念的应用,以及倍数与因数、素数与合数,最大公因数与最小公倍数等概念的应用。

例 2-1 "倍数与因数"单元概念应用的实际问题。

(1) 36 个同学分成人数相等的小组(每组至少 2 人,至少 2 组),可以怎样分?

(2) 蝉的生长周期,长的有 13 年、17 年,都是素数。这是什么原因呢?

第(1)题是因数概念的应用,明确"至少 2"是为了避免产生无谓的争论"答案是否包括分成 1 组、36 组"。

第(2)题旨在启发学生应用素数概念解释自然现象。例如,对于生长周期为 13 年的蝉,只有生长周期为 1 年、13 年的天敌可以威胁到它。

四则运算的应用包含了整数运算的应用与分数(百分数)运算的应用。之所以不单列小数四则运算的应用,是因为在小学数学中,小数四则运算只是多了小数点的处理步骤,实际上归结为整数的相应运算,没有涉及十进分数的运算意义(如求一个数的十分之一、百分之一、千分之一是多少),因此问题解决的类型与整数四则运算基本相同。

在教学实践中,数概念的应用与几何、统计、代数初步知识的应用包括哪些内容,教材编者与一线教师都比较清楚。因为小学的数学概念得到了较为严格的控制,数量少、内涵浅,所以应用的边界相对清晰。类似地,分数(百分数)运算的应用无非是求一个数是另一个数的几(百)分之几,求一个数的几(百)分之几是多少,已知一个数的几(百)分之几是多少求这个数这三类。即使课标不明确规定,教师也都知道要学习解决哪些问题。

然而,整数四则运算的应用到底应该出现哪些实际问题,原来的教学大纲分年级作出了明文规定,现在的课程标准语焉不详,成了教学内容的模糊地带。而且应该出现的实际问题按照怎样的"序"呈现,是否应该有一个合理的结构,同样道不明、理不清。因此,下面从数量关系的视角,主要研究整数四则运算应用的内容结构。

二、数量关系

在我国,小学数学教材中曾出现 11 种所谓的简单应用题,并分别给出了数量名称以方便叙述数量关系式。例如:

部分数$_1$＋部分数$_2$＝总数;总数－部分数$_1$＝部分数$_2$。

每份数×份数＝总数;总数÷份数＝每份数;总数÷每份数＝份数。

习惯上又分别简称"部总关系""份总关系"。

在现实生活中,最常见的两种现象,一种是"合",把几个数合并成总数,合的计算方法有两种,即加法和乘法;另一种是"分",相应地,分的计算方法也有两种,即减法和除法。(图 2－5)

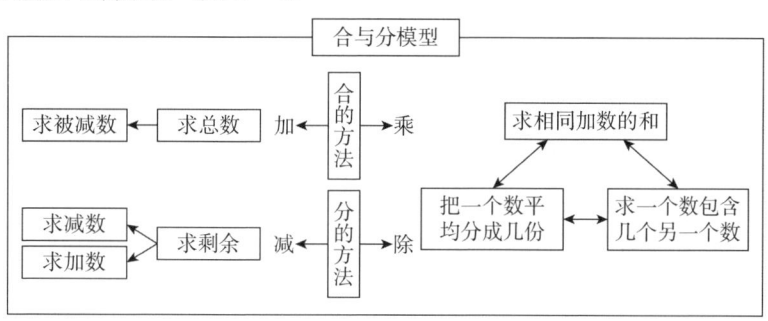

图 2－5

由此可见,所谓份总关系、部总关系,实际上都是合与分的关系,只是由于部分数有同样多和不一样多两种情况,才出现了两组数量关系。

与此相类似,还有相差关系、倍数关系。它们都是对两个数量进行比较,因此不妨统称为比较关系。只是由于比较有两种方式,一种是比较多少,一种是比较倍数,才出现了两组数量关系。(图 2－6)

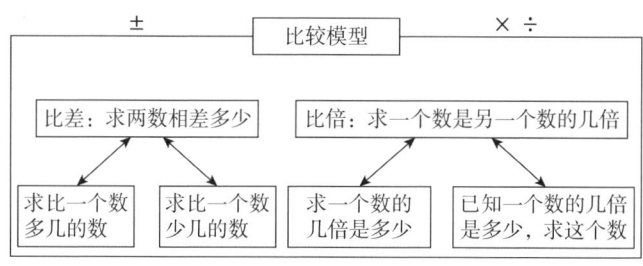

图 2－6

以上,我们把传统的11种简单应用题根据它们内在的联系归纳成四类数量关系。它们都是由三个相关联的数量组成,只要知道了其中任何两个量,就可以求出第三个未知量。简言之,即"三量组成,知二求一"。

这些名称与结构图有助于教材编者整体把握一步运算应用的脉络。作为教师,理解到这一步,有助于居高临下地处理教材,也便于叙述与交流。

但这一整套类型名称和公式又不宜教给学生。如果硬要学生理解和掌握,就要花费大量的精力和时间,势必加重学生的记忆负担。

理论与实践都能告诉我们,学生面对一个实际问题,选择运算的主要依据是运算的含义,即将现实情境中的实际问题抽象成运算,在四则运算含义之外再来11种类型,实在是利少弊多。以往的实践表明,强调类型特征,容易使学生片面地、孤立地看问题,"只见树木,不见林"。[1]

有经验的教师还能发现,学优生不需要,学困生记不住,中等水平的学生则容易干扰依据运算含义正确选择运算的思考。

至于其中的数量关系及其内在联系,都具有广阔的现实背景,教师完全可以通过一些活生生的事例生动、浅显地揭示出来,没有必要借助整套类型术语和公式(参见例2-2)。

显然,理清数量关系自身的序列结构,是解决应用跟随运算与问题解决自成体系相结合问题的基础。

三、编排线索

基于以上考虑,在构建小学数学问题解决教学内容的结构体系时,有必要兼顾三条主要编排线索。

1.四则运算的线索

从数学运算考虑,以四则运算为主线,包括解方程与比、比例的运算。实际上,这是小学数学教材编排的客观规律。

例如,只有学了乘加两级运算与小括号的运算顺序,才能学习长方形周长

---

[1] 曹培英.小学数学教学改革探析——在规矩方圆中求索[M].北京:人民教育出版社,2004:317-318.

计算,理解并完成

"长×2+宽×2"与"(长+宽)×2"

的计算与应用。

又如,某版本小学数学教材将年、月、日的教学安排在一位数除多位数之前,致使闰年的判断(年份数÷4)只能延后教学。

以数学运算为主线,大致的脉络不言而喻:一步运算的应用、两步运算的应用、三步运算的应用……进而可以厘清每个年级数学应用的重点,构建起小学数学问题解决教学内容的主体结构(图2-7):

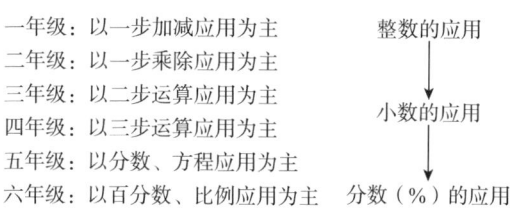

图2-7

这一主体结构回应了教师的一个普遍关注,消解了数学应用重点心中无数的纠结(前述普遍困惑一)。同时,每个年级一个重点,便于教学落实,尤其是有利于减负增效。

有了主体结构,进一步的细化还需考虑以下两条线索。

2. 数量关系的线索

把数量关系的结构与运算本身的结构相整合,一步运算应用的数量关系有合与分、比差与比倍;两步、三步运算应用的数量关系可以在基本的数量关系上综合、发展。(图2-8)

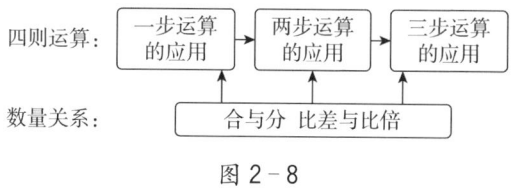

图2-8

一般来说,已知两个量可以求和、差、倍,这是一步运算。差与倍也可以综合应用,如几倍多(少)几的数量关系,即两步运算。这些都首先在整数范围内加以应用,随着数的认识扩展至小数、分数,则两个量的非整数倍就可以用小数、分数(百分数)或比来表示。比不仅可以表示两个量的关系,还可以表示多个同类量的关系(图 2-9):

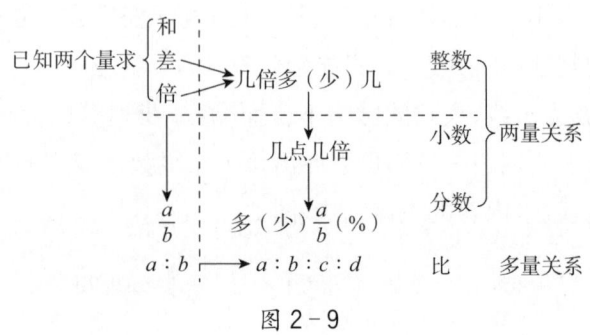

图 2-9

如果说应用一步运算解决的实际问题属于四则运算的基本应用,那么概括为合与分、比较的两类数量关系必须全覆盖(实质上仍是有限覆盖),而应用两、三步运算解决的实际问题就只能选择性覆盖。有必要覆盖的数量关系主要有正比例关系、反比例关系以及两积之和关系。正、反比例本身就是小学数学的基础知识,在正式学习前,结合整数两、三步运算的学习,用来解决一些实际问题是可取的。实践表明,这样安排既有利于加强应用能力的培养,又有助于后续正、反比例概念的学习。两积之和关系的重要性前面已有论述。

3. 学生思维特点的线索

考虑学生的思维特点,小学阶段问题解决的内容编排还必须遵循如下几条线索。

(1) 顺向思维→逆向思维

以用加减法计算求总数与求剩余为例加以说明。

例 2-2 求总数与求剩余的变式问题。

问题 1:妈妈昨天买来 5 个苹果,今天又买来 3 个苹果。妈妈两天一共买来几个苹果?(求总数:求和)

问题 2:妈妈买来一些苹果,吃掉 3 个,还剩 5 个。妈妈一共买来几个苹果?(求总数:相当于求被减数)

问题3：妈妈买来8个苹果，吃掉3个。还剩几个？（求剩余：求差）

问题4：妈妈买来8个苹果，吃掉一些，还剩5个。吃掉几个？（求剩余：相当于求减数）

问题5：妈妈昨天买来5个苹果，今天又买来一些，两天一共买来8个苹果。今天买了几个？（求剩余：相当于求加数）

问题1和问题3是属于顺向思维型问题，问题2、问题4和问题5则属于逆向思维型问题。学生对顺向思维的应用较易理解，而对于逆向思维的应用则相对困难些。教材编者、教师需要对这5类问题及其梯度了然于心。

更为明显地，如：

问题6：舞蹈队有30名女生，男生比女生少10名。学校舞蹈队有多少名男生？

问题7：舞蹈队有30名女生，比男生多10名。学校舞蹈队有多少名男生？

问题8：小明有6本童话书，科普书是童话书的3倍。小明有多少本科普书？

问题9：小明有科普书18本，是童话书的3倍。小明有多少本童话书？

其中，问题6和问题8是顺向思维；问题7很容易使学生出现误判，出现所谓"见多就加"的错误；问题9是公认的学习难点，一般要比问题8推后一年学习。

（2）熟悉情境的应用→陌生情境的应用

更准确地说，是从熟悉情境的应用，到典型情境的应用，再到陌生情境的应用。

典型情境的应用具有中国特色，如行程问题、植树问题、鸡兔同笼问题等。同样具有中国特色的归一问题（正比例关系）、归总问题（反比例关系）等，与其说是典型情境，不如称之为"典型数量关系"；至于倒（逆）推问题（与顺推相对），则明显是"典型思路"。

区分典型情境、典型数量关系与典型思路的意义在于，典型情境常常导致教师误解，如植树问题，经常听到质疑植树问题现实意义的各种评论。

一是认为两头都种与一头种、一头不种都不切实际，会导致"纠纷"。甚至有教师告诉笔者，他们那里因为将树种在自家地边上引发家族械斗，最后村委会召开大会作出规定，种在地边上的树归邻居。理由是树种在你的地里，树根长到人家地里去了,树枝遮挡了人家地里的光照。

二是认为植树方式不止三种。例如,还有"第四种",即种在每一段的中间(图2-10),并且认为这样种才是最合理的。

图 2-10

教师持这些看法的依据是,既然数学课程改革将"应用题"改称"实际问题",就必须名副其实。岂不知,真实的植树工作不在乎一棵之差,无需加1、减1的精确计算。直到最近才有教师在课堂上理直气壮地回应学生的质疑:"你以为数学课教你植树吗?"的确,"植树"只是数学应用问题选用的一个情境载体,醉翁之意不在酒。

与典型情境可以千变万化形成鲜明对照,典型数量关系与典型思路不仅具有相对的稳定性,而且有利于生成问题解决的策略,具有相当广泛的学习迁移价值。以"归一"思路为例,它是分数乘除法计算法则推导以及实际应用的算理基础之一。

例2-3 分数乘除法应用问题。

① 妈妈买来一盒小蛋糕,有12个,兄弟俩吃了$\frac{2}{3}$。兄弟俩吃了几个?

② 妈妈买来一盒小蛋糕,兄弟俩吃了$\frac{2}{3}$,吃了8个。这盒小蛋糕一共有多少个?

算式是:①$12\times\frac{2}{3}$;②$8\div\frac{2}{3}$。

现实生活中问题解决的实际过程是心算:① $12\div3\times2$;②$8\div2\times3$。显然,都是采用"归一"的思路,先求一份,再求几份。

因此,我们的研究结论是,典型数量关系与典型思路(归一、归总、倒推问题)应该作为必学内容,而典型情境(行程问题、植树问题、鸡兔同笼问题)可以列为选学内容。而且,典型情境问题的教学应当注意引导学生"去情境",即透过情境抽象出数量关系,如行程问题是路程与速度、时间的关系。

陌生情境(新情境)是对小学生而言的。

例 2-4 陌生情境的实例。

一根竹竿插到水泥池底,露出水面 3 米,倒过来插,有 1 米是干的。你能求出竹竿的全长吗?

只需加减两步运算"3－1＋3",且极易口算(5 以内)。但由于问题情境为小学生所陌生,他们感到新颖、奇特,因而产生审题困难。当教师作出图示(图 2-11),说明"倒过来插"露出水面还是 3 米,水深不到 3 米,多数学生才恍然大悟,"原来'倒过来插'是这么回事"。

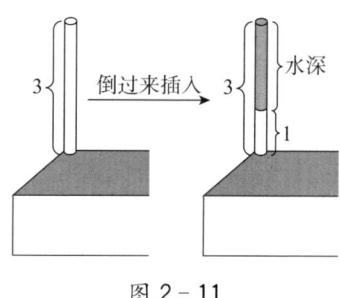

图 2-11

(3) 无条件重复使用→有条件重复使用

条件重复使用的情况前面已有举例说明与分析。

其实,例 2-4 中"露出水面 3 米"这个条件在解答过程中应用了两次,这也加大了问题解决的难度。再举一例。

例 2-5 有条件重复使用的实例。

(1) 练习跳绳,小明 3 分钟跳 180 下,小芳 5 分钟跳 350 下。每分钟小明比小芳少跳多少下?

列式:350÷5－180÷3。

(2) 汽车厂计划 5 天生产 180 辆,实际提前 2 天比计划多生产了 60 台。实际每天比计划每天多生产几台汽车?

列式:(180＋60)÷(5－2)－180÷5。

同样是四个已知数,且都是求两商之差,第(2)题有两个条件要重复使用,自然分析、解答难度有了提高。

因此,从学生的认知特点出发,还必须关注"从无条件重复使用到有条件重复使用"这个"序"。

第三章

问题解决的方法及其教学改进

问题解决有没有基本步骤,要不要教学?世界各国都推崇波利亚的解题表,我们能借鉴什么?

谁都知道"方法"重要,所谓"策略"实乃方法的灵活应用。可是,适合小学生掌握的数学问题解决常用方法有哪些?又是一个处于混沌状态的问题。

理清了方法,是单列,设置单元系列,还是贯穿平时,结合相关内容展开教学?怎样教学?

这一章,直面问题,首先筛选方法,构建小学数学问题解决的常用方法系统,然后通过大量的鲜活实例,展现各种方法的教学路径与设计,论述"得法"要点,并给出相应的教学建议。

第一节 基本步骤

一、波利亚的问题解决表

著名数学家和数学教育家波利亚一生致力于培养学生的解决问题能力,其教会学生思考的理论与实践研究享有盛名。他的经典著作《怎样解题》被译成至少17种语言广为传播,对美国及世界的数学教育产生深远的影响。20世纪80年代,他的数学教育思想传入我国,一时掀起了"波利亚热",一定程度上促进了我国的数学教育教学的发展。

《怎样解题》一书中的核心内容"怎样解题表",总结了数学问题解决的一般规律与程序,将数学问题解决的思维过程分成理解题目、拟订方案、执行方案、核对回顾四个基本步骤(表3-1)[1],每一个步骤都配有一些提示和指导语,帮助学生形成问题解决的思维程序。每一个环节都至关重要,但又不是简单地直线式推进,可能同时发生、结合进行,也可能逆向迂回、反复进行,以加深、扩充对问题的理解,突破困境,引发更广阔的思考空间。

表3-1 怎样解题表

	理解题目
第一 你必须理解 题目。	未知量是什么?已知数据是什么?条件是什么?条件有可能满足吗?条件是否足以确定未知量?或者它不够充分?或者多余?或者矛盾? 画一张图,引入适当的符号。 将条件的不同部分分开。你能把它们写出来吗?

---

[1] 波利亚.怎样解题——数学思维的新方法[M].涂泓,冯承天,译.上海:上海科技教育出版社,2007.

(续表)

第二 找出已知数据与未知量之间的联系。如果找不到直接的联系，你也许不得不去考虑辅助题目。最终你应该得到一个解题方案。	拟订方案 　　你以前见过它吗？或者你见过同样的题目以一种稍有不同的形式出现吗？ 　　你知道一道与它有关的题目吗？你知道一条可能有用的定理吗？ 　　观察未知量！并尽量想出一道你所熟悉的具有相同或相似未知量的题目。 　　这里有一道题目和你的题目有关而且以前解过。你能利用它吗？你能利用它的结果吗？你能利用它的方法吗？为了有可能应用它，你是否应该引入某个辅助元素？ 　　你能重新叙述这道题目吗？你还能以不同的方式叙述它吗？ 　　回到定义上去。 　　如果你不能解所提的题目，先尝试去解某道有关的题目。你能否想到一道更容易着手的相关题目？一道更为普遍化的题目？一道更为特殊化的题目？一道类似的题目？你能解出这道题目的一部分吗？只保留条件的一部分，而丢掉其他部分，那么未知量可以确定到什么程度，它能怎样变化？你能从已知数据中得出一些有用的东西吗？你能想到其他合适的已知数据来确定该未知量吗？你能改变未知量或已知数据，或者有必要的话，把两者都改变，从而使新的未知量和新的已知数据彼此更接近吗？你用到所有的已知数据了吗？你用到全部的条件了吗？你把题目中所有关键的概念都考虑到了吗？
第三 执行你的方案。	执行方案 　　执行你的解题方案，检查每一个步骤。你能清楚地看出这个步骤是正确的吗？你能否证明它是正确的？
第四 检查已经得到的解答。	核对回顾 　　你能检验这个结果吗？你能检验这个论证吗？ 　　你能以不同的方式推导这个结果吗？你能一眼就看出来吗？ 　　你能在别的什么题目中利用这个结果或这种方法吗？

这张被誉为"启发法小词典"的解题表,把解题时典型的、有效的智力活动,基于解决问题的自然过程划分为四个步骤,不仅能帮助已有一定基础的学生初步规划问题解决的实施,同时渗透了符号化、类比、化归等数学思想,点拨学生有效联想、正确迁移等问题解决的方法与策略。

也有一些研究指出,应用"解题表"于教学,效果并不明显。这很正常,因为"步骤"与"启发"是否有效,还取决于解题者所拥有的相关知识及其理解水平,以及解决问题的信念与元认知等多种因素。

更一般地,波利亚的解题表局限于现有数学问题,至于如何数学地发现问题、提出问题等,并没有论及。但它不失为解题过程总体轮廓的一种科学勾勒,表中的一系列启发式提问,对于解题实践、学会解题的指导意义都是举世公认的。

对于小学数学教学来说,波利亚的解题表主要供教师参考。它给我们的重要启示:

首先,数学问题解决的一般步骤具有广泛的意义和迁移价值,小学数学不应置之不理。

其次,表中的提示,如"画一张图""将条件的不同部分分开",要求学生具有画图、列表的基本技能与体验才能起作用。否则无论怎样提醒、强调,都无济于事。

因此,下面先探讨解题步骤的教学,再讨论解题方法的教学。

二、小学数学问题解决步骤

1. 步骤教学的今昔

本次课改前,小学数学教材基于我国广大教师群体的教学实践,总结的解题基本步骤是:

审题→分析→解答→检验。

也有教师给出更简洁、通俗的四步概括:"读、想、算、验"。

显然,老师们的提炼与波利亚的总结基本相同。从当时大面积的教学实践来看,检验环节相对较弱。

本次课改前十年,教材不再出现解题步骤,除了检验一如既往地被忽视,审题环节也出现了发展中的新问题。前面的调研分析中已经指出,主要是缺乏审题指导,条件与问题不加区分地统称"信息",以及卡通画带来的负面效应等。

现在,修订后的人教版教材凸显了问题解决的步骤。从一年级上册开始就特别关注问题解决的基本步骤,逐步让学生体会解决一个数学问题要经历的步骤:理解现实问题情境,明确要解决的数学问题→分析问题,找到方法,加以解决→对获得的结果进行检验,对过程、方法加以回顾、反思。也就是把解题过程归并为三步。

在一、二年级,审题、检验的指导语并不完全固定,因题目特点而有所变化(图3-1、图3-2)[1][2]。

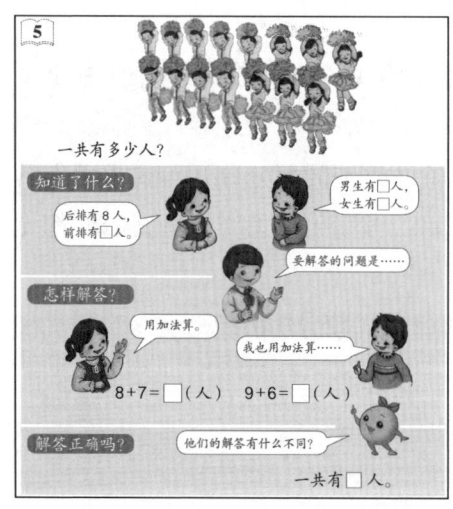

图3-1

图3-2

到三年级上册,开始采用较为概括、简练的统一用语提示问题解决的基本

---

[1] 人民教育出版社,课程教材研究所,小学数学课程教材研究开发中心.义务教育教科书·数学(一年级上册)[M].北京:人民教育出版社,2012:97.

[2] 人民教育出版社,课程教材研究所,小学数学课程教材研究开发中心.义务教育教科书·数学(二年级上册)[M].北京:人民教育出版社,2013:7.

步骤:阅读与理解→分析与解答→回顾与反思(图3-3)[1]。

图3-3

这一改进比较贴近教学实际,也更符合学生的特点。主要意图在于强调在理解的基础上解决问题,之后还需要反思、总结经验教训。

从近几年各地的教学实践来看,教材对解题步骤的凸显引起了教师的重视,原先的两个薄弱环节(审题、检验)都有了明显的改善。

当然,无论是四步、还是三步,都是基于一般情况人为的划分。在不少情况下,某一环节可能嵌入另一环节之中,使问题解决过程得到简缩;如果分析解答受阻,自然需要回头再次阅读与理解;甚至直到回顾与反思环节才真正理解题目的条件或问题。也就是说,这几个步骤(环节)具有典型意义,但又不是一成不变的,可以结合、穿插,灵活处置。

---

[1] 人民教育出版社,课程教材研究所,小学数学课程教材研究开发中心.义务教育教科书·数学(三年级上册)[M].北京:人民教育出版社,2014:5.

2. 解题过程(步骤)的内在机制

问题解决过程的内在机制,心理学与数学教育理论都有研究,不同学者概括了不同的模式。比较一般的过程即步骤如图3-4所示[1]:

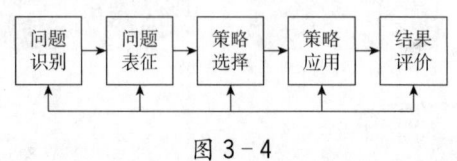

图3-4

与上述解题四步骤比较,多了"问题表征"环节。教学观察表明,小学生一旦问题识别成功,就会跳过问题表征与策略选择而直接迁移应用,即外显的表征就是算式。也就是说,问题识别与问题表征(外部的)常常并非前后连接的过程。此外,上面的"一般模式"支撑解题的知识、经验,以及元认知与信念等因素完全忽略,显得过于粗略。据此分析,我们给出更贴近实际的内在机制图示(图3-5):

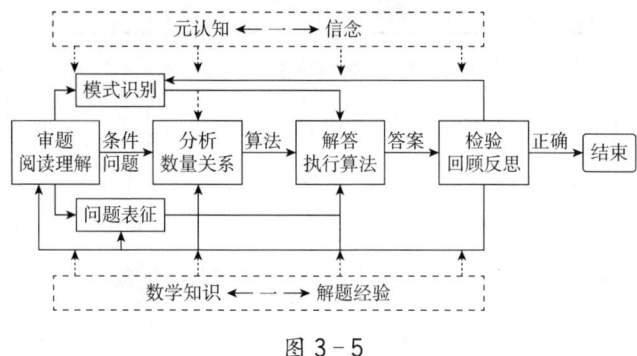

图3-5

当然,无论多么详尽的图示都不可能覆盖儿童解题过程的多样性变化,都只是大致的刻画。

---

[1] 高文.一般的问题解决模式[J].外国教育资料,1999(06):19-24.

第二节　方法系统

一、方法与策略

在《全日制义务教育数学课程标准（实验稿）》中，解决问题的目标之一是"形成解决问题的一些基本策略，体验解决问题策略的多样性"。而在《义务教育数学课程标准（2011年版）》中，同一目标改称"获得分析问题和解决问题的一些基本方法，体验解决问题方法的多样性"。目前的小学数学教材，多数版本称"方法"，也有个别版本坚持称"策略"。因此，常有教师问：方法与策略有没有区别？

所谓"方法"，历来仁者见仁，智者见智。就词义而言，一般是指为获得某种东西或达到某种目的而采取的手段与行为方式。方法在哲学、科学各领域及生活中有着不同的解释与定义。

同样，什么是解决数学问题的方法也存在不同角度、不同层次的认识。有学者参照科学研究方法的层次，给出如下的逐级划分（图3-6）[1]：

$$\{一般哲学方法\}$$
$$\{科学研究方法\}$$
$$\supset \{学科研究方法\} \begin{cases} 创立学科的方法 \\ 学科思维的方法 \\ 具体解题的方法 \begin{cases} 适应面较宽的方法 \\ 适应面较窄的技巧 \end{cases} \end{cases}$$

图3-6

对于小学数学来讲，我们所说的问题解决方法，主要是指具体的解题方法。但是，其中的某些方法也兼有学科思维方法的特点，因而可以说是两方面的综合体。

---

[1] 罗增儒.数学解题学引论[M].西安：陕西师范大学出版社，2004：266.

什么是"策略",同样没有统一界定。顾名思义,是计策、谋略的意思。作名词通常是指:可以实现目标的方案集合;根据形势发展而制定的行动方针和斗争方法。作形容词是指讲究斗争艺术,能注意方式、方法等。

问题解决的方法与策略既有联系又有区别,可以认为,"策略"是更高层面的"方法",问题解决的策略应该是针对不同问题的特点与变化使用方法的"艺术"。

考虑小学数学的实际,方法是小学生习以为常的用词,无需解释,策略相对更显生僻。教学中不妨视为近义词。

二、常用方法的梳理[1]

本次课改之前,小学数学问题解决的方法以分析法与综合法为主。课改以来,分析法与综合法淡出,若有若无。假设、倒推等原来人们心目中的"奥数"方法却进入到了千千万万的寻常课堂,客观上丰富了小学数学问题解决方法的教学实践。

在原来的基础上,经过十多年的教学实践,反复多次的整理、比较、检验,我们初步构建了基于小学数学教学实际的问题解决常用方法体系(图3-7):

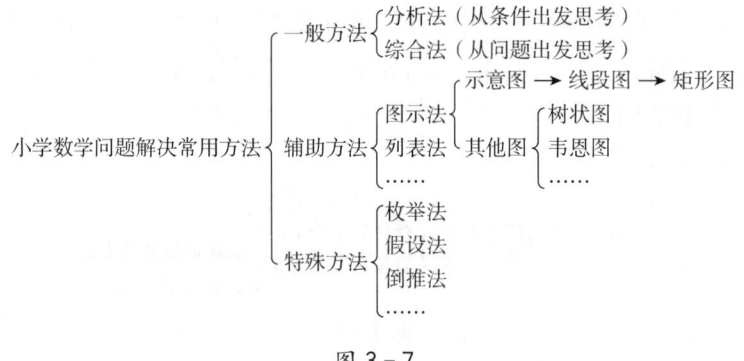

图 3-7

比较而言,一般方法与辅助方法属于适应面较宽的方法,特殊方法则属于适应面较窄的方法。

为什么将被打上了传统教法印记的、目前处于被边缘化境地的分析法与

---

[1] 曹培英.小学数学问题解决教学研究(三)[J].小学数学教育,2013(09):3-5.

综合法列为"一般方法"？论据是真实的、充分的。

首先，方法本来都是中性的，硬要贴上"传统""现代"的标签于事无补，是否过时，关键是看方法的实质与使用价值。

再深入分析：数学问题一般是由条件与问题（结论）两部分构成，这是数学问题的鲜明特征；任何人解决任何数学问题，都会看看条件、想想问题，这是最普通、最常见的思维状态。所以，分析法与综合法必然地是解决数学问题的两种一般方法，或者说基本思路。

相对于一般方法来说，图示与列表是两种最为常用的帮助思考的手段，所以称之为"辅助方法"。心理学有不少关于问题表征的研究，图示与列表是除了语言表述之外的常见外部表征方式。

在图示法中，小学阶段最早出现的就是示意图。用图形或自创的符号来表示事物是低年级学生常用的，而使用最多的当属线段图。矩形图（又称长方形图、面积图）更加适合表示两个量的积。"示意图→线段图→矩形图"构成了图示法的主干。有些问题还常使用树状图、韦恩图等。

此外，经常会用到的辅助方法还有实验法或模拟法。由于实践总结、提炼不够，且不想让方法过多，因此没有列入。

适用范围相对较窄的特殊方法，除了枚举、假设、倒推等，还有不少。同样是出于实践研究的成熟度与控制方法数量等原因，只明确列出三种。

在上面的特殊方法系列中，有一个可以列入但没有写出的方法"转化法"。这是因为"转化"或者说"化归"，本质上是数学问题解决最基本的思想、最基本的思路，将未知转化为已知。

以小学一年级的计算教学为例，学了 $1+1,1+2$ 就可以转化为 $1+1+1$。更为大家所熟悉的，20 以内进位加法转化为 10 以内加法与 10 加几，亦即转化为前面已学的连加。例如，$8+6=8+2+4$，也就是所谓的"凑十"。

可以说，"转化"伴随小学数学学习的始终。

然而，在小学数学的问题解决教学中，"转化"又具有特殊的方法意义，有必要单列。所以，"转化法"的教学权且放在特殊方法中研究。

其实，对一线教师来讲，重要的并非这些方法的界定，而是如何将这些方法融入到日常的问题解决教学中，让学生自然而然地感受、体会，逐步理解、掌握，进而逐步学会综合运用。

第三节　问题解决方法的教学改进[1]

问题解决方法的教学并非从无到有,因此重在改进。改进的主要对策:
一是结合教学内容进行,不单列。

如前所述,协调加强应用能力培养与减轻学习负担矛盾的关键对策是"通过改进教学而不是新增例题来加强问题解决方法的教学"。因此,与个别教材将问题解决方法另辟单元进行专题教学不同,我们尽可能结合现有的例题设置教学各种常用的方法。没有相应例题的,在练习课中展开教学。

二是着力启发学生理解方法,避免"盲训练"。

综合心理学的相关理论与实验研究结论,方法教学改进的着力点在于启发学生理解方法,即理解所学方法的意义与使用条件:为什么有用,什么时候用,如何用。

一、分析法与综合法及其教学改进

1. 分析法与综合法的两种含义

在心理学中,分析与综合是逻辑思维的基本方法与过程,也是逻辑思维其他方法、过程,如比较和分类、抽象和概括的基础。

所谓"分析",是指将事物的整体分解成几个部分、方面或因素分别加以考察、研究,从而认识事物本质的方法与过程。

所谓"综合",是指将事物的各个部分、方面或因素结合起来,搞清它们之间的联系,从整体上认识事物本质、规律的方法与过程。

通常,分析是综合的基础,综合是分析的整合。

例如,认识梯形,首先分析,它是一个四边形,有两组对边,其中一组对边

---

[1] 曹培英.小学数学问题解决教学研究(三)(四)[J].小学数学教育,2013(09):3-5,2013(10):3-8.

平行,另一组对边不平行。然后综合,得出"只有一组对边平行的四边形叫做梯形"的结论。

在数学中,所谓的"分析法"与"综合法"具有特定的含义。

从问题或结论入手,思考解决这个问题或得出这个结论需要哪些条件,一步一步地追溯到所有条件都是已知的为止。这种由"未知"想"需知",逐步接近"已知"的方法或者说思路叫做分析法。

从已知条件入手,思考经过怎样的运算或推理可以一步一步得到问题的答案或结论。这种由"已知"想"可知",逐步导向"未知"的方法或者说思路叫做综合法。

又因为数学的条件与问题(结论)总是相互联系、相互依存的,所以分析法与综合法常常相互渗透,结合起来运用。

分析与综合的两种含义,可以简单图示如下(图3-8):

$$整体 \underset{综合}{\overset{分析}{\rightleftarrows}} 局部 \qquad 问题 \underset{综合法}{\overset{分析法}{\rightleftarrows}} 条件$$

图 3-8

在小学,这两种基本的解题思路、思考方法可以通俗地用"看问题,想条件"与"看条件,想问题"来描述。

2. 分析法与综合法教学的三个阶段

作为数学问题解决的基本方法,分析法与综合法的学与教可以分三个阶段穿插安排。

[第一阶段:综合法与分析法的自然引出]

实践表明,综合法是一种边读(看)边想的方法,因而是最自然的思考方法,可以无师自通。

最初用图画呈现的实际问题,就能自然引出"看条件,想问题"。

例 3-1 一年级首次出现的加法运算实际问题[1]。

如图 3-9,学生看图说说知道了什么,完成填空:

---

[1] 人民教育出版社,课程教材研究所,小学数学课程教材研究开发中心.义务教育教科书·数学(一年级上册)[M].北京:人民教育出版社,2012:46.

图 3-9

然后让学生想：可以提出什么数学问题？待学生回答（可以算一共有几只兔），教师出示问号（图 3-10）：

图 3-10

也就是说，问题与问号的首次出现，就能自然而然地伴随从条件入手思考的"综合法"初次引入教学。

这样的教学改进，既符合问题解决"基本方法"无处不在的本意，又具有教学实践的可行性。

还可以通过问题只是单纯指示未知数的题目，让学生体会从已知信息（条件）入手思考的必要性。

例 3-2 一年级图文结合的实际问题[1]。

如图 3-11 左，先遮住例题的条件部分，只显示问题，显然学生会一头雾水，无从下手。

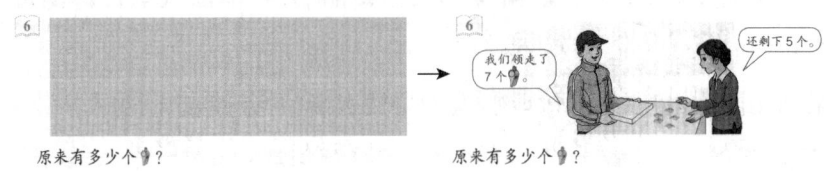

图 3-11

---

[1] 人民教育出版社,课程教材研究所,小学数学课程教材研究开发中心.义务教育教科书·数学（一年级上册）[M].北京：人民教育出版社,2012:98.

然后揭开遮挡(图 3-11 右),让学生阅读条件,理解已知与未知的关系,作出解答。

分析法的引入教学,同样可以利用教材现有的例题,逐步启发引导。在一年级,适合从问题入手思考的实际问题主要有两种情况。

一是条件较多,需要根据问题选择适当的条件。

例 3-3 一年级图文结合的实际问题[1]。

(1) 如图 3-12,还剩几只鹿?

图 3-12

(2) 如图 3-13,用 13 元正好可以买下面哪两种杂志?[2]

　5元　　　　6元　　　　8元　　　　7元

图 3-13

---

[1] 人民教育出版社,课程教材研究所,小学数学课程教材研究开发中心.义务教育教科书·数学(一年级上册)[M].北京:人民教育出版社,2012:57.

[2] 人民教育出版社,课程教材研究所,小学数学课程教材研究开发中心.义务教育教科书·数学(一年级下册)[M].北京:人民教育出版社,2012:58.

第(1)题的图中有鹿、蘑菇、鹅,问题是"还剩几只鹿",需要找关于鹿的条件;第(2)题条件同样有多余,需要根据问题找哪两种杂志的价格正好是13元。两题的共同点是只有根据问题的指示,条件的审视才有意义。

二是条件没有多余,但需要根据问题理解条件、处理条件。

例 3-4　一年级图文结合的实际问题(图 3-14)[1]。

图 3-14

只有理解了问题中"之间"的含义,才能明白:小丽排第10,从第11开始数起;小宇排第15,数到14为止。

很明显,学生面对这样两种情况,都会自发地"看问题找条件"或"看问题想",因此需要教师予以挑明:先理解问题要求什么,才能寻找合适的条件,才能明确条件该怎么用。从而使学生从无意识的本能反应中有所觉察,明白自己是从问题入手思考。

[第二阶段:分析法与综合法的感悟]

通过几轮的教学方案设计→实践→反思→再设计→再实践,比较各种方案,效果相对明显的方案是采用传统的"看条件提问题"与"看问题补条件"练习形式,让学生获得感悟。

例 3-5　补条件,提问题。

(1) 果园里有8棵桃树,_____。梨树有多少棵?
(2) 学校武术队有6名女生,18名男生。_____?
(3) 舞蹈队有12名女生,比男生多4人。_____?

第(1)题的问题只是给出未知数是什么,怎样算完全取决于补充的条件。

---

[1] 人民教育出版社,课程教材研究所,小学数学课程教材研究开发中心.义务教育教科书·数学(一年级上册)[M].北京:人民教育出版社,2012:79.

若补上的条件是梨树比桃树多几棵,则加,反之则减;若补上的条件是梨树是桃树的几倍,就用乘法,反之就用除法。通过交流,体会有时"条件决定算法"。

第(2)题根据已知条件,学生可以提出求和、差、倍的一步运算的问题。通过交流,体会有时"问题决定算法"。

第(3)题根据已知条件,学生可以提出一步运算的问题(男生有多少人),也可以提出两步运算的问题(一共有多少人,女生人数是男生的几倍)。通过交流,体会有时"条件决定第一步的算法""问题决定第二步的算法"。

这些感悟能够有效促进学生提高"看问题想条件""看条件想问题"的自觉性。

在此基础上,教师可以引导学生注意总结解题经验:

有些题目,如第(1)题,一个条件与问题只是告诉了一个已知数量和要求的未知数量,已知与未知之间的相差关系(或倍数关系)集中在另一个条件里,应当从这个条件入手分析,才能确定算法。

有些题目,如第(2)题,条件只告诉了已知数量,没有说明数量关系,问题提示了计算方法,应当从问题入手分析。

有些题目,如第(3)题,有条件说明有数量关系,问题又提示了计算方法,从条件、从问题入手分析都行。

[第三阶段:分析法与综合法的灵活运用]

进一步的教学,还有必要让学生体会"看问题想条件"与"看条件想问题"的综合运用、灵活运用。

例 3-6 如图 3-15,每个方阵有 8 行,每行有 10 人。3 个方阵一共有多少人?[1]

图 3-15

问题的语句中含有条件"3 个方阵",学生易受暗示,看问题想条件:要

---

[1] 课程教材研究所,小学数学课程教材研究开发中心.义务教育课程标准实验教科书·数学(三年级下册)[M].北京:人民教育出版社,2003:99.

求3个方阵一共有多少人,需要先求一个方阵多少人。这也是学生最容易想到的。

教学时,可以先摘录三个条件:

每行10人,每个方阵8行,3个方阵。

再让学生思考:由问题入手思考得出的算法,先用前两个条件,求出一个方阵有多少人。那么,先用后两个条件或先用第一、三两个条件,是否也能解决问题呢?

在独立思考的基础上,通过小组交流,教师所期待的不同算法都能由学生自己说出。根据学生的汇报,逐一揭示三种不同算法第一步的含义,并给出图示(图3-16):

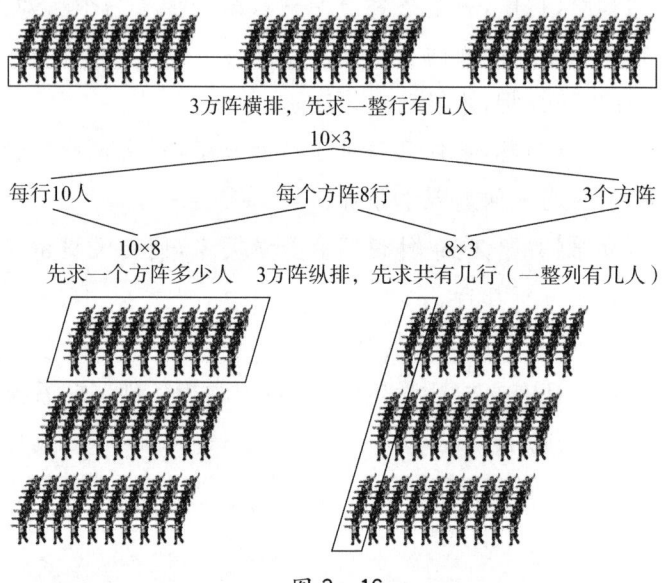

图3-16

例3-6是各套教材都有的连乘应用问题。选择团体操情境的典型意义在于,既可用分析法,又适合揭示综合法的多样性,因为三个条件两两组合,它们的乘积都有实际意义,且都能直观显示。其他连乘问题,如:

3组学生游儿童乐园,每组6人,每人门票50元。一共要付多少元?

同样是三个条件,两两组合都可先相乘,其中(50×3)学生知道可行,但难以作出解释。可见,例3-6情境的直观性、解释力具有明显的优势。

在第三阶段,还可以给出不同思路,生成不同解法的题目,丰富学生问题解决的经验。

例 3-7 计划生产 5000 只足球,每天生产 625 只,已经生产了 7 天,还要生产多少天?

看问题想所需条件:为求还要生产多少天,需要知道还要生产多少只,每天生产多少只(已知);为求还要生产多少只,可以用计划生产的总数减去已经生产的只数。即

还要生产多少天?

还要生产多少只÷每天生产多少只

$(5000-625\times 7)\div 625$

看条件想能求的问题:由前两个条件"计划生产 5000 只足球""每天生产 625 只",可以求出完成计划一共要多少天,然后减去已经生产了 7 天,差就是所求。即

总产量÷日产量－已生产天数

$5000\div 625-7$

例 3-7 的典型意义在于,两种不同的思路相当自然地得出了两种不同的解法,而且能够分出高下:顺向思维,边读边想,居然能够得出更简捷的解法。这样的体验,对于学生养成正确的读题习惯是颇为有益的。

当然,也可以给出分析法优于综合法的例子,让学生思考、交流、比较。

例 3-8 小强看一本故事书,每天看 12 页,已经看了 8 天,还剩 36 页没看。看完这本书一共要多少天?

看条件想:由前两个条件"每天看 12 页""已经看了 8 天"可以求出已经看了多少页,然后加上第三个条件(还剩 36 页),和就是这本书的总页数,再除以每天看 12 页,就是最后答案。即

每天看的页数×已看天数＋还剩页数

这本书的总页数÷每天看的页数

$(12\times 8+36)\div 12$

看问题想:要求一共要多少天,已知看了 8 天,只需先求出还要看多少天。即

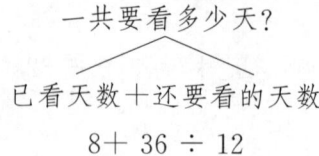

$8 + 36 \div 12$

例3-8能使学生获得新的问题解决经验:看问题想所需条件时,应联系已知条件,以便发现简捷算法。

对于学有余力的学生,还可以通过具体实例,让他们体会分析与综合的本意"分解与整合",即上面提到的分析与综合的心理学意义,让他们经历从局部到整体、从整体到局部的思考过程。

例3-9 如图3-17,从 A 地至 B 地是320米平路,从 B 地至 C 地是370米下坡路,从 C 地至 D 地是240米平路。甲、乙两人上坡、下坡及走平路的速度都分别是每分钟50米、110米、80米。甲、乙分别从 A、D 两地同时出发,经过多少分钟他们在途中相遇?

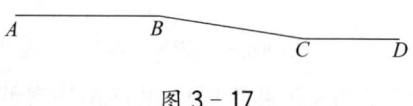

图3-17

由于路程、速度不都相同,因此常规解法受阻。思维灵活的学生很快想到分段计算,逐步靠拢:

甲从 A 地至 B 地要 $320 \div 80 = 4$(分钟),乙从 D 地至 C 地要 $240 \div 80 = 3$(分钟),再上坡1分钟行50米,甲、乙两人才同在 BC 路段上(图3-18)。

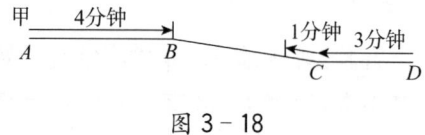

图3-18

这时,一人下坡、一人上坡,还要再行 $(370 - 50) \div (110 + 50) = 2$(分钟),两人相遇。所以,从同时出发到相遇,一共用了 $4 + 2 = 6$(分钟)。

这一原创的题目,突破了所谓"相遇问题"的"常规情境",增添了"现实"因素,看似复杂,实际上不少高年级学生非常喜欢接受这种新颖"变式"的挑战,从中获得"原来应用题也可以分开来想,分开来解答"的感慨。"分析"的"分解"本意被学生感悟了。

例 3-10 小明写了一个三位数,它的各位数字都不相同。小明把三个数字重新排列,得到一个最大数、一个最小数,结果发现所得最大数、最小数的差就是原来的三位数。想一想,小明写的那个三位数是多少?

这里的"差"是综合了其他所有条件得出的,因此需要从整体上思考。用 a、b、c 分别表示三个数字,为简化表示方法,允许学生就用 abc 表示重排后的最大数,并省去 $a>b>c$ 的说明。为便于观察"差",容易想到列出竖式:

$$\begin{array}{r} a\ b\ c \\ -c\ b\ a \\ \hline \Box\ \Box\ \Box \end{array} \longrightarrow \begin{array}{r} a\ b\ c \\ -c\ b\ a \\ \hline c\ 9\ b \end{array}$$

于是,首先发现差的十位数字一定是 9,即 a 是 9。然后试探发现,差的个位数不可能是 c(若是 c,则 a 是 0,与已得 a 是 9 矛盾),只能是 b。进而推出 c 等于 4,b 等于 5,所以原数是 495。

例 3-10 有一定难度。学生容易想到用 a、b、c 分别表示三个数字,但一开始并没有意识到设 $a>b>c$。学生多数经过反复尝试,才发现用 abc、cba 表示最大数、最小数便于思考,一旦想到差是 $c9b$,问题就迎刃而解了。整个解题过程从部分到整体,再到部分,对分析与综合的本意、两方面的结合"部分⇌整体",有了自己的体验。

毫无疑问,考虑部分与整体间的联系,条件与问题间的联系,积累有关的实践经验,是进一步学习其他解题方法,提高数学问题解决能力的重要基础,其学习效应是根本的、长远的。

总之,将分析与综合列为问题解决的基本方法,既有充分的理论依据,又有长期的实践支撑,可教、可学。

二、图示法及其教学改进

儿童生来就会涂鸦,不少儿童还喜欢并善于用图画表达自己的感觉、感受。数学教育应该引导儿童将这一天性用来帮助自己学习数学。

1. 示意图

图示教学的渗透可以从一年级起,如引导学生画图表示数,画图说明计算结果等。到学习解决实际问题时,就可以放手让学生"把应用题画出来"。这时的题目,涉及的数量较小,可以让学生用自己喜欢的方式表示。例如,画5个△表示5个人,画8个○表示8只小鸡等。这样的图姑且称之为"示意图"。

显然,画示意图无需教。教师只要有意识地让学生交流,展示有趣、有效的图示,就能启发全体学生,激励他们的主观能动性。

有必要指出,示意图不只是一年级的"昙花一现"。事实上,在后续问题解决的学习进程中,还会不时用到它。例如,"数学广角"系列中解决所谓"搭配"问题,多数学生会自发地用自己的方式画图表示搭配的种数。甚至到六年级(人教版)"数与形"单元中求 $1+3+5+\cdots+(n-1)+n$ 时,也会有学生想到用圆点表示数来寻找规律。可见,示意图的运用是比较灵活、广泛的。

其实,一些原始的方法没有规矩约束,反而具有更宽的适应性。

2. 线段图

随着教学的进展,再相机引进"线段图"。小学数学教学采用线段图已有几十年的历史,它的含义大家耳熟能详,无需界定。

实践研究表明,引进线段图的契机很多。例如,有的教师在一年级就出示了用线段图表示的加减法问题,让学生逐步熟悉。当然,这时只要求能看懂。

那么,何时开始让学生逐步掌握用线段图表示数量关系的方法呢?深入实践、反复比较发现,教学求一个数的几倍是多少时引出,优势更为明显。

例 3-11 小胖有6根小棒,小丁丁的小棒根数是小胖的3倍。小丁丁有多少根小棒?

教师让学生拿出学具盒里的小棒摆一摆,学生纷纷说自己的小棒没有那么多。怎么办呢？学生陷入了困境。有人提议，把同桌两人的小棒合起来摆。这时教师才说，小巧想到了一个好办法，用1根小棒横过来，表示1份（图3－19），那么再用几根小棒横过来就能表示它的3倍了呢？

图 3－19

于是，学生"摆"出了线段图（图3－20）。

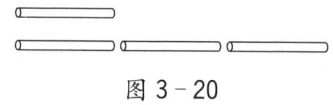

图 3－20

也就是说，让线段图成为学生自己构造直观的手段，可以从"摆线段图"到"画线段图"。

显然，用小棒摆线段图，易操作，省时间，效率高，且容易将学生的注意力集中到数量间的关系上，如例3－11是1份与3份的关系。从"摆"到"画"的过渡环节是先在纸上摆，再添上必要的标注。以例3－11为例，如图3－21所示。

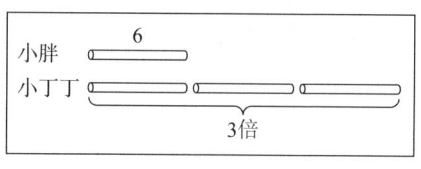

图 3－21

这一画线段图的初学过程：在桌上摆→在纸上摆并标注→在纸上画，老师们称之为"三部曲"。

线段图是示意图的抽象，适合表示加减关系和倍数关系，到了高年级还可以表示分数、百分数、比的关系。在教学分数应用问题时，教师只需点拨——整体和部分关系用一条线段，两个独立量的关系用两条线段比较合适。

至于线段图的灵活运用，第一章例1－1的第（2）题和本章的例3－9，都是效果比较显著的实例。

3. 长方形(矩形)图

所谓长方形图,是指用长、宽分别表示两个量,用面积表示这两个量之积的图示。因此,又叫做面积图。

当下小学数学教学中实际问题的图示一般局限于线段图,个别教材出现了长方形图,也只用于求面积的问题。

事实上,长方形图是一种迁移、应用范围很广的图示方式。它比较适合直观揭示"单价×数量=总价""速度×时间=路程""工作效率×工作时间=工作总量"之类的数量关系。

实践研究表明,长方形图的教学可以采取"前有铺垫(渗透),中有突破(教学),后有发展(灵活应用)"的策略展开教学。

[前有铺垫(渗透)]

事实上,20世纪80年代的教材,为帮助学生理解一句乘法口诀能算两道乘法题,就出现了"长方形图"的雏形(图3-22)[1]:

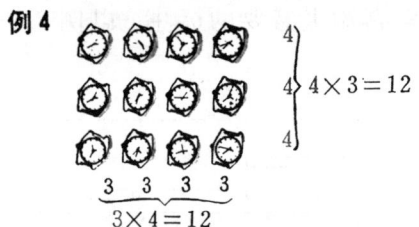

图 3-22

显然,它是作为实物矩阵图的抽象。到了90年代,乘法初步认识的教学

---

[1] 人民教育出版社数学室.五年制小学课本·数学(第二册)[M].北京:人民教育出版社,1989:63.

中出现了"点子图",同样是长方形图的雏形(图3-23)[1]:

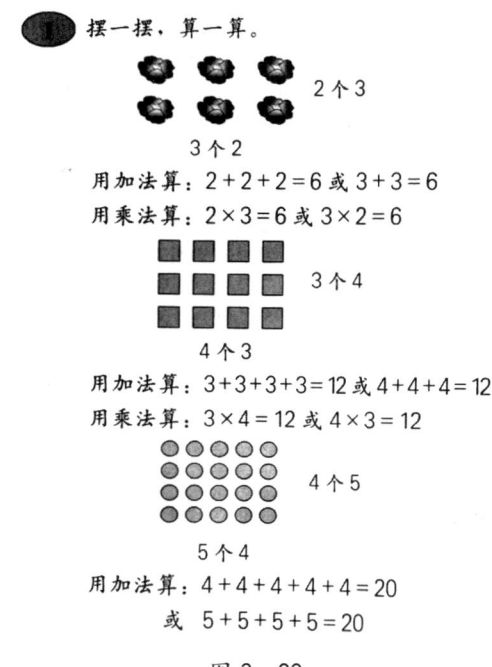

图 3-23

目前,有几套教材在教学乘法笔算时,采用点子图来说明计算过程及其算理。有的教材以"鸡蛋"为载体,其实就相当于点子图(图3-24)[2]:

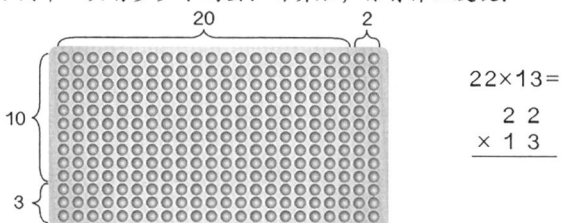

图 3-24

---

[1] 人民教育出版社数学室.九年义务教育六年制小学课本·数学(第三册)[M].北京:人民教育出版社,2001:17.

[2] 人民教育出版社,课程教材研究所,小学数学课程教材研究开发中心.义务教育教科书·数学(三年级下册)[M].北京:人民教育出版社,2014:47.

实践表明,在教学长方形面积计算之前,实物矩阵图、点子图都能起到渗透、孕伏的作用,为正式引进长方形图作出铺垫。

[中有突破(教学)]

长方形图的首次引入,不妨以长方形面积计算的应用面目呈现。

例 3-12 学校长方形植物园原来长 20 米、宽 15 米,扩建后长增加 5 米、宽增加 3 米。扩建后面积增加多少平方米?

这是长方形图示的原型。实践表明,不少学生独立完成画图有困难。如何化解难点?

对策之一,分解难点,先让学生独立完成两道准备题的图示。

① 学校长方形植物园原来长 20 米、宽 15 米,扩建后长增加 5 米、宽不变。扩建后面积增加多少平方米?

② 学校长方形植物园原来长 20 米、宽 15 米,扩建后长不变、宽增加 3 米。扩建后面积增加多少平方米?

也就是先让学生适应只变化长(或)宽的图示(图 3-25)。

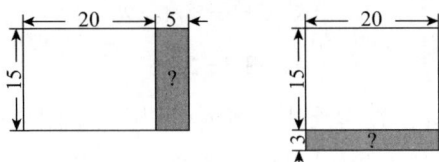

图 3-25

然后出示例 3-12,大部分学生能够独立完成图示。

对策之二,将例 3-12 设计成选择题:

学校长方形植物园原来长 20 米、宽 15 米,扩建后长增加 5 米、宽增加 3 米。求扩建后面积增加多少平方米,正确的算式是(　　)。

A. 5×3　　　　　　　　B. 20×3

C. 15×5　　　　　　　D. (20+5)×(15+3)－20×15

要求学生选择正确答案,并说明其他三个答案分别是图 3-26 中的哪一部分。这样数形结合,建立起式与图的对应关系,无形之中也就学会了怎样画图。同时,图示的直观性还能启迪学生想到多种解法:

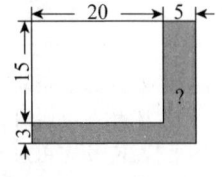

图 3-26

$20×3+15×5+5×3$；

$(20+5)×3+15×5$；

$(15+3)×5+20×3$。

对策之三,先提出开放性问题:

学校长方形植物园原来长 20 米、宽 15 米,现在打算扩建,怎样增加长方形植物园的面积?把你的想法画出来。

交流展现学生的设想,无非是只增加长、只增加宽、同时增加长和宽。个别学生在原长方形的两边增加长、增加宽,甚至增加成"回"字形,启发他们转化为一边增加,并通过预设的课件演示加强理解(图 3-27)。

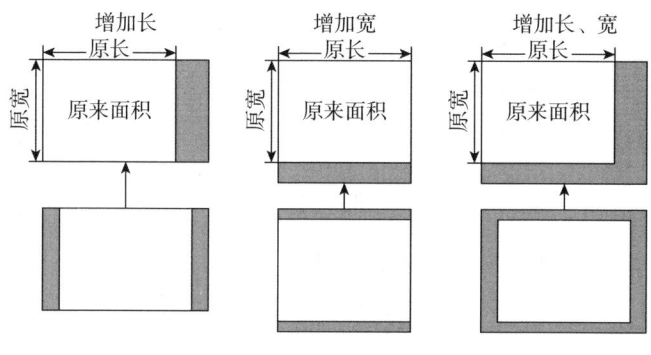

图 3-27

有了这样的认知基础,再出示例 3-12,就能让学生独立思考,自己画图解答。

然后出示情境变换题组:

① 某音乐厅原来每排 20 座,有 15 排,扩建后每排增加到 25 座,增加到 18 排。扩建后共增加多少个座位?

② 学校原计划买 20 个皮球,每个 15 元,实际涨价为每个 18 元,实际买了 25 个。实际比计划多花多少元?

③ 生产一批机器,计划每天生产 20 台,15 天完成,实际每天生产 25 台,实际生产了 18 天。实际比计划超产多少台?

这三道题的情节内容各异,它们的数量关系抽象之后(即数学模型)都是"因数变化前后的两积之差",用长方形图表示也完全相同。

长方形图特有的适应性,已可见一斑。

[后有发展(灵活应用)]

长方形图可以应用在很多问题解决过程中。例如,讨论"加权平均"时的应用实例。

例 3-13 小牛队平均每人做 8 件好事,小虎队平均每人做 12 件。两队平均每人做多少件好事?有哪几种情况?

学生首先想到的是如果两队人数相等,那么两队平均每人做 $(8+12)\div 2$ 件好事,教师指导学生用长方形图表示。然后小组讨论两队人数不等的情况,合作画出图示(图 3-28),"权重"对平均数的影响就非常直观了。

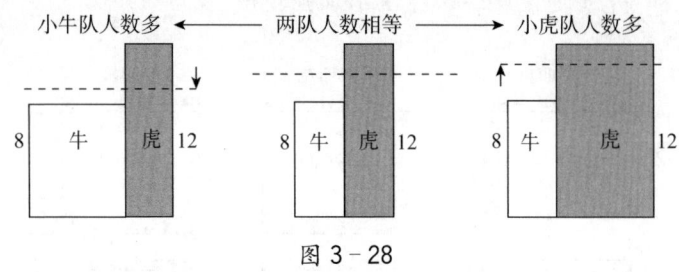

图 3-28

又如,应用整数四则运算的实际问题。

例 3-14 小胖借来一本书,计划每天看 16 页,实际每天多看了 4 页,结果比计划提前 3 天看完。实际多少天看完?

如果寻找等量关系列方程解,思维难度并不大。因为等量关系比较容易发现,即计划与实际,一本书的总页数不变。由此,设实际 x 天看完,得方程

$$16\times(x+3)=(16+4)x。$$

解得 $x=12$。但由于方程两边都有未知数,超出小学数学解"简易方程"的要求。用算术方法解,$16\times 3\div 4=12$(天),两步运算即得结果,但思维难度陡增:

按计划 3 天看 16×3 页,为了提前看完,就要在实际看的天数里多看 48 页,因为每天多看 4 页,所以 $48\div 4$(多看的总页数÷每天多看的页数)等于实际看的天数。

为帮助学生思考,可图示予以启发(图 3-29):

① 画一个长方形表示这本书的总页数,长为 16 页,宽为计划看的天数;

② 原长方形的长延长一段表示每天多看 4 页，宽缩短一段表示提前 3 天，画出另一个长方形表示这本书的总页数；

③ 把两个长方形重叠在一起。

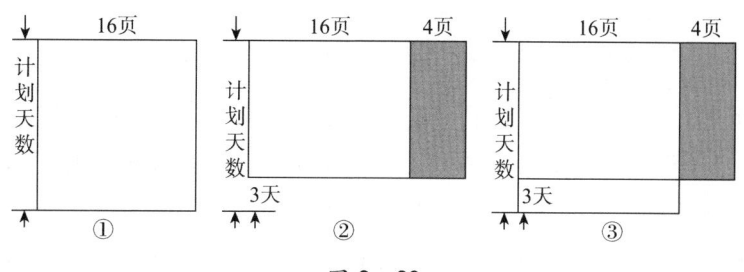

图 3-29

因为这两个长方形都表示这本书的总页数，即面积相等，所以图 3-29③中下面宽 3、长 16 的小长方形与右面灰色小长方形面积相等。

教学实践表明，那些想到算术解法的学生大多讲不清楚算理，教师通过动态演示，能使多数高年级学生获得理解。

4. 韦恩图

韦恩图是指用封闭曲线的内部区域直观表示集合及其关系的图形。它是以 19 世纪英国数学家约翰·韦恩(John Venn)的名字命名的，在小学通常叫做"集合圈"。

从没见过韦恩图的学生，极少能自发想到用"圈"来表示数量关系。这一点并不奇怪，在韦恩之前那么多数学家都没想到，怎么能指望小学生在课堂上的几分钟时间里有此灵感呢？为此，很多教师设想了种种启发方式，如"请呼啦圈帮忙"。其实，这个"圈"还是教师给出的。既然学生头脑中还没有用圈表示集合的观念，那就给两个圈，只要他们能恰当运用就可以了。

例 3-15 给下面的动物分类，同桌两人合作，分别放在各自的圈里。

乌龟　天鹅　飞鱼　鸽子　金鱼　蝴蝶

学生容易想到分成"会飞""会游"两类。但是，同桌两人各自都只有一个圈，于是争抢天鹅、飞鱼。很快有人想到了合作解决的办法：将两圈相交，组成三个区域(图3-30),问题迎刃而解。

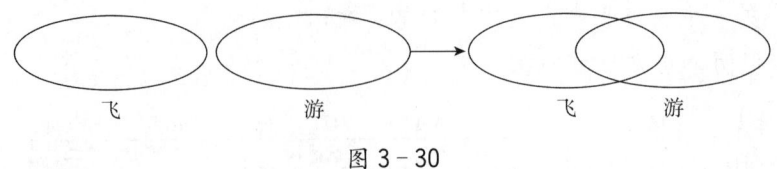

图 3-30

三部分的含义,学生都能轻而易举地用"只"与"既,又"来描述。在此基础上出示例题(参见第五章第三节),在理解题意的基础上,交集的图示、计算的方法三年级学生都不在话下了,而且他们看图还能想到多种算法。

走出了硬要"让学生自己想到、说出"以显示教学水平的误区,一切就变得简单、自然了。

俗话说"教无定法",关于线段图、韦恩图的引入方式,同样层出不穷。以上介绍,只是各种有效教学尝试中效果相对明显的个案。

之所以选择上面两例,一方面是想凸显基于学科、顺应儿童、因势利导、崇尚自然的教学追求;另一方面试图表明,合理的教学设计应当具有良好的可操作性与适应性,是可复制的,一般教师没有过人的教学机智与特殊的对话才能也能自如实施,获得预期效果。

5. 树状图

树状图又叫做树枝状图,是数据树的图形表示形式,在众多学科都有应用。在小学数学教学中,主要用于枚举结果的表示。因此,有关树状图的教学改进放在本节后面"枚举法及其教学改进"中加以讨论。

三、列表法及其教学改进

列表法的含义与图示法类似,可以顾名思义,因此无需刻意加以描述。

列表法的前期渗透,是在呈现某些实际问题时插入有关数据信息的表格,如罗列物品单价、数量的购物单等。

在小学,列表法主要用于统计,如列表记录统计数据,以及关于可能性的实验结果等。在解决实际问题时使用表格,主要有以下几种较为典型的运用。

1. 列表寻找答案

在修订后的人教版教材中,出现了通过尝试并采用列表找出所有答案的问题(图 3-31)[1]。

图 3-31

该问题的数学背景为二元一次不定方程。实践后发现,学生大多不愿列表,客观原因是答案较少,口算就能找全答案,列表的优势不明显。而且,很多学生认为没有必要记录无效的尝试。

鉴于此,可以在练习中设置数据不大、答案更多的练习。

例 3-16 铅笔每支 6 元,橡皮每块 4 元。把 48 元用完,可以怎样买?

本题有五组答案,比较容易使学生体会列表的作用。同时,教师允许学生发现规律之后,可以变依次尝试为跳跃书写其余答案,从而简化记录。例如:

---

[1] 人民教育出版社,课程教材研究所,小学数学课程教材研究开发中心.义务教育教科书·数学(三年级上册)[M].北京:人民教育出版社,2014:33.

铅笔/支	0	1	2	3	4	6	8
橡皮/块	12		9		6	3	0
总价/元	48		48		48	48	48

学生大多不喜欢画表,其真实的原因是"害怕"画"格子"。教师可以指导学生利用练习本现成的横线,每列上下对齐即可。

寻找最优答案的问题在后面讨论枚举法时再举例。

2. 列表帮助推算

列表的实质是相关量的纵横对齐,便于比较、计算。

例 3-17 50千克黄豆可榨油10千克,照这样计算,榨200千克豆油需要多少千克黄豆?

这是小学生经常出错的题。究其原因,主要是两种量的单位相同,容易混淆。即便到了高年级,由于学了小数除法之后,$50÷10$ 与 $10÷50$ 都有意义,常有学生因此产生疑惑,造成列式错误。

若采用列表法,则难点消弭于无形。

首先摘录条件与问题(下左表),不用画表格线,只要将两种量的对应值排列对齐。

```
 豆   油              豆   油              豆   油
50   10    ×20↓ 50   10  ↓×20    50  ÷5→ 10
 ?  200        1000  200           1000 ÷5→ 200
```

然后根据题意"照这样计算":学生有的从上往下看,发现右列10乘20得200,那么左列也应乘20(上中表);有的从左往右看,发现上面一行50除以5得10,下面一行未知数也应除以5,商是200,所以未知数是200×5(上右表)。同乘或除以相同数的依据都是"照这样计算"。

上左表是过去高年级解正、反比例应用题时常用的辅助手段。现在提前至中年级出现,而且允许学生不列算式,就利用这个数量对应表加以标注,求出答案,只要把答句写完整就行。

起初,部分教师对"没有算式的解答"心存疑虑。通过学习,介绍了函数的三种表示方法,即解析法、图像法与表格法,看到了表格法的优点(自变量与函数的对应值一目了然),认识基本趋同:函数都可以用表格表示,小学数学实际问题的解答更不必排斥表格法。

实践表明,不再拘泥于刻板的解题形式,有利于释放学生思维的活力,提高学生解决问题的兴趣与信心。

例 3-18 一辆货车从甲地开往乙地,6 小时行了 330 千米。照这样的速度,再行 2 小时就能到达。甲、乙两地间的路程全长多少千米?

列表解:

6 小时	330 千米		6 小时	330 千米		6 小时	330 千米
		→	2 小时	110 千米	→	2 小时	110 千米
						8 小时	440 千米

答:全长 440 千米。

上面展现了学生从摘录条件到求出答案的整个过程,右边的四行就是呈现在作业本上的解题过程。

"表"背后的思考过程是:因为速度不变,所以由 6 小时行 330 千米,得 2 小时行 110 千米,两段路程相加得 440 千米。可见,"列表"是整个推理过程的一种简易记录方式。

如果写出算式,至少要三步运算,并有一定难度。例如:

算式一:$330 \div 6 \times 2 + 330$;

算式二:$330 \div 6 \times (6+2)$;

算式三:$330 \div (6 \div 2) + 330$。

因此,这种新颖的解题形式便于思考,受到多数学生的欢迎。事实上,到六年级学习正比例时还会出现这些问题,因此完全不必在算术解法的列式上和学生"过不去"。

3. 列表帮助推理

在解决简单的逻辑推理问题时,采用列表能使"排除法"的推理过程更加一目了然。

例 3-19 小胖、小巧、小亚分别玩跳绳、踢毽子、转呼拉圈,一人玩一样。已知:小胖在跳绳;小巧不喜欢踢毽子。问:小巧、小亚分别在玩什么?

列表解:用√表示在玩,用×表示不在玩。根据已知条件,小胖在跳绳,小巧不喜欢踢毽子,可在表中填入一个√和一个×;再根据三人、三种玩具,一人玩一样,可知每行只有1个√、2个×,每列也只有1个√、2个×。

	小胖	小巧	小亚
跳绳	√		
毽子		×	
呼啦圈			

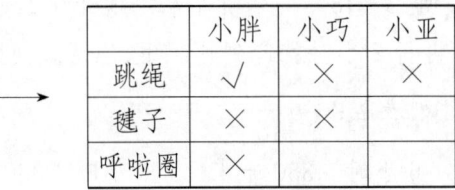

	小胖	小巧	小亚
跳绳	√	×	×
毽子		×	
呼啦圈		×	

由上右表可知,小亚在踢毽子,则小巧只能玩剩下的呼拉圈了。

一个看似有点难的问题通过列表记录推理过程,原来如此简单。

显然,学习图示与列表丰富了问题解决的辅助手段,有利于学生逐步形成主动构造直观、整理信息的习惯与意识。这些收获同学习分析与综合一样,具有长远的效能,甚至可以说终身受益。

四、枚举法及其教学改进

枚举即一一列举,又称穷举。用枚举法解决问题,最简单的是将问题的所有答案依次列举出来。更一般的是将问题的可能答案一一列举,并根据约束条件判断、筛选答案。

枚举的结果可以用文字记录,也可以画图表示或采用列表法。

例 3-20 衣配裤或裙,有多少种不同的穿法?

搭配的结果,学生自发想到的方式有用文字或符号记录的,更多的是图示。一般认为,以下两种图示(图 3-32)最佳:

图 3-32

甚至有研究者认为,这样的图示是一种数学模型的优化表征。确实,组合的思路,组合数的结构"2个3""3个2"都一目了然,而且学生也比较容易想到这样的连线方式。然而,潜在的遗憾是,这种合并呈现所有枚举结果的图示,其实是走不远的。请看:

例 3-21 有3件不同的上衣,2条不同的裤子,2双不同的鞋,有多少种不同的搭配?

多2双鞋,多一次"搭配",上面的合并图示方式就无能为力了。明智的选择就是分开图示。

这里,只要图示1件上衣的"搭配"情况(图 3-33),就足以解决问题。

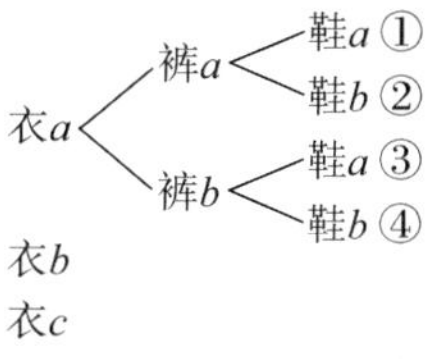

枚举至此,学生已能感悟"不需要再画了",另外两件上衣与裤、鞋的"搭配"都是4种,一共是12种。

也就是说,有时一一列举出来的情况数目比较大,也可以只枚举一部分,找出规律,用计算解决问题。

图 3-33

同时,例 3-21 还提醒我们,例 3-20 的图示方式具有局限性,我们可以顺应儿童,但不必强化训练,要求人人掌握这种合并图示的画法。

事实上,画树状图通常总是一枝一枝地画。

例 3-22 两个小朋友玩"石头、剪刀、布"的游戏。

(1) 一共有多少种可能的情况?
(2) 其中,甲赢、乙赢的情况各有几种?

从数学角度看,这一"心理博弈"的猜拳游戏,其实质是3个元素每次取2个的重复排列,共3×3种情况。

小学生一般都能通过枚举写出各种可能,进而得出情况总数,也能区分输赢情况。但如何有序记录使之一目了然,出现了新的挑战。换句话说,枚举的有序性在例 3-20 的基础上有了发展:既要有序考虑两人出什么,又要关注输赢。

为此,可以先让学生自己尝试,再通过交流,发现可取的记录方式。比如,先写下输赢的三种情况与两人的区分,再依次列举、对应记录:

平:	甲赢:	乙赢:
甲 乙	甲 乙	甲 乙
石—石	石—剪	石—布
剪—剪	剪—布	剪—石
布—布	布—石	布—剪
3种	3种	3种

进一步,还应让学生体会,通过枚举有助于找出最优答案。

例 3-23 128人外出考察,有两种车可供租用。大车限坐20人,每辆车租金200元;小车限坐12人,每辆车租金140元。怎样租车省钱?

本次课改以来,"租车问题"成了回归生活的"常规"教学内容。有的教材延续几年多次讨论"租车"。但由于题目缺少变化,学生往往认为"坐满,没有空位"一定是最优方案。如果教师再加以强调,就更容易形成思维定势。在本例中,有的学生枚举到方案三:

方案	大车辆数	小车辆数	可坐人数	租金/元
一	0	11	132	1540
二	1	9	128(满)	1460
三	2	8	136	1520

发现租金出现"多→少→多",而且方案②正好坐满,凭经验以为是租金变化的"谷底",就不再继续枚举了。

坚持枚举到最后的学生,发现这个问题竟然有三个"谷底",方案七才是最优方案。他们纷纷赞叹:"老师挑选的数据真奇妙。"

方案	大车辆数	小车辆数	可坐人数	租金/元
一	0	11	132	1540
二	1	9	128(满)	1460
三	2	8	136	1520
四	3	6	132	1440
五	4	4	128(满)	1360
六	5	3	136	1420
七	6	1	132	1340
八	7	0	140	1400

确如学生所言,所有数据都是针对他们的片面经验人为编造的,意在让学生领悟:列举全部方案有时是必要的;坐满的方案与所谓的"谷底"都可能不止一个;正好坐满的方案不一定是最优方案。

由此,枚举法的作用、功能尽在不言之中。

有利必有弊,一道题要集中体现多个意图,势必加大难度。如同压缩饼干,难以消化。题目的典型性与解答难度往往成正比,这似乎是客观规律。

事实上,根据例 3-23 的已知条件,当学生发现大车人均更省,采用大车辆数从大到小枚举,则枚举到方案三就确认找到了最优方案:

方案	大车辆数	小车辆数	可坐人数	租金/元
一	7	0	140	1400
二	6	1	132	1340
三	5	3	136	1420

因此,要求学生坚持枚举到最后的说服力不足。

为避免数据偏大、变化复杂,并增强坚持枚举的说服力,也可以采用其他设计策略。例如,可将解题要求改为:请找出最优、次优租车方案。

例 3-24 42 人出游,可租两种车。大车载客 10 人,每辆租金 1000 元;小车载客 7 人,每辆租金 800 元。怎样租车省钱?(请找出最节省、第二节省的两种方案)

为了通过比较,找出最省、次省租车方案,枚举并列表辅助就成了首选方法。

怎样列表对学生来说始终是个难点,这里,可以启发学生从只租一种车入手计算:

只租大车,$42 \div 10 = 4 \cdots\cdots 2$,要 $4+1=5$(辆)

$1000 \times 5 = 5000$(元)

只租小车,$42 \div 7 = 6$(辆)

$800 \times 6 = 4800$(元)

于是,就有了列表的范围,大车人均更省,从 5 辆到 0 辆,先根据上面的计算,填好一头一尾两行,再依次填写其他各行:

方案	大车/辆	小车/辆	可乘人数	总价/元
一	5	0	50	5000
二	4	1	47	4800
三	3	2	44	4600

（续表）

方案	大车/辆	小车/辆	可乘人数	总价/元
四	2	4	48	5200
五	1	5	45	5000
六	0	6	42（坐满）	4800

最后看表进行筛选。方案三最省，方案二、方案六总价相等，次省有两个答案。学生常常认为次省应取方案二，有5个空位，言之有理，也是可以的。

五、假设法及其教学改进

数学问题解决经常用到假设。比如反证法，就是首先假设要证明的结论不成立，然后推出矛盾，从而肯定结论。

在小学，通常不是假设结论不成立，而是假设某一未知数量取一个可能的值，从而化抽象为具体，以方便列式；或者假设某一情况、结论成立，作为推理的起点。比较适合小学生的用法有三种。

1. 赋值计算

即根据条件，选择某个未知数量，假设它为一个具体的数，然后列式计算，得出答案。

▎例 3-25　所谓"工程问题"（图 3-34）[1]。

图 3-34

---

[1] 人民教育出版社，课程教材研究所，小学数学课程教材研究开发中心. 义务教育教科书·数学（六年级上册）[M]. 北京：人民教育出版社，2014：42.

路长未知,根据两队单独修所需天数 12 和 18,取它们的最小公倍数 36 或假设路长为 1,得算式:

① $36 \div (36 \div 12 + 36 \div 18) = 36 \div 5$;

② $1 \div \left(\dfrac{1}{12} + \dfrac{1}{18}\right) = 1 \div \dfrac{5}{36}$。

引导学生观察比较两个算式,假设的数据不同,之所以商相等,原来是商不变规律在起作用:①式的被除数、除数同除以 36,即得②式。

一般地,设路长为 a,则

$$\dfrac{a}{\dfrac{a}{12} + \dfrac{a}{18}} = a \times \dfrac{36}{5a} = \dfrac{5}{36}。$$

假设的参数 a 在运算过程中能被消去,同样说明它与答案无关。

比较算术、代数两种解法,显而易见,上例假设赋值的实质是将代数运算转化为算术运算。

2. 通过"假设→比较→调整"寻找答案

即根据条件,假设一个数,通过计算、比较,发现不符合其他某个条件,然后加以调整,直到得出答案。

例 3-26 猜谜竞赛,规则是猜对一题得 5 分,猜错一题倒扣 3 分。小敏猜了 20 题,得 68 分。小敏猜错多少题?

容易发现,这是"鸡兔同笼"问题的变式。

"假设"20 题全对,则得 100 分;与实际得 68 分"比较",相差 32 分;每"调整"一题,即把猜对换成猜错,就减少 8 分,要减少 32 分,则换 4 题,即猜错 4 题。算式是:

$$(5 \times 20 - 68) \div (5 + 3) = 4(题)。$$

关于"鸡兔同笼"问题的教学改进,将在第五章中展开更全面的探讨。

3. 假设作为推理的起点

有些数学问题的解答,需要根据条件和结论之间的逻辑关系,通过推理找到答案。

通常,以正确的判断为前提,从正确的前提出发,才能推出正确的结论。但是,一般事先并不知道哪个判断是正确的,可以先假设某个判断(或选项)是正确的,作为推理的起点。若能够推出没有矛盾的结论,则假设正确;若推出矛盾的结论,则假设错误。

对于小学生来说,遇到一些比较简单的问题,有时也会自发地用上"假设推理"。

例 3-27 学校操场上的旗杆高 12(　　)。

　　A. 厘米　　　　B. 分米　　　　C. 米

有学生选 C,理由是:12 分米与我差不多高,旗杆比我高很多,更不可能是 12 厘米,应该是 12 米。

不难看出,其中的推理过程是:

假设旗杆高 12 分米,则 12 分米约等于我的身高,而旗杆高远大于我的身高,推出矛盾,否定假设。

有了自然生成的基础,进一步就可以将"假设推理"引入比较一般的问题解决过程中。

例 3-28 实验小学小提琴独奏比赛由五名评委打分,计分时,先去掉一个最高分和一个最低分,再算出平均分作为该选手的最后得分。下面是一名选手的计分表:

评委一	评委二	评委三	评委四	评委五	最后得分
79	83	86	84	●	82

其中,第五位评委打的分数看不清了。统计员说,他只记得最高分和最低分的平均数也是 82 分。你能算出评委五打了多少分吗?

学生能够想到,首先需要判断评委五打的是最高分、最低分,还是"不高不低"分。因为三种情况下,求评委五打分的算式是不同的:

如果是最高分,评委五打了 82×2−79=85(分);

如果是最低分,评委五打了 82×2−86=78(分);

如果既不是最高分,也不是最低分,评委五打了 $82 \times 3 - 83 - 84 = 79$(分)。

让学生独立思考后交流,出现了预料中的上面三个算式。当然,还有一些学生发现了其中存在矛盾:

假设评委五打的是最高分,那么另一个去掉的分数就是 79 分,剩下三个分数的平均数高于 82,不符合题意。马上有学生补充,计算结果是 85 分,不是最高分。

假设评委五打的既不是最高分,也不是最低分,那么去掉的是 79 和 86,这两个分数的平均数是 82.5,同样不合题意。也有学生补充,求出的 79 分也是最低分,与假设"既不是最高分、也不是最低分"自相矛盾。

因此,评委五打的是最低分,那么另一个去掉的分数就是 86 分,剩下三个分数的平均数是 82,符合题意。所以,评委五打的分数是 78 分。

实践表明,这样的思维"广度"比较适合五年级学生的集体水平,而且解题过程还比较自然地蕴含了分类讨论,这在学生今后的数学学习中将经常遇到。

"假设推理"最为典型的运用就是解答某些逻辑推理问题。

例 3-29 有红、白、黄、蓝、黑五种颜色的球各一个,每个一盒,摆成一行。

甲猜:第二盒是黑球,第三盒是黄球;

乙猜:第二盒是黄球,第五盒是黑球;

丙猜:第五盒是白球,第一盒是红球;

丁猜:第三盒是蓝球,第四盒是白球;

戊猜:第四盒是红球,第二盒是蓝球。

打开一看,每人都只猜对了一盒。问:他们各猜对了哪一种?

先假设甲说的第一句对了,则第二句错了,以此为起点进行推理(用"√"表示对,"×"表示错)。

甲猜:第二盒是黑球√,第三盒是黄球×;按此假设,乙的两句都错了,即乙猜第二盒是黄球×,第五盒是黑球×,与已知条件"每人都只猜对了一盒"矛盾。所以,甲的第一句错了,第二句对了。

甲猜：第二盒是黑球×，第三盒是黄球√；

乙猜：第二盒是黄球×，第五盒是黑球√；

丙猜：第五盒是白球×，第一盒是红球√；

丁猜：第三盒是蓝球×，第四盒是白球√；

戊猜：第四盒是红球×，第二盒是蓝球√。

教学尝试表明，学生乐于用"√""×"符号使推理过程更为直观。但由于推理过程较长、较复杂，出错的可能性仍较大。因此，尽管上题经过加工、改造，使推理顺序与甲、乙、丙、丁、戊两个判断的排列顺序一致，但还是供有余力的学生选做比较合适。

上面三例（例 3-27～例 3-29），大体勾勒出"假设推理"，从课内自发生成到主动运用，再到课外拓展学习发展脉络上的三个"节点"。

六、倒推法及其教学改进

如果说综合法"由因导果"是顺推，那么分析法"执果索因"就可以说是逆推（倒推）。只是由于分析法通常也需要结合条件进行思考，因此倒推的特征不很明显。

一般地，从题目叙述事情的最后结果出发，根据事情的变化过程一步步倒着还原，直到求得答案，这种解决问题的方法习惯上叫做倒推法，也叫做逆推法或还原法。

为便于思考，可以选用画图、列表等辅助手段，比较直观地显示"倒推"的路径。

例 3-30 商店运来一批笔记本电脑，第一天上午卖出一半，下午卖出 10 台，第二天上午卖出剩下的一半，下午卖出 5 台，这时还剩 8 台。这批笔记本电脑一共多少台？

教师多数倾向于画图表示，如：

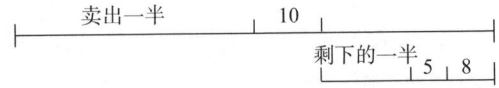

学生大多喜欢用带箭头的框图表示,如:

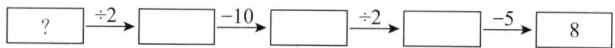

显然,画线段图有助于发展数感,框图便于逐步推算,两者各有千秋。

适合倒推的问题常常具有比较明显的特征,如已知最终结果,求最初状态。同时,小学生也有类似的生活经验,如父母带着去电影院,散场后自己要求原路返回。因此,教学难度并不大。教学改进的主要方向是提倡表征多元化,让学生用自己的方式表示倒推过程。

七、转化法及其教学改进

在小学,"转化"常常作为"化归"的代名词在使用。前者比较通俗,日常生活中使用频率高,含义不讲自明;后者比较准确,包含转化、归结的意思,如化未知为已知。

关于化归,匈牙利数学家路莎·彼得(Rozsa Peter)在《无穷的玩艺》一书中有一个十分生动的隐喻:"假如在你面前有煤气灶、水龙头、水壶和火柴,现在的任务是烧水,你应当怎样做?"答案是:"在水壶中放上水,点燃煤气,再把水壶放到煤气灶上。"再问:"假如条件都不变,只是水壶中已有足够的水,这时你该怎么做?"对此,人们往往回答说:"点燃煤气,再把水壶放在煤气灶上。"但是,这不是最好的回答。因为"只有物理学家才会这样做,而数学家则会倒去水壶中的水,并且声称我已经把后一个问题化归为先前的问题了"。

"把水倒掉"的比喻有点夸张,但它的确表明了数学家思考与解决问题的一个特点——将新的问题转化为以前已经解决了的问题。

在数学问题解决中,"转化"还常常体现出化难为易、化繁为简、化陌生为熟悉等特点。它的实质就是以变化的观点抓住事物之间的相互联系,通过变换促成问题的解决。

可以说,转化在数学解题中几乎无处不在。我们之所以"委屈"它,将其放在"特殊方法"之列,是因为在解决实际问题时,有几种比较特殊而又相当重要的手段,概括为"转化法"是比较确切的。

1. 思路的转化

例 3-31 甲、乙两人同时从距离 20 千米的两地出发,相向而行。甲每小时行 5.5 千米,乙每小时行 4.5 千米。甲带着一只狗,狗每小时跑 10 千米。狗同甲一起出发,碰到乙立即掉头往甲这边跑,碰到甲又掉头往乙这边跑,直到两人相遇。这只狗一共跑了多少千米路?

这是一道知晓率较高的趣味数学题,据说是我国著名数学家苏步青年轻时做过的一道题。如果按照题目叙述,计算狗往返一段段的路程极其困难。转变思路,先求出甲、乙两人的相遇时间,也就是狗往返所跑的总时间,则乘上狗的时速,就是狗跑的总路程:

$$20 \div (5.5 + 4.5) \times 10 = 20(千米)。$$

如果不仅发现狗跑的时间与人行时间相等,还注意到狗的时速恰好等于甲、乙两人时速的和,则不用计算,答案就能脱口而出,狗跑的总路程就是两地间的路程。

例 3-32 小胖把一张正方形纸对折,剪去一半,再对折,剪去一半。对折、剪去 5 次,一共剪去了这张纸的几分之几?

原题是一道异分母分数加法计算题,改成应用问题,旨在诱导学生主动画图。有的学生在画图(图 3-35)过程中就发现了规律。

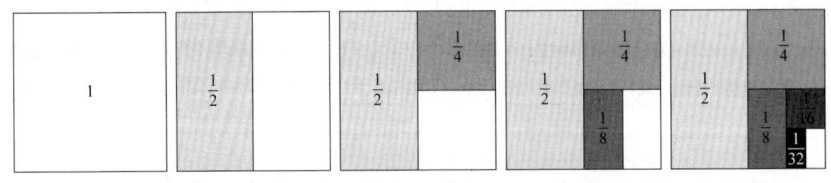

图 3-35

有的学生画完,看着自己画的示意图,也不用教师启发,就能转化思路,找到简便算法:

$$\frac{1}{2}+\frac{1}{4}+\frac{1}{8}+\frac{1}{16}+\frac{1}{32}=1-\frac{1}{32}=\frac{31}{32}。$$

以上两题,都是思路转化的典型例子。通过转化,化繁难为简易,由于效果明显,因此学生的感受比较深刻。

2. 问题的转化

例 3-33 五(1)班同学们排练了4个节目：唱歌、跳舞、说相声、朗诵。从中选出3个节目参加学校的演出，有几种不同的选法？

这是一个简单的组合数问题，可以通过枚举找出所有答案。然而，从4个元素中每次取3个的枚举并不容易，而且题目也没有要我们写出各种组合，只问有几种，有什么好方法呢？

换个角度思考，原题要求"四选三"，相当于"四去一"，即每次只有一种节目不选。这样一想，答案马上就出来了，4个节目，每个都可以不选，一共有4种选择。

教学时，先让学生独立思考，再启发他们转化问题。多数学生经过涂涂改改，去掉重复，补上遗漏，好不容易才能写全4个组合。在此基础上，意想不到的简捷思考过程，将问题由"选三个节目演出"转化为"选一个节目不演出"，就会产生更大的冲击力，既能促进两种解法的比较，又能加深印象，保持记忆。

例 3-34 有10支足球队参加比赛，比赛以单场淘汰制（即每场比赛淘汰1支队伍）进行。一共要进行多少场比赛才能产生冠军？

因为每比赛一场淘汰1支队伍，最后留下1支队伍就是冠军，所以把问题"一共要比多少场"转化为"一共要淘汰多少队"，问题就迎刃而解了。即一共要淘汰(10－1)支球队。

以上两例，化难为易的手段可概括为问题的转化。当然，问题的转换、改变也可以说是思路的转化。

3. 条件的转化

例 3-35 原来有8盒装满的苹果，每盒苹果的个数相等。从每盒中取出6个苹果，小巧发现剩下的苹果正好装满5盒。原来每盒有多少个苹果？

本题处在小学中年级学生的最近发展区内。如果学生独立思考无果，教师可以在学生复述题意时追问："剩下的苹果正好装满5盒是什么意思？剩下的装满5盒，那么……"通常问到这里，学生就能想到解题思路。一般经过小

组讨论,多数学生能够说清楚最后一个条件在其他条件下的转化过程:

剩下的苹果正好装满5盒⇔取出的苹果正好装满3盒。

所以6×8÷(8−5)=16(个)。

例3-36 学校买来一批小足球分给五年级各班。如果两个班各分5个,其他每班各分4个,那么多7个;如果一个班分8个,其他每班各分6个,那么少5个。学校五年级有几个班?一共买来多少个小足球?

本题比较适合小学高年级学生挑战自己的能力边缘。

把条件"两个班各分5个,其他每班各分4个,那么多7个"转化为"每班各分4个,那么多9个";

把条件"一个班分8个,其他每班各分6个,那么少5个"转化为"每班各分6个,那么少3个"。

于是,原题就简化为:

学校买来一批小足球分给五年级各班。如果每班各分4个,那么多9个;如果每班各分6个,那么少3个。学校五年级有几个班?一共买来多少个小足球?

比较两次分配,每班多分(6−4)个,前后相差(9+3)个,由此可以先求出班数,(9+3)÷(6−4)=6(个);再求小足球数,4×6+9=33(个)或6×6−3=33(个)。

以上两题,化复杂为简单的手段,都是条件的转化。

此外,计算数据的转化、算式的转化、图形的转化等,在相关内容的教学中经常出现,不妨选择适当时机,引导学生加以回顾、整理。

关于问题解决特殊方法的教学,必须再强调两点:

其一,从数学课程的培养目标来讲,教学问题解决的特殊方法,旨在让学生更多地体验解决问题方法的多样性,发展应用意识、创新意识,落实课程理念"不同的人在数学上得到不同的发展",并非为了使学生人人成为解题的高手。否则,难免重蹈单纯强化解题教学的覆辙。

其二,上述特殊方法,目前的教材大多已经涉及,需要补充的可以作为练习,并本着因材施教的教学原则作出处理。

第四章
问题解决的教学策略

如何有效推进问题解决教学？怎样使不同智力发展水平的学生都能获得分析问题、解决问题的成功体验？

这一章，基于长期的教学行动研究，探索、反思、改进，总结了六方面的问题解决教学策略。

这些历经反复实践检验的策略，通过一系列"看得见、摸得着"的具体实例，凸显了教学的生命活力。

前文中，特别是"教学改进"部分，已经涉及一系列的教学策略探讨与案例，这里再提炼一些具有普适意义且相对重要的教学策略。

第一节　结构化教学策略

一、结构化教学策略的概述

"结构化"是数学的学科特点，数学的逻辑严谨性决定了数学的结构化程度远高于其他学科。它要求教师站在整体、系统和结构的高度把握、处理教学内容，从数学知识结构和学生认知结构出发设计和组织教学，以完善和发展学生原有的数学认知结构，提高学生数学认知结构的清晰性、稳定性与可利用性。

结构化策略包括问题解决本身内容、方法的结构化以及教学的结构化。

下面通过介绍几个遵循结构化教学策略进行整体构思且效果明显的典型课例及问题设计，阐述结构化策略的运用。

二、结构化教学策略的运用

1. 内容结构化

问题解决内容的结构化，常常表现为情境串、问题链，以及一题多变、一题多解、多题一解等教学方式、手段的灵活运用。

■ **课例 4-1**　混合运算的应用（练习课）。

选取游郊野公园的素材设计情境串，构成综合练习。

(1) 乘旅游车(图4-1)。

图 4-1

三个年级一共要买多少张旅游车票?

(2) 勇敢者之路(图4-2)。

图 4-2

小雅是组长,负责买票,他们小组共5人。小雅付出50元,应找回多少元?

(3) 激流勇进(图4-3)。

图 4-3

小雅小组还玩了"激流勇进",她又买了5张票。小雅为两个游戏项目一共付了多少元钱?

(4) 翠湖游船(图4-4)。

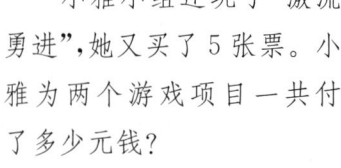

图 4-4

三(1)班有25人要玩"翠湖游船",至少要租几条船?还空几个座位?怎样合理安排乘船人数?

其中,第(3)题从学生的汇报来看,大多采用分步列式,也有部分学生将两个分步算式组成一个综合算式,交流中出现了三种综合算式。

算式一:7×5+9×5=80(元);

算式二：35＋9×5＝80(元)；

算式三：(7＋9)×5＝80(元)。

教师抓住契机提问："通过这个实际问题，我们看到在一个有加法又有乘法的算式里，有时需要先算乘法，有时需要先算加法。怎么规定才能满足两种不同的需要？"

学生通过回答，对"先乘除后加减"和"先算小括号"这两条运算顺序规定的必要性、合理性有了更真切的认识。

第(4)题的第二问对第一问的正确解答具有提示作用，因此独立思考的正确率较高：25÷6＝4(条)……1(人)，要租 4＋1＝5(条)。

最后一问多数学生产生了困惑，按算式 4 条船坐满，剩下 1 人乘一船显然不合适。经讨论达成共识，合理的安排是每船乘 5 人。显然，教师精心设计的数据既触发了学生的认知困惑，又使"每船 5 人"成为无可争议的最佳方案。

进一步，还可以采用"问题链"形式，将"乘旅游车"问题予以展开：

红色旅游车有 4 节车厢，蓝色旅游车有 6 节车厢，每节车厢限乘 48 人。

① 三个年级一共要买多少张旅游车票？

② 两列旅游车一共能乘多少人？

③ 两列旅游车能让三个年级的同学都坐下吗？

④ 怎样安排比较合理？

⑤ 如果安排一、二年级乘蓝色旅游车，那么有几个同学要上红色旅游车？

对于基础较好的班级，可以适当放大问题空间，把 5 个问题浓缩成一个"大问题"：

两列旅游车能让三个年级的同学都坐下吗？如果能，有哪几种乘车安排？哪一种安排比较合理？

如此设计较为真实的情境，使问题链更加接近实际，从而有利于应用能力的培养。

诚然，统一的情境主题有时难以引出所需的所有数学问题，或者需要出现的数学应用难以构成具有内在联系的问题链。遇到这类情况，可以采用"闯关"游戏的形式，将练习内容由易到难串联起来。

一题多变、一题多解、多题一解等方式的共同点,也都是指向数学知识及其应用的内在联系,促进学生对相关知识及其应用的融会贯通,以利于良好认知结构的形成与完善,提高应用的灵活性。例如,有关年月日知识的应用,采用填空形式设计结构化练习。

例 4-1 植物考察队 2018 年 3 月 1 日出发,计划当年 7 月 26 日返回(图 4-5)。这次考察计划历时多少天?

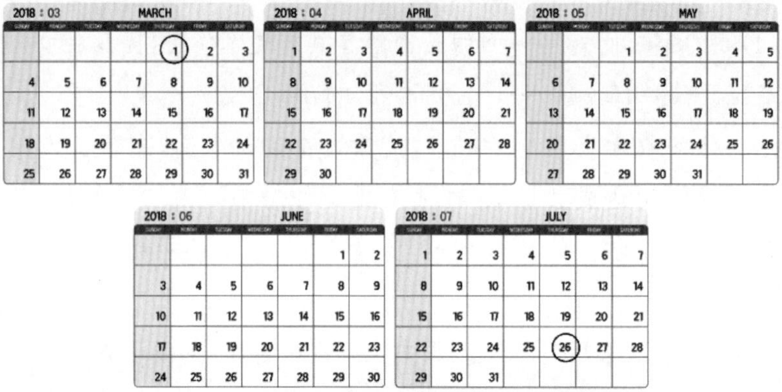

图 4-5

解法一:$31\times2+30\times2+26$;

解法二:$(31+30)\times2+26$;

解法三:$7\times21+1$。

① 解法一中,31×2 是求(　　　)的天数;

② 解法二中,$31+30$ 是求(　　　)的天数;

③ 解法三中,7×21 是求(　　　)的天数;

④ 比较解法一和解法二,其中 $31\times2+30\times2=(31+30)\times2$,符合(　　　)律。

⑤ 如果考察队实际返回时间是 8 月 3 日,计算"这次考察实际用了多少天",算式是(　　　)。

着眼于算法多样化的解释,采用填空形式,有利于提高练习效率。加上题目本身的新颖性、可读性吸引了学生,练习效果明显。

2. 教学设计结构化

以只有两个条件、两步运算的问题为例。

理论与实践告诉我们,两步运算应用是从一步运算应用到多步运算应用的关键节点,通过两步运算应用让学生发现中间问题,明确先算什么,是一个相当重要的教学环节。

■ **课例** 4-2 提出两步运算问题的教学。

给出男女生人数两个条件,让学生提出一步运算的问题:求和、求差、求倍。口算报出答案。

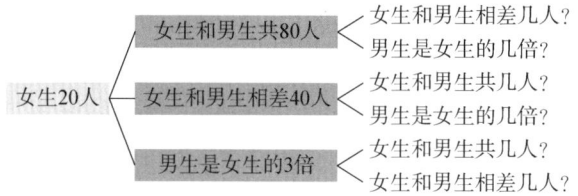

然后把一步运算结果作为条件,请学生在两种颜色卡片中各选一张,提出两步运算的问题。学生动手操作学具卡片,独立思考后交流。先交流已知"女生 20 人"这个条件:

教师巡视中发现,个别学生提出的问题中有"男生多少人"。对此,首先让学生辨析一步运算问题与两步运算问题;接着通过交流,形成六道有一个条件重复使用两次的两步运算问题,使学生感知"两个条件两步计算"实际问题的特点,体会并理解"中间问题"的重要性,进一步培养学生发现、提出、分析问题的能力。

教师提问:选择"男生 60 人"这个条件还需要交流吗?使学生从整体上发现,如果已知"男生 60 人",同样可以再选和、差、倍之一作为条件,并提出同样的六个问题。这就既避免了重复,又能促进学生真正理解这些问题的数量关系。

接下来让学生挑其中 3 个作出解答,说明选择的理由(求和、求差、求倍各选 1 个)。

进一步,将男生人数由 60 改为 55,提出问题:求男女生人数的和、差、倍,出现了什么新情况? 学生很快发现,男女生共 75 人、相差 35 人,倍数出现了新情况。为帮助突破表达的困难,利用线段图(图 4-6)予以启发:

```
女生 |——20人——|
男生 |————————|——15人——|--|
```

图 4-6

学生想到:2 倍多 15 人,3 倍少 5 人。这是首次将"倍""差"关系加以综合运用。

教师追问:还可以怎么说? 引出 1 倍多 35 人,35 人就是男女生人数的差。从而沟通了倍与差之间的关系。

最后给出"已知两数的差与其中一数,求两数和"的变式题:

妈妈买来的苹果吃掉了 6 个,剩下的比吃掉的多 5 个。妈妈买来多少个苹果?

该题用以检验教学效果,正确率为 100%。

评课时,教师们的共同观感是:这些问题都是过去两步应用题教学的重点内容,别开生面的设计是落实"四能"目标的范例;这是一节可复制的课;素材极其简单,男女生人数两个量就撑起了一节有深度的课;只要记住它的教学结构,无需记录就能移植;通过让学生提出两步运算的问题,导出有一个条件重复使用的三类六个问题,教学思路非常清晰;学生在选择条件、提出问题的过程中,掌握了思考方法,沟通了有关和、差、倍的一步运算与两步运算实际问题之间的联系。

显而易见,课例 4-2 提供了一个内容、方法、教学三者的结构融为一体的典型样例。

第二节　直观化教学策略

一、直观化教学策略的概述

直观化策略最重要的哲学理论基础,就是从感性认识到理性认识的一般认知发展规律,最直接的数学理论基础无疑是数形结合的思想方法。

运用这一策略能激发学生的学习兴趣和热情,促使具体形象与抽象概念相结合,进而增进发现、理解和巩固,同时也有助于发展学生的观察能力、形象思维能力。

前面给出的众多实例中,诸如卡通画、视频片段、图示、列表、实验等手段的运用,实际上都用到了这一策略。

有必要强调的是,直观化不仅是教师教学的策略,还应该成为学生学习数学的一种有意识的行为与习惯。因此,从一开始教学数学应用时,就要提醒学生用自己的方式把实际问题画出来。

例如,前面的例3-4,分析与解答的过程其实就是画出示意图的过程。交流时学生1展现的示意图画了15个〇,马上有学生2说只要画第10到第15就行了。教师给予肯定,并指出要注明第10、第15。

学生1：　　　　　　　　小丽　　　小宇
　　　〇〇〇〇〇〇〇〇〇●〇〇〇〇●

学生2：小丽第10　　小宇第15
　　　　　〇〇〇〇〇〇
　　　　　　之间4人

显然,图示直观还常常需要配合语言直观,以增强效果。

二、直观化教学策略的运用

1. 启发思考

例如,求两数相差多少的问题,利用直观既能使学生理解"去掉同样多"的算理,还能启发进一步的思考。

例 4-2 🐼小组有 5 人,🐐小组有 11 人。🐼小组添上几人和🐐小组一样多?还可以怎样使两组人数一样多?

借助直观(图 4-7),学生不但能够理解熊猫小组添上 6 人或山羊小组去掉 6 人,还能想到山羊小组派 3 人去熊猫小组,也能使两组人数一样多。

○○○○○
△△△△△ △△△△△△

图 4-7

显然,离开了直观图示,多数学生想不到把相差部分"对半分","移多补少"使之同样多。

2. 突破难点

要让构造直观成为学生自觉使用的学习工具,关键在于平时的教学中,教师要不失时机、恰如其分地用直观手段打动学生。

例如,用估算解决实际问题,以往很少使用几何直观,实践表明,一旦给出图示,不但能够促进理解,还能化解过去不敢触及的难点。

图 4-8

课例 4-3 估算教学(图 4-8)。

这是一个比较经典的实际估算问题[1],学生容易想到三种估算方法。

估算一:22×20＝440(估大)

估算二:20×20＝400(估大、估小?)

估算三:20×18＝360(估小)

也不难达成一致:估小了还够,肯定能坐下。通常,教学进行到这里也就可以了。至多根据学生的估算结果得出准确积的范围,即

$$360 < 22 \times 18 < 440。$$

但是,学有余力的学生并不满足,他们还想搞清楚 20×20 究竟是估大了,还是估小了。尤其是一些学优生,试图争论出结果却弄不明白,22×18 与 20×20 比较:把 22 估成 20,少算了 2 个 18;把 18 估成 20,为什么不是多算 2 个 22,而是多算了 2 个 20?

$$
\begin{array}{c}
22 \times 18 \\
\text{少算 2 个 18} \downarrow \quad \downarrow \text{多算 2 个 20} \\
20 \times 20
\end{array}
$$

借助直观(图 4-9),学生不仅可以清楚地看到估小,少算了哪部分,估大,多算了哪部分,而且还能使全体学生发现原来很难判断的 20×20,实际也是估大了。

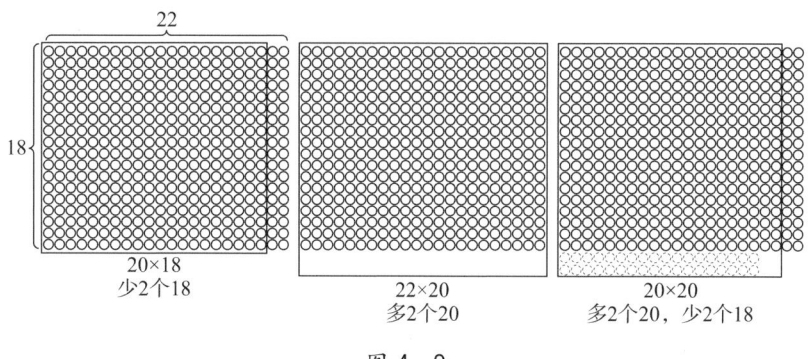

图 4-9

眼见为实:用 20×20 估算 22×18,是把 2 个 18 估成了 2 个 20,多算了 2 个 2。这是离开直观,三年级学生很难想象、理解的。他们看图消解了自己的

---

[1] 课程教材研究所,小学数学课程教材研究开发中心.义务教育课程标准实验教科书·数学(三年级下册)[M].北京:人民教育出版社,2003:59.

疑惑,也感受到了直观化的魅力。

3. 解题思维可视化

直观化策略的另一项功能就是解题思维可视化。目前,教学中的所谓可视化技术似乎仅限于思维导图。

思维导图又叫做心智导图、概念地图、脑力激荡图、灵感触发图,它的主要功能,也是它的原意是用来表达发散性思维。在小学数学教学中,教师们主要用于复习,让学生用它来表达自己对所学知识及其要点的梳理结果,从而演变为知识整理的图形工具。

例 4-3 教师制作的植树问题思维导图(图 4-10)[1]。

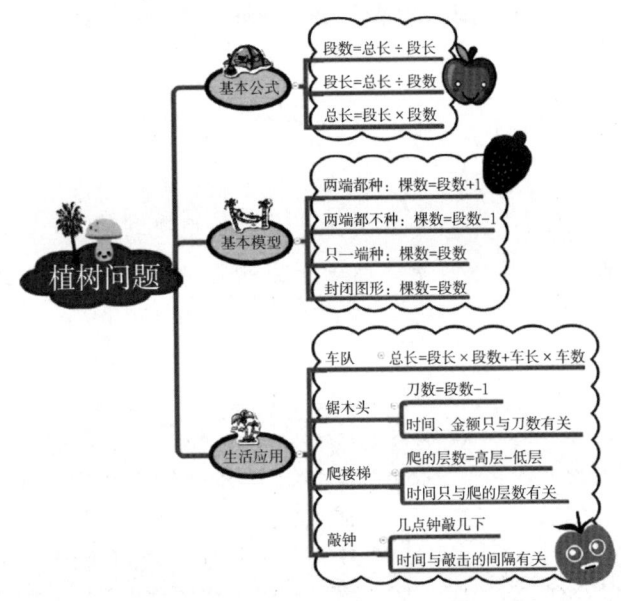

图 4-10

对于问题解决教学而言,思维可视化更重要的作用应该是启发学生发现、理解解题的思路与方法,而不仅仅是"内容整理"。

---

[1] 高崇辉. 植树问题思维导图[EB/OL]. http://blog.sina.com.cn/s/blog_b3bad75c0102z6qb.html,2020-02-27.

例 4-4 六(1)班有 50 人,一次英语口试成绩按从高到低排列,前 30 名的平均分比后 20 名的平均分多 12 分。一位同学把前 30 名的平均分加上后 20 名的平均分再除以 2,这样得到的结果与全班实际的平均成绩相差多少分?

题目中这位同学的算法,是在没有正式教学加权平均数的情况下,学生最常见的想法。

学生能注意到人数不同,但苦于两部分的平均数都未知而无从下手。部分学生想到了采用假设法:

假设前 30 人平均 90 分,则后 20 人平均 78 分,列式得:
$$(90 \times 30 + 78 \times 20) \div 50 = 85.2(分),$$
$$(90 + 78) \div 2 = 84(分)。$$

观察与访谈表明,学生直到算出上面两个结果,才发现原来实际平均分要比题目中那位同学的算法高 1.2 分。显然,这些学生虽然作出了正确解答,但并没有真正理解、看透两个部分平均数之间的关系。

如何帮助学生悟出可以通过"移多补少"的思路,找到简捷算法?前面第一章的例 1-1,因为数据只有 3 个、2 个,可以用线段图表示,本题的数据增加到 30 个、20 个,比较适宜的直观化手段是"矩形图"(图 4-11)。

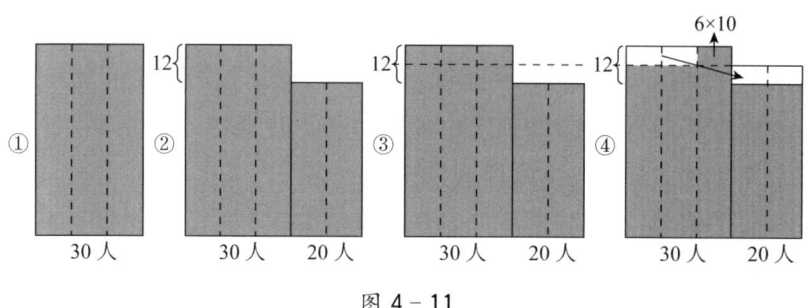

图 4-11

① 教师先画一个长方形表示前 30 人的总分,长为平均分,宽为人数,等分成三份。

② 然后让学生模仿画,并继续参照画出第二个长方形表示后 20 人的总分,它的长、宽怎么取,一般学生能够自己解决。教师提醒学生标出 12。

③ 关键在于启发学生看图思考:那位同学算的平均分是图中的哪一段?一旦学生运用数形结合,想到是两条长的平均数,并在图中标注(教师可酌情

指导),他们就容易发现"移多补少"后还剩下"一块"。

④ 让学生指出题中那位同学的算法,还有哪部分没有"平均分",这部分是多少分?

于是,$6×10÷50=1.2$(分)就呼之欲出了。

这里,教师引导、帮助学生完成图示的过程,就是解题思路、方法可视化的过程。头脑里的思考看得见,每一步计算的结果摸得着。

有了直观图示,采用假设法的学生真正理解了为什么84分比正确的平均分低,"因为还有10个人的6分没有拿来平均分"。

作为教师,还应该认识到上述图示的一般意义,只要平均分高的这部分人数多,这个长方形图就都适用。

第三节　生活化教学策略

一、生活化教学策略的概述

体会数学知识之间、数学与其他学科之间、数学与生活之间的联系,运用数学的思维方式进行思考,增强发现和提出问题的能力、分析和解决问题的能力[1],是义务教育阶段数学课程总目标之一。

美国哲学家、教育家杜威从儿童出发,组织经验课程的教育主张,一个核心观点就是"教育即生活"。我国教育家、思想家陶行知先生继承并发展了杜威的思想,建立了具有中国特色的"生活教育"理论。他们都关注到了儿童身心发展的特点,重视教育与生活的联系。

问题解决教学的生活化策略,旨在调动儿童的生活经验,促进对问题、对数量关系、对解题过程的理解,为数学化与具体化的转换提供经验支撑。此

---

[1] 中华人民共和国教育部.义务教育数学课程标准(2011年版)[S].北京:北京师范大学出版社,2012:8.

外,生活化策略对激发数学学习的兴趣,体验数学应用的乐趣也有显著的积极意义。

二、生活化教学策略的运用

1. 关注问题情境的加工度

首先必须明确,我们用于数学教学的实际问题都经过了不同程度的简化、提纯,都不同程度地舍去了一些与数学本质或教学目标无关的因素。例如,购物问题一般都不涉及讨价还价和算出总价后抹去尾数等日常生活中司空见惯的情节。又如,行程问题无论是步行还是车行,都视为匀速运动。因为学生不具备讨论变速运动的基础知识。这是必须承认的数学教学实践的基本事实。

一次,教学鸡兔同笼问题。有学生插话"鸡和兔不会关在一个笼子里"。马上有学生反驳"这是数学家为了让我们觉得好玩故意编的"。童言无忌,道出了人为编拟的一个真实理由。

其次,肯定实际问题是符合数学教学需要的练习题,还必须正视目前使用的实际问题,大多条件充分,解题方向明确,答案唯一,而且现实背景高度简化,数学意义一览无遗。这样的实际问题,用于巩固数学知识有一定作用,用来培养应用意识、应用能力,无疑是欠缺的。

为协调现实生活中实际问题与练习题的矛盾,不妨引入"加工度"的概念。所谓加工度,是指将源于现实的问题情境及其内容加以简化、提纯的程度。经过适度加工的实际问题,在能够收到练习实效的前提下,尽可能多地保留问题原型的本来面貌。

通常,实际问题的加工度与题目所反映数学意义的明确程度成正比,与学生用于数学抽象即数学化的思维活动量成反比。试举一例。

例 4-5 超市购物问题。

(1) 超市的货架上陈列着两种卷筒纸。A 品牌纸质白,包装一般,6 卷一袋,售价 8.40 元。B 品牌纸质柔软,包装精美,4 卷一袋,售价 6.20 元。如果你去购买,你会选择哪一种?

(2) 超市里有两种卷筒纸。A 品牌 6 卷一袋,售价 8.40 元;B 品牌 4 卷一袋,售价 6.20 元。哪一种便宜?

(3) 两种卷筒纸,甲种每袋 6 卷,售价 8.40 元;乙种每袋 4 卷,售价 6.20 元。每卷的价钱甲种比乙种便宜多少元?

显然,三题的加工度逐步递增,表现为条件逐步简化,问题逐步明确。相应地,对数学抽象的要求逐步降低。

题目(1)被认为是一道开放题,因为答案不唯一,解答方式具有多样性。可以只看品牌或只看包装,也可以只选择纸质。但这时题目(1)就不是数学问题了。只有当考虑价格因素时,它才是通常意义上的数学问题。尽管如此,该题还是对实际问题作了简化,舍去了许多细节,且简要地提供了可作比较的信息。而在实际情境中,这些信息需要问题解决者自己去获取。从发展学生的数学抽象意识和数学应用意识角度讲,这种能力是需要注意加以培养的。使用题目(1)作练习时,不妨先让学生自由选择,允许他们考虑一种因素或同时考虑几种因素。然后提出问题:当比较什么时,才要用到计算?怎样通过计算进行比较?应该说,这样一种从现实问题情境抽象出数学问题的过程,是传统应用题教学所欠缺的。因为传统的应用题大多经过深度加工,问题的数学意义明确,条件不多不少,使得学生用于数学抽象的思考减少到了最低限度。

题目(2)答案唯一,但解答方式有一定思考余地和发挥空间,适合启发学生一题多解。比如,可以比较每卷的价格,也可以比较 12 卷(取 6 与 4 的最小公倍数)的价格,或比较 2 卷(取 6 与 4 的最大公因数)的价格:

A 品牌:12 卷 16.8 元←6 卷 8.4 元→2 卷 2.8 元;

B 品牌:12 卷 18.6 元←4 卷 6.2 元→2 卷 3.1 元。

题目(3)答案唯一,解答方式也很单一,为常规练习题,可用于求两商之差的应用练习。

很明显,上述三题各有各的教学功能。

可见,怎样的加工度才是适当的,难以一概而论,取决于具体的练习目的意图,以及学生的特点与教学内容的特点。[1]

与加工度相关的另一个问题是实际问题的取材。随着社会的发展,特别是计算机的应用深入日常生活的各个领域、各个角度,柴米油盐的计算已经逐

---

[1] 曹培英.试谈应用题及其加工度[J].小学数学教师,2000(06):1-4.

渐淡出。因此,数学应用的生活化也应追求更现实与更高层次的整合。

如何使教学用的实际问题尽可能地贴近生活常态,再举一例。

例 4-6 出租车付费问题。

打车付费是生活中常见的事情,已有教材把它抽象成一道渗透分段函数思想的数学问题(图 4-12)[1]:

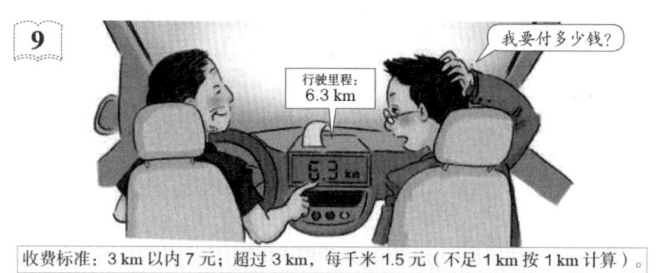

图 4-12

若用符号表示收费标准的数学模型:设出租车费 V 元,路程 S 千米,则

$$V=\begin{cases}7(S\leqslant 3),\\ 7+1.5(S-3) & (S>3).\end{cases}$$

撇开分段函数的表示,一般五年级学生都能理解,出租车 3 千米以内为固定的起步价,超过 3 千米按照每千米的单价收费,两段费用相加就是打车付费。

但在实际生活中,出租车收费还会有各种情况,如白天与夜间的收费有不同标准,还有等候时间的计费,超出一定里程后的价格变动,等等。这些变化是否可以渗入学生后继探究解决的问题呢?例如,有教师根据本地出租车的计价规定设计题目:

出租车 3 千米以内 10 元,超过 3 千米,每千米 2 元,超过 25 千米,每千米 3 元。实际行驶 50 千米,应付多少元?

仍然省略了等候时间的计价,且不考虑白天与夜间,但由分两段扩展为分三段计费:

$$10+2\times(25-3)+3\times(50-25)=129(元)。$$

---

[1] 人民教育出版社,课程教材研究所,小学数学课程教材研究开发中心.义务教育教科书·数学(五年级上册)[M].北京:人民教育出版社,2014:16.

解答后有学生提出质疑:我家坐出租车,超过25千米后,要求司机重新计价或换一辆会更省钱。有学生认为重新计价或换一辆又要付起步费,每千米3元多,不划算。也有学生认为路程再远一些就划算了。那么,究竟多少千米后重新计价或换一辆更省钱呢?

教师提醒学生列表寻找答案:

里程/km	1	2	3	4	…	25	26	27	28	29	30	31	…	50
车费/元	10	10	10	12	…	54	57	60	63	66	69	72	…	129
	10	10	10	12	…	54	64	64	64	66	68	70	…	108

列表计算显示:如果里程超出29千米,那么至25千米重新计价或换一辆出租车,至50千米能省21元。

贴近现实的问题,更容易激起学生的解题兴趣,也有利于学生体会如何用数学的眼光观察事物并提出问题,如何用数学的思维分析问题。

2. 调动生活经验编实际问题

(1) 看式编题

运用生活化策略培养学生的应用意识,还可以大量采用看算式编实际问题的方式进行练习。

例如,二年级学习了表内乘法,就可以看乘法算式(如 7×6)编实际问题(口述)。实践表明,紧随运算教学,运算学到哪里,相应的实际问题就编到哪里,持之以恒开展练习,能有效培养学生的应用意识,大面积提高解决实际问题的能力。

(2) 看图编题

例 4-7 看下面的线段图(图 4-13 左)口头编实际问题。

图 4-13

这是"求比 15 多 8 的数是多少"的线段图,学生可以赋予它各式各样的题材,通过编题帮助学生理解数量之间的关系,感悟数学的广泛应用。

为提高课堂教学效率,可以在独立思考基础上,同桌两人口头交流、互相评判,然后全班交流:先交流有争议的题目,再交流与众不同的题目。提出明确的交流要求,有助于引起学生注意自己没想到的应用场合。

也可以如图4-13右那样,让学生看图说说已知什么人数求什么人数,用加法还是用减法。通过编题,区分"已知两数的差与其中一个数,求另一个数"的两种情况。尤其是能使学生理解:无论说成"男生比女生少8人",还是"女生比男生多8人",都是已知男生人数求女生人数(较大数),用加法,已知女生人数求男生人数(较小数),用减法。从而突破这类问题的一个教学难点。

(3) 编生活中遇到的数学问题

进一步还可以让学生把自己生活中遇到的事物编成数学问题,以培养学生的数学眼光。

例如,一位学生常去一家小吃店吃早点,感慨小店工作人员的辛苦,编了一道实际问题:

① 小吃店每天工作几小时?

② 小吃店每天休息几小时?

营业时间
早6:00—晚12:00
全年无休

两题都是求经过时间,问题①涉及12时制与24时制的转换,问题②比较灵活,可以用一天24小时减去工作时间,也可以从0时到6时计数,同时还内含一定的现实意义、教育意义。

第四节　变式呈现策略

一、变式呈现教学策略的概述

变式教学是我国数学教学的特色。引入概念变式、过程变式、问题变式,主要目的是启发学生从"变"的现象中发现"不变"的本质,从"不变"的本质中探究"变"的规律,从而在增强学习的新鲜感与生动性,唤起好奇心和求知欲,体会学习数学乐趣的同时,促进多角度理解和探究学习的深化。此外,变式教学还有助于激活学生的问题意识,培养创新精神。

在问题解决教学中,比较常用的是问题变式与过程变式。

二、变式呈现教学策略的运用

前面的课例2-1已经介绍了问题变式的三种常见方式,即扩缩变换、可逆变换、情境变换。这里再就"问题变换""条件变换"各举一个实例。

例 4-8 学校计算机教室原来有24台电脑,现在增加到60台电脑。

(1) 现在的电脑台数是原来的几倍?

(2) 原来的电脑台数是现在的几分之几?

(3) 现在比原来增加了多少台电脑?

(4) 现在的电脑台数比原来增加了百分之几?

前两题的答案互为倒数,有助于沟通"几倍"与"几分之几"的联系;后两题则是"差"与"倍"的比较辨析。

例 4-9 张伯伯的菜园中,$\frac{1}{3}$种了白菜,$\frac{1}{4}$种了萝卜。

(1) 已知白菜地60平方米,菜园总面积是多少平方米?

(2) 已知萝卜地45平方米,菜园总面积是多少平方米?

(3) 已知白菜地和萝卜地共105平方米,菜园总面积是多少平方米?

(4) 已知白菜地比萝卜地大15平方米,菜园总面积是多少平方米?

(5) 已知还没种的空地是75平方米,菜园总面积是多少平方米?

这样的条件变式对于学生掌握"量"与"率"的对应关系,具有显著的促进作用。

所谓的过程变式,就是将问题变式运用于教学过程。其实质是通过有层次的推进,促进有意义学习,形成问题解决的经验系统。

课例 4-4 长方形面积与周长的应用(练习课)。

(1) 用16米篱笆围养鸡场,长、宽取整米,有几种围法?怎样围面积最大?

周长/米	长/米	宽/米	面积/平方米
16	7	1	7
16	6	2	12
16	5	3	15
16	4	4	16

这是学生容易解决的问题,也能总结规律:周长相等的长方形,长、宽越接近面积越大,长、宽相等时面积最大。

(2) 给出条件变式:

① 如果两面靠墙,怎样围面积最大?

② 如果一面靠墙,怎样围面积最大?

两面靠墙,问题(1)的"规律"照用即可。一面靠墙,提醒学生继续尝试(可列表)。

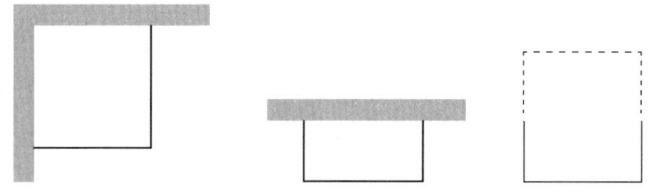

篱笆长/米	宽/米	长/米	面积/平方米
16	6	4	24
16	5	6	30
16	4	8	32
16	3	10	30
16			

学生原以为长、宽接近更大,因 16 不能平均分成 3 份,所以多数从宽 6 米开始尝试。结果令他们非常惊讶:"怎么会呢?"教师可酌情作出初步解释,如上右图,它是一个正方形完整周长的一半,所以"规律"没变,但要根据具体情况灵活运用。

(3) 给出情境变式:

用 2、3、4、5 这四个数字组成两位数乘两位数的算式,积最大的算式是哪个?

学生都能想到 5、4 应该放在十位上,但纠结于不计算很难比较 53×42 与 52×43 哪个大。

只要提醒学生注意两个乘法因数相加的和一定(十位都是 5 和 4,个位都是 2 和 3),就能将长方形周长与面积关系的结论迁移用到这里来:

因为 52－43 的差比 53－42 的差小,所以 52×43 的积更大。实际上,长方形成了这一计算问题的几何模型。

当然,也可以根据乘法意义作出判断。例如,个别学生根据乘法意义作出判断:52×43 与 53×42 比较,3 个 52 比 3 个 42 大。这是一种粗略的判断。准确地:

$$52×43=52×40+52×3=50×40+40×2+52×3$$
$$53×42=50×42+42×3=50×40+50×2+42×3$$

因为 40×2 比 50×2 小 20,而 52×3 比 42×3 大 30,所以 52×43 比 53×42 大 10。

这节课的三段,从探究周长与面积的关系到应用结论解决实际问题,再到应用结论解决算术问题,过程变式的功能得到较充分的体现。特别是将几何规律应用到算术问题中来,在小学还是比较难得的。

第五节 思路诱导策略

一、思路诱导教学策略的概述

问题解决教学的重点无疑是形成思路,掌握方法。关于解决问题常用方法的教学已经有了较详尽的研究总结,其中不乏思路诱导的案例与策略。这是因为不少解题方法也可以看作是解决问题的思路。比如转化法,思路的转化是其重要的应用表现。又如分析法与综合法,既是方法,也是思路。

这里就思路诱导策略较为典型的两种运用列举效果突出的课例加以介绍和阐述。

二、思路诱导教学策略的运用

1. 铺垫思路

事实上,教学分析法、综合法的落脚点就是想清楚先算什么、再算什么。因此,从一步运算的应用到多步运算的应用,公认的转折点就是两步运算的应用,而学习应用两步运算解决实际问题的关键,就是学会提出先算什么的"中间问题"。为此,以往的教学中有两种典型的过程变式设计。

例 4-10 两步运算问题的铺垫设计。

设计一:

[铺垫]李明有15本科幻书和28本故事书。李明的两种书共有多少本?

[例题]李明有15本科幻书,故事书比科幻书多13本。李明的两种书共有多少本?

设计二:

[铺垫]李明有15本科幻书,故事书比科幻书多13本。李明有多少本故事书?

[例题]李明有15本科幻书,故事书比科幻书多13本。李明的两种书共有多少本?

很显然,两种设计殊途同归,都是着眼于诱导学生发现解题思路:要求两种书共有多少本,科幻书的本数是已知的,需要先求出故事书有多少本。

对于基础较好的班级,也可以不作铺垫,直接出示例题,让学生尝试。完成解答之后,再将例题拆分成两道一步运算的问题,以进一步理解解题思路与过程。

列方程解决问题同样需要明确思路。

例 4-11 果园里种着桃树和杏树,杏树的棵数是桃树的3倍。

(1) 桃树和杏树一共有180棵,桃树和杏树各有多少棵?

(2) 杏树比桃树多90棵,桃树和杏树各有多少棵?

对于只会解"简易方程"(简单的一元一次方程)的小学生来说,解决这类求两个未知数的问题,遇到的困难主要是:两个未知数怎么办?两个条件怎么用?

为诱导学生作出合理选择,可设置准备练习与过渡题:

填空:学校科技组有女同学 x 人,男同学是女同学的 3 倍,男同学有(　　)人,男女同学一共有(　　　)人,男同学比女同学多(　　　)人。

口答:学校科技组有女同学 15 人,男同学是女同学的 3 倍,学校科技组共有多少同学?男同学比女同学多几人?

如此铺垫就是为了诱导学生设桃树棵数为 x,则杏树棵数为 $3x$,然后根据和(差)关系列方程。

当然也可以放手让学生先独立思考、尝试,再小组讨论、交流,对不同选择加以比较。比如,设杏树棵数为 x,则方程中会出现除法,不如将看作一倍的桃树棵数设为 x 更为简便。

还可以酌情展开更详尽的比较,如设计以下练习:

△和○共 24 个,△个数是○的 3 倍。

① 设○有 x 个,根据△个数是○的 3 倍,则△有(　　)个;
　　　　根据△和○共 24 个,列方程(　　　　　)。

② 设○有 x 个,根据△和○共 24 个,则△有(　　)个;
　　　　根据△个数是○的 3 倍,列方程(　　　　　)。

③ 设△有 x 个,根据△个数是○的 3 倍,则○有(　　)个;
　　　　根据△和○共 24 个,列方程(　　　　　)。

④ 设△有 x 个,根据△和○共 24 个,则○有(　　)个;
　　　　根据△个数是○的 3 倍,列方程(　　　　　)。

⑤ 设○有 x 个,根据△和○共 24 个,则△有(　　)个;
　　　　根据△和○共 24 个,列方程(　　　　　)。

你发现了什么?谈谈你的经验。

引导学生小结:

① 选看作一份的未知数设为 x,用倍数关系表示另一个未知数,用两数和的条件列方程,比较简便;

② 如果设未知数和列方程都用同一个条件,就会出现"自己等于自己"的

无效方程。[1]

显然,通过比较获得这些认识,对于今后学习多元方程组的应用也能发挥学习的正迁移作用。

2. 诱导化繁为简

类似地,化繁为简、以简驭繁或者说以小见大,也是数学问题解决的常用思路。它的另一种表达叫做以退为进(先退再进)。

■ **课例** 4-5　综合实践活动"打电话"。

(1) 复习导入。

师:四年级的"数学广角"单元我们研究了沏茶问题、烙饼问题,还记得它们的优化策略吗?

生1:沏茶问题是有的事情可以同时做。(板书:同时)

生2:为了尽快烙饼,锅里不能空一半。(板书:不空)

师:今天我们研究一个很特别的问题,看看能不能应用这些优化策略。

(2) 出示问题情境。

灰太狼散布一种病毒,今晚爆发,村长慢羊羊研究了解毒办法,要马上通知所有羊。

学生默读打电话的要求(图4-14)。

图 4-14

师:打电话通知规定了哪些条件?

---

[1] 曹培英.跨越断层,走出误区:小学数学课程新增内容及其教学的实践研究(五)[J].小学数学教师,2020(12):4-8.

生1:通知1只羊要1分钟。

生2:要通知511只羊。

师:问题是什么?

生:最快要多少分钟。

师:怎样才能尽快通知511只羊呢?你打算怎样探究?

生:511太大,先研究通知11只。

师:大家觉得可以吗?

生齐答:可以。

师:好吧,那就先试试怎样尽快通知11只羊,至少要几分钟?请把你的通知过程画出来或写下来。

(3) 学生独立思考。

……

(4) 全班交流展示。

……

师:不同的答案,从11分钟到4分钟。4分钟是最快的吗?为什么?

生:是最快的。因为前面3分钟村长和接到通知的羊都在同时打电话,没有羊空着,3分钟最多通知7只羊,剩下4只,只好再用1分钟。

师:很好!用上了"同时""不空"的优化策略。你的图是用正方形、圆表示吗?

生:我用正方形表示村长,圆表示羊。我来不及了没有画完,只画了3分钟的。(图4-15)

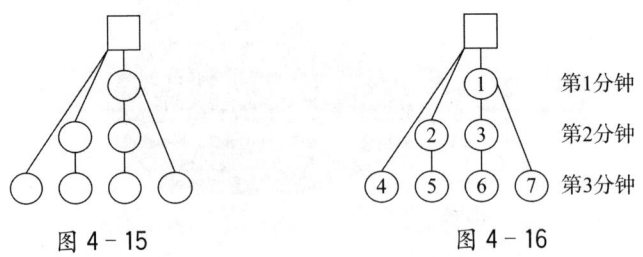

图4-15　　　　　　　　图4-16

师:不错,从上往下,第一行圆是第1分钟通知到的羊,第二、三行分别是第2、3分钟通知的。很清楚。大家还有什么建议?

生:圆上面写上数字就更好了。

师:这个建议真好!(边说边依次标数字,如图4-16所示)但是,好像还没有发现规律,没有规律,511只羊要画到什么时候呀。

(5) 寻找规律。

师:看来,从11只入手,后退的还不够,让我们从头开始一起来寻找规律。

教师边提问边演示课件(图4-17):第1分钟,通知几只?包括村长,一共几只羊知道了?第2分钟……

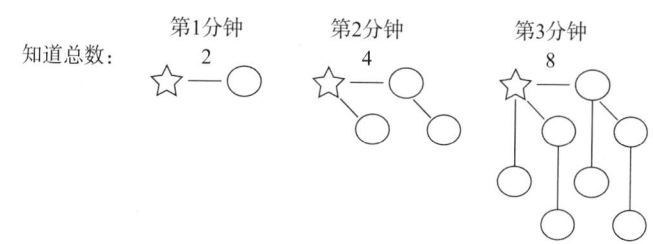

图 4-17

师:规律发现了?第4分钟知道的总数是?

生(齐):16。

师:第5分钟?

生(齐):32。

师:什么规律?

生:翻倍。

师:为什么后一分钟知道的只数会翻倍呢?

生:因为每只羊都要打一个电话,16只通知16只,所以翻倍。

(6) 推出答案。

师:请大家根据你们发现的翻倍规律,推出通知511只要几分钟?

学生独立完成。很快,纷纷举手。

生:9分钟,知道的总数是512,去掉村长,正好511只。

师:我们以退为进,找到了同时打、不空闲的最优结果,只要9分钟。你们真了不起!说说看,有什么收获?

生:先退,找到规律再前进,就容易多了。

生:规律很有意思,1个变2个,2个变4个,这样翻倍。

……

(7) 画出通知方案。

师:光知道9分钟最多能通知511只还不行,还要画出谁给谁打电话的通知方案,否则可能重复、遗漏。时间关系,只要画出通知15只羊的方案。

……

(8) 倍增原理介绍。

……

"打电话"一直被认为是挑战教师启发水平、调控能力的难点课题。如果不加引导放手让学生自行探究,常常误入歧途(比如平均分成几个小组),快下课了还没有头绪。因此,思路诱导对于本课非常重要。

然而,要使诱导有效,首先教师必须理清思路,并找出诱导的关键。本课的执教教师先激活学生已有的优化经验"同时""不空",再通过将教材例题"通知15人"换成"通知511只羊",迫使学生"先退后进",并诱发学生很自然地想到先探究11只。

接着让学生独立思考,应用优化策略寻找通知数为11的答案,获得切身感受,尤其是体会盲目递推的困难。同时在巡视过程中,发现学生出现了3分钟通知7只的答案,经过对话,确认这是"同时""不空"的最优方案。

然后启发学生足够地退,从头开始递推,并巧妙设计图示方式,凸显规律。以退为进的思路给了学生相当大的触动。

本课值得推介的还有:教师大胆简化了教参的建议,只观察两个变量(时间、总数),使规律一目了然,使翻倍的算理显而易见。

第六节　分解训练策略

一、分解训练教学策略的概述

1. 问题解决思维训练的取向

对于问题解决的思维训练,长期以来心理学的研究常常出现相悖结论,使一线教师难以适从。

例如,20世纪中后期,美国、苏联、日本以及委内瑞拉等国相继开设专门的思维训练课程,旨在提高学生一般智力、一般学习方法或元认知水平、创造思维能力。但有研究指出:这种企图适合任何课程的思维训练,只对解决日常生活问题有良好效果,却难以促进学科领域的学习。

而后,研究者又转向将思维技巧揉合在学科课程中传授,也受到"有被淹没的危险"的批评。

确实,脱离学科背景的纯粹思维训练取向与数学缺乏关联,而融入数学课程取向的思维训练能否有效,不仅有赖于受训者的数学知识基础与数学能力基础,还取决于训练设计与实施的专业水平与经验技巧,特别是与教材、学生的贴近程度。

因此,可取的对策是一线教师在析取相关研究合理内核、借鉴吸收各地教师成功经验做法的基础上,根据本班的具体学情,结合教学进程开展必要的训练。

同时,只要重视让学生理解训练,即关注练习过程中的体验感悟与练习后的反思小结,就足以避免"被淹没的危险"。我们的实践表明,"被淹没"是训练设计、实施不当所导致。

2. 问题解决思维过程的分解

一般来说,解决实际问题的过程要比单纯解决计算问题复杂得多,而且审题、分析、解答、检验,每个环节都有不少难点。因此,可以采取分解训练的策略,以利分散难点,各个击破。

常用的分解训练有针对解题步骤的审题训练、分析训练、列式训练、检验训练等,有针对常用辅助方法的画图训练、列表训练,以及补条件、提问题训练等。

其中,"列式"主要指列综合算式。学生列综合算式的能力是升入中学学习代数所不可或缺的。如果只会分步列式,一步运算一个式子,那么书写一次函数的解析式就会出现困难。好在这方面很多教师积累了不少自己的有效经验,一般教师多无困难。

有关画图、列表的训练,前面已有较多探讨,并有大量实例,所以下面重点阐述如何实施审题训练、分析训练与检验训练。

二、问题解决过程中的信息加工

为了提高这些训练的实效,有必要借助实例从信息加工的视角对审题、分析过程加以剖析,获得较深入的了解。

如前所述,从结构上看,任何一道实际问题都是由已知条件和问题两部分组成的,其中条件是解题的依据,问题是解题的目标即思考方向。一道题至少要有两个条件和一个问题。

从实际问题的内容来看,也包括两个方面。一是事物的情节,二是数量关系。所谓数量关系,简单地说就是已知条件和所求问题之间的必然联系。通常,数量关系总是蕴含在情节内容的叙述之中。

例 4-12 34 只杯,每盒装 6 只,最后一盒装几只?[1]

在这道题里,事物的情节是把茶杯装在盒子里。蕴含在这一情节内容中的数量关系是:

每盒只数×装满盒数+所余只数=总只数

可见,只有从题目的叙述中发现"装满盒数"这一隐蔽数量,才能揭示条件与问题的联系。再进一步,不难想到最后一盒装几只,实际上就是总只数除以每盒只数所得到的余数。即

总只数÷每盒只数=装满盒数……最后一盒只数。

正是因为实际问题的数量关系有待于从情节内容里面发掘出来,所以在学生作出解答(如列式)以前,需要经历如下过程:

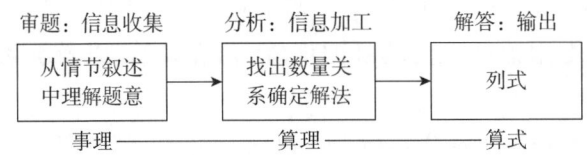

分析这一过程可以发现,解决实际问题难在两个转化上。一是如何从具体事情的叙述中发现数量关系,换句话说,就是如何将事理转化为算理。另一

---

[1] 曹培英.小学数学教学改革探析——在规矩方圆中求索[M].北京:人民教育出版社,2004:312-313.

是如何把数量关系转变为算式,也就是如何根据算理列出算式。

就拿上题来说,情节内容很简单,"把茶杯装盒",已知条件和问题也很容易分清楚,但蕴含在情节内容里面的数量关系却使不少学生感到捉摸不透。比较常见的错误解答是 $34-6$,或者借助口算列式为 $34-6\times5$。显然,前者在第一个转化上就卡住了,不能将"装盒"这一实际问题数学化。后者对数量关系还是有所理解的,问题出在第二个转化上,算式中的"5"并非已知条件,是自己"凑"出来的。一旦数据变大,如 634 只杯,每盒装 16 只,最后一盒装几只,就只能望题兴叹了。

可见,在作出解答的整个过程中存在着两个难点,即两个转化。相比之下,第一个转化对小学生来说显得更为困难。究其原因,主要有两个。一是受生活经验的限制,给弄明白应用题的事理带来了一些困难。二是受式题运算定势的干扰。特别是刚开始学解决实际问题的学生,一拿到题目,急于想知道是用加法还是用减法计算,所以对题中可能指示计算方法的个别词语的反应特别强烈,如一见"多"就想到了加法,一见"倍"就与乘法挂上了钩。因此,在理解题意的基础上,完成事理到算理的转化,既是重点,又是难点。

从以上分析可以看出,学生在解答应用题的过程中,产生困难的因素主要来自两个方面。一是问题本身的因素,二是儿童认识事物的心理因素。前面探索教学内容结构时,就是基于这两方面的分析,找出了内容系统的编排线索。作为教师,了解这两方面的因素,对于有效设计问题解决的训练是很有帮助的。

再说检验,它的重要意义不仅是确保解题正确与培养良好习惯,还能促使学生从不同侧面理解数量关系。例如,例 4-12 的检验方法有多种。

检验一:$6\times5=30$(只),$30+4=34$(只);

检验二:$6\times5=30$(只),$34-30=4$(只);

检验三:$34-4=30$(只),$30\div5=6$(只);

检验四:$34-4=30$(只),$30\div6=5$(盒)。

与解法多样化一样,检验的多样化也是"群体"的多样化,而非"个体"的多样化。即每个学生可以选用自己喜欢的一种验算,通过交流,获得对数量关系各个侧面的了解。

此外,加强检验训练还有培育元认知的作用。

所谓元认知,简单地讲就是对认知的认知,表现为对自己解决问题过程的意识、监控与调节。人教版教材之所以将"检验"改为"回顾与反思",其实质就指向了元认知。我们的实践表明,强化回顾与反思环节的教学,能有效帮助学生清醒认知自己的解题过程与方法,审视、总结自己的经验与教训。

三、分解训练教学策略的运用

1. 审题训练

关于审题,有些认知误区需要澄清。例如,通常认为学生喜欢"猜""蒙""套题型解法"。这些都是学生审题时的本能反应,教师应当积累恰如其分地区分学生"胡乱猜测"与"回忆联想"的经验。

因为"解题者所做的脑力工作就在于回忆他的经验中用得上的东西"(波利亚,1982),心理学称之为"经验联想""模式设别",专家与新手解决问题的区别,除了知识融会贯通的高下,就是"经验联想"与"模式设别"的差异。这就是说,我们必须正确对待学生审题的本能反应。

也有研究者提出"三读而做"的要求[1],有一定道理,但并不符合实际。如果不针对审题要点加以引导,不突破理解瓶颈,再读几遍也可能无济于事。

常用的审题训练可以归纳为以下几类。

(1) 读题训练。

审题的起点是读题,有经验的教师都知道读题的重要。例如,有学生前来请教,教师让他"把题目读来听""没听清楚,再读一遍,读慢点",读着读着,学生笑了"我懂了"。因此,审题训练可从读题起步。

行之有效的做法是从点名个别学生读、齐读逐步过渡到自主读、默读。再进一步,边读边批划。

应当提倡自由默读,因为读题的过程也是理解题意的过程。在自由默读

---

[1] 施腾佩.通过数学阅读训练提高小学生数学解题能力的探索性研究[D].杭州:浙江师范大学,2017.

时,不理解的地方可以多看几遍,这对理解题意,识别和收集对解题有用的信息都有益处。

在课堂教学中,考察学生是否理解题意的常规手段是复述。

其实,从一年级认数教学起,就开始了"复述"的启蒙训练:看图认数说一句话、两句话(如3个梨,4个小朋友),逐步过渡到比较完整地口述图画问题中的两个条件和一个问题。这对大部分学生来说是不难完成的,关键是教师有意识地提出要求,予以落实。

复述的引导,起先可以给予具体的提示:先说题目讲了什么事情,再说已知什么、要求什么。这实际上是引导学生从"事理"到"数理"。毫无疑问,无论是将应用题改称实际问题或是其他什么名目,这一审题的传统要求仍然具有一定的适切性。因为它是透过现实情境提取出数学问题的基本路径、基本策略。从一年级开始,就应该这么要求。

在学生能说清楚一件什么事、条件与问题各是什么的基础上,再逐步提高复述要求,如"不照读,用自己的话把题目意思说得简单点""条件的含义是什么""问题能换一种说法吗"。

例 4-13 前面例 1-5 提出了问题,这里予以回答。

让学生自问自答三个问题:

① 什么事情?

自行车比赛比5天,今第2天,还有3天。

② 已知什么?

5天、5段各多少千米,共多少千米。

③ 要求什么?

还要骑多少千米?或后3天还有多少千米要骑?

在学生复述的过程中,教师应当酌情通过追问,给予必要的、适当的具体提示,如比赛怎样进行,比完没有,等等。需要注意的是,追问不宜过于频繁,提示也要避免过于细小、琐碎。与此类似,那些空泛的问题,问题空间大,但并不适合所有的学生、所有的题目。

经常发现,学生一读到位数多的数,只顾停下来数数,从而影响了完整地理解题意。而且有不少学生错误地认为,条件就是数据,他们最注意的是数据而不是条件的含意与作用。有些教师在板书应用题时,喜欢用红色粉笔书写题中的数字。这种做法客观上是在"鼓动"学生去注意数据,这对培养良好的审题习惯利少弊多。因此,当已知条件的数据较大、较复杂时,还可以指导学生用数量名称或"实际生产了这么多台"等方式代替,不读出具体数据。这实际上是在引导学生排除复杂数据的干扰,去思考条件的含意和作用,关注量与量之间的关系。

(2) 理解条件、问题的训练。

这方面比较常用的训练同样可以从一年级起步。

例 4-14 让学生看图填数,口头补充横线上的条件或问题。

① 看图补条件:如图 4-18,已经摘了 3 根丝瓜,_____。原来有多少根丝瓜?

图 4-18   图 4-19

② 如图 4-19,公交车到站后下去( )人,车上还剩( )人。_____?

补充条件的练习也可以变换形式,如设计如下家庭作业:

如果给你 10 元钱,可以买回多少千克苹果?(把钱用完或剩余一点都可以)让学生自己去水果店了解苹果的售价再解答。

这种形式的练习比较接近解决实际问题的真实情况。因为独立获取所需的条件,常常是现实生活中解决问题的一部分。

学生问到的单价不尽相同恰恰反映了市场经济的现实状况。课堂交流时还可以引起讨论:追求量多还是质好?偏远地区价低合算吗?这样收获就更大了。

关于审题训练,过去小学数学还有"一字之差"的辨析,目前只有个别教材传承了这种做法(图 4-20)。

例1 "增加几倍"、"增加到几倍"。

"烛光晚会"马上就要开始了,我们一起来准备.

我带了3个苹果. 我带了6个苹果,我带的苹果是小胖的2倍.

把小胖的苹果数增加2倍是几个苹果?

小胖原有的苹果：

增加2倍后的苹果：

把"3个苹果"看作1份,增加2倍就是增加这样的2份,也就是增加2个3.

答：把小胖的苹果数增加2倍是 _____ 个苹果.

把小胖的苹果数增加到3倍是几个苹果?

图 4-20

问题或条件的理解还可以设计专项练习。

例 4-15 问题、条件不同叙述的比较。

（1）下面的问题相同吗？

① 白兔比灰兔多几只？

② 灰兔比白兔少几只？

③ 灰兔和白兔相差几只？

④ 送走几只白兔就与灰兔同样多？

⑤ 增加几只灰兔就与白兔的只数相等？

（2）下面的条件相同吗？

① 白兔比灰兔多6只。

② 灰兔比白兔少6只。

③ 灰兔和白兔相差6只。

显然,五个问题是相同的；而条件③却内含两种情况,用学生的话来说"不知道谁多、谁少"。

有时,同一条件还可能有不同的用法。

例 4-16 "季度"的两种含义。

某发电厂计划第二季度用煤 300 吨,实际节约 27 吨。

① 实际平均每月用煤多少吨?

② 实际平均每天用煤多少吨?

题中的"第二季度",对于问题①意味着三个月,对于问题②则暗示着 91(30＋31＋30)天。

2. 分析训练

分析训练的方式方法很多,共同的着眼点是沟通条件与问题的联系,弄清数量关系。前面多次提到的补充条件、提出问题的练习,就能起到这样的作用。为此,也可以将这类练习改成写出数量关系的形式。

例 4-17 填写数量关系式。

(1) 根据问题分析所需条件,填写数量关系式。

① 甲车行完全程要多少小时?

　　　　　□ ○ □ ＝甲车行的时间

② 剩下的路段还要几天才能修完?

　　　　　□ ○ □ ＝还要修的天数

(2) 根据条件写出有关的三个关系式。

① 哥哥比妹妹大 3 岁。

　　　　　□ ○ □ ＝ □ ;

　　　　　□ ○ □ ＝ □ ;

　　　　　□ ○ □ ＝ □ 。

② 桃树棵数是梨树的 3 倍。

　　　　　□ ○ □ ＝ □ ;

　　　　　□ ○ □ ＝ □ ;

　　　　　□ ○ □ ＝ □ 。

或者将根据条件提问题改为根据算式提问题。

例 4-18 写出下面每个算式所求的问题。

(1) 买 4 千克梨要 20 元。

① 20÷4 是求＿＿＿＿；

② 4÷20 是求＿＿＿＿。

(2) 100 千克花生可以榨油 40 千克。

① 40÷100 表示＿＿＿＿；

② 100÷40 表示＿＿＿＿。

每题互为倒数的两个商,它们的实际意义是学生很容易混淆的。其中,40÷100 表示每千克花生榨多少千克油,也就是花生的出油率;100÷40 表示每千克花生油要多少千克花生。

另外,一题多变、一题多问,也有类似的功能。以一题多问为例。

例 4-19 选择条件解答问题。

机床厂有一批钢材,按一台机床用 15 吨钢材计算,可以制造 1400 台机床,技术革新后,每台节省 0.1 吨。

① 这批钢材一共多少吨?

② 革新后每台机床用钢材多少吨?

③ 革新后制造 1400 台机床能节省多少吨?

④ 革新后这批钢材能制造多少台机床?

⑤ 革新后这批钢材能多制造多少台机床?

五个问题逐步递进,前四个问题实际上相当于最后一问的分解或者说铺垫。因此,这种形式的练习常常受到学习困难学生的欢迎。

3. 检验训练

检验解答是否正确是问题解决教学中容易忽视却是十分必要的步骤。自觉检验也是一种重要的数学学习习惯。

常用的检验方法有复查法、估计法、另解法、代入法、验算法等。

复查法指重新读题,检查解题过程是否准确无误。养成自觉复查的习惯将终身受益。

估计法有两层含义,一是指根据问题情境的实际意义估计答案是否在合理的范围内,二是指通过估算发现较明显的错误。

代入法通常专指列方程解决实际问题时对方程解的检验,即代入原方程检验等号两边是否相等。有时也可用于某些选择题的解答。

另解法指用其他方法解答原题,看结果是否相同。

验算法也有两层含义:

一是指将解答结果作为已知数,检验它是否符合原题的已知条件。例如,所谓的"和差问题""和倍问题""差倍问题",验算两个未知数的和、差、倍,看是否等于已知数。又如,有些问题某一量保持不变(如商一定、积一定),则验算不变量是否前后相等。

例 4-20 验算不变量。

一批货,甲车每次载 5 吨,18 次正好运完。乙车每次载 6 吨,几次正好运完?

答案:15 次。

验算:$5 \times 18 = 90$(吨),$6 \times 15 = 90$(吨),解答正确。

二是指将解答结果看作已知数,选择另一个已知数视为问题进行解答,看结果与已知数是否相等,如前面例 4-12 的检验。

必须承认,这些检验方法都具有各自的局限性。例如,复查容易受感知定势、思维定势的左右;估计需要一定的参照,一时间常常联想不到;另解不是每题都能想到其他解法;代入检验得到方程两边相等,只是说明解方程正确,并没有检验方程是否符合题意。试举一例。

例 4-21 验算方程的解是否符合题意。

小明家到野生动物园的路程是 27 千米。小明骑自行车,以每小时 15 千米的速度从家去野生动物园。1 小时后,爸爸骑摩托车,以每小时 30 千米的速度从家去野生动物园。经过多少小时爸爸才能追上小明?

解:设爸爸 x 小时追上小明。由题意,得

$$30x = 15(x+1)。$$

解得 $x = 1$。

检验:把 $x = 1$ 代入原方程,左边$=30$,右边$=30$。$x = 1$ 是原方程的解。

但结合题意发现,经过 1 小时,爸爸骑摩托车行了 30 千米,而家到野生动

物园的路程只有 27 千米,说明爸爸到野生动物园时,小明早已到了。或者从小明出发到爸爸"追上"他经过 2 小时,而小明从家到野生动物园只需 27÷15＝1.8(时),同样显示小明早已到了。

所以,本题无解。

这是小学数学极其少见的例子。它提醒我们,尽管列方程、解方程都无错误,但方程的解却可能不合题意。因此,根据具体问题的实际意义,检验方程的解的合理性是必要的。换句话说,多种方法综合可以消解它们各自的局限性。

检验也能设计一些专项训练题。

例 4-22 检验练习。

(1) 选择正确答案,把该答案的字母填在( )里。

鸽子被人们视为和平、幸福的象征。广场上白鸽和灰鸽共 300 只。

① 灰鸽是白鸽的 $\frac{2}{3}$,白鸽、灰鸽各有多少只? 正确答案是( )

② 白鸽比灰鸽多 120 只,白鸽、灰鸽各有多少只? 正确答案是( )

A. 白鸽 210 只,灰鸽 140 只　　B. 白鸽 200 只,灰鸽 100 只

C. 白鸽 210 只,灰鸽 90 只　　　D. 白鸽 180 只,灰鸽 120 只

(2) 检验下题的各个解答是否正确,你是怎么发现错误,找出原因的?

一只蜗牛 6 分钟爬了 33.6 米,照这样计算,再过 2 分钟共爬几米?

A. 33.6÷6×2＝11.2(米)

B. 33.6÷6×(6+2)＝89.6(米)

C. 36.6÷6×2+36.6＝48.8(米)

D. 33.6÷3+33.6＝44.8(米)

第(1)题可采用验算法,计算两个得数的和、倍,看是否等于 300、$\frac{2}{3}$;计算两数的和、差,看是否等于 300、120。

第(2)题可以采用复查法,判断计算结果还可采用估计法。例如,B 的 89.6,超过 33.6 的 2 倍,显然不是 8 分钟爬的米数。

应当清楚,训练只是辅助,更重要的是教师自身的严谨,教学过程中自觉检验的示范,给学生潜移默化的熏陶。

第五章
"数学广角"系列的教学研究

"数学广角"是人教版小学数学教材特有的板块,内涵丰富,教法灵活,多年来深受各地教师的青睐,成为公开课"出镜率"最高的选题。

然而,如何准确把握教材意图,高屋建瓴,吃透蕴含其中的数学思想方法?如何基于不同年段学生的特点,设计有效教学活动,彰显育人价值?尚有不少疑难杂症需要破解。

这一章,从整体到局部,论述了设置该板块的价值取向、教学目标、内容体系、思想方法,探讨了存在的问题、主要的教学策略;分析了各单元的教学意图、教学困惑,分享了多样化的精彩教学片断,以及教学反思与进一步的探索建议。

第一节　从价值取向到教学策略[1]

"数学广角"这一小学数学教材的创新性板块,无疑是 21 世纪初启动的新一轮课程改革中的一抹亮色。人民教育出版社"义务教育课程标准实验教科书"自 2001 年在二年级上册教材[2]中首次推出以来,一直保持至今。

作为教学内容的拓展,"数学广角"为学生提供了具有更大探索、思考空间的学习素材。因此,2003 年就有区域性教材[3]受到启发,设置了"数学广场"的专题。

不久,"数学广角"的众多内容就成了各地教师执教研究课、展示课、评优课的首选内容之一。不少地方还开展了"数学广角"教学的专题研究。

然而,迄今关于"数学广角"的研究,以教学设计、课例分析居多,此外也有少量针对教材改革、教学现状、教学策略的相关研究,鲜见较为全面地从课程设置到教材编写,涵盖教学设计、教学实施以及学生学习的系列研究。这正是本章力求突破、弥补的。

一、"数学广角"板块的价值取向

顾名思义,"数学广角"旨在拓展学生学习数学、应用数学的视角,开阔视野,让学生能够更加深切地领略数学的魅力与光彩。它的价值取向非常鲜明。

1. 渗透数学思想方法

这是设置"数学广角"板块的初衷。"教材独立编写'数学广角'单元,宗旨

---

[1] 曹培英."数学广角"教学的系列研究(一)[J].小学数学教育,2017(1/2):4-9.
[2] 课程教材研究所,小学数学课程教材研究开发中心.义务教育课程标准实验教科书·数学(二年级上册)[M].北京:人民教育出版社,2001:99-101.
[3] 上海市中小学课程教材改革委员会.九年义务教育课本·数学·一年级第二学期(试验本)[M].上海:少年儿童出版社,2003:77-81.

是贯彻课程标准理念,比较系统而有步骤地渗透数学思想方法。"[1]

课程标准规定的四部分主体内容"数与代数""图形与几何""统计与概率""综合与实践",也都在不同程度地渗透数学思想方法,但比较分散,渗透什么数学思想方法取决于教学的内容,呈现教什么渗透什么的依附状态。

"数学广角"的相对独立性,使它能够根据渗透数学思想方法的需要,在更加广阔的范围内精心选择生动有趣的事物或问题,作为数学思想方法的承载体,使抽象的"数学思想"为儿童所喜闻乐见。进而追求"立足儿童,彰显数学"俱佳的教学效果。这也是"数学广角"受到广大师生较为普遍欢迎的内在原因之一。

可以说,在渗透数学思想方法方面,"数学广角"在四大主体内容的基础上,起到了"锦上添花的作用"。[2]

2. 凸显数学思考与问题解决

"数学广角"板块的每一个课题,既是渗透数学思想方法的载体,又是激活数学思考的素材和诱发数学探究活动的情境。

以"鸡兔同笼"为例,问题本身就具有浓厚的人文性、趣味性,以及问题解决思路与方法的多样性、灵活性。因此受到中外数学家的青睐,公认为具有良好数学思考、数学探究功能的数学应用题。

教材创设的古算题情境(图5-1)[3],图文并茂,非常自然地诱发学生产生探究的欲望。可是,原题的数据较大,不便探究,从而诱使学生自发地想到化繁为简。如果教师在此基础上出示教材例题,那么

图5-1

---

[1] 王永春.数学广角的价值取向和教学建议[J].小学教学(数学版),2009(11):29-30.
[2] 同[1].
[3] "数学广角"是人教版小学数学教材特有的单元,本章引用的教材,若无特别说明,均出自:人民教育出版社,课程教材研究所,小学数学课程教材研究开发中心.义务教育教科书·数学[M].北京:人民教育出版社,2012—2014.不再一一加注.

自然就有学生因自己的想法与教材一致而倍受鼓舞,进而促发自觉的试探行为。

例1怎样解?教材首先通过两个小朋友"假设—验证"的对话,对尝试策略予以启发,接着设计了列表依次试探的提示,在此基础上引导学生说出自己的思考,最后给出推算的完整思考过程(图5-2)。可见,只要充分用好教材,就足以生成多样化的数学思考与问题解决过程。

图5-2

图5-3

教材配套的应用练习对"鸡兔同笼"问题加以情境变换,并且介绍了古人只需两步计算的巧妙解法(图5-3)。

在这探究、交流、应用、阅读、反思等一系列的学习过程中,课程标准关于数学思考的主要目标"在参与观察、实验、猜想、证明、综合实践等数学活动中,发展合情推理和演绎推理能力,清晰地表达自己的想法",关于问题解决的主要目标"获得分析问题和解决问题的一些基本方法,体验解决问题方法的多样性,发展创新意识"[1],都能得到生动的体现与落实。

正是由于"数学广角"的课题呈现出数学思考内涵丰富、问题解决策略方

---

[1] 中华人民共和国教育部.义务教育数学课程标准(2011年版)[S].北京:北京师范大学出版社,2012:9.

法选择空间大等特点,因此各地教师才会对它一而再、再而三地展开各自的教学探索、改进,经久不衰。

这一价值取向也可以表述为:突出数学探究过程与关注数学活动经验。

综合以上两方面的价值取向,设置"数学广角"的目的,主要在于落实数学课程"四基"总目标中的后"两基",即获得数学的基本思想和基本活动经验。

3. 增添课程与教材的弹性

学生群体存在个性差异,不同学生可以有不同的数学发展。这早已成为数学课程改革的共识之一。问题在于怎样予以落实,消解以往的数学课程教材刚性有余、弹性不足的弊端。

如果只是在练习中设计少量标有星号的选做题,供学有余力的学生选做,显然是不够的。因此,适当编排一些拓展性的数学内容,以增加课程的可选择性,就十分必要了。

如前所述,"数学广角"既不等同于"综合与实践"的活动,又不像"数与代数""图形与几何""统计与概率"三大领域的内容那样承担着知识与技能教学的刚性任务,它本质上属于课程中用以开阔学生的数学视野,发展学生数学兴趣爱好的拓展部分,是增添课程可选择性的重要举措。由此可以认为,它是一种选学内容,不同发展水平的学生可以有不同的"获得",从而有利于学生施展自己的数学潜能。

因此,"数学广角"的学习评价也是弹性的,原则上"只教不考"。这对消除教与学的焦虑,让"数学广角"在更为宽松的氛围下实施更为开放的教学,进而激活学生的数学潜能,都是极为有益的。

部分教研员担心"不考"导致"不教",这一顾虑并非多余。但是,为了扭转"为考试而教"的局面,走出"考什么,教什么"的怪圈,我们应该倡导更为积极的评价,引领与促进教学水平的提升,而不是仅仅依靠考试这根"指挥棒"。例如,有些地区组织"数学广角"的专题研究,以及教学展示与教学设计、案例、说课评优等活动,使评价方式的转变与课堂上学生学习方式的完善相得益彰。

此外,揭示数学人文背景,展现数学自身魅力,以增强学生学习数学的兴趣、自信等,也是"数学广角"的设计取向。

二、"数学广角"板块的教学目标

鉴于"'数学广角'并不是数学课程标准规定的必学和必考内容,没有承载'双基'目标的重任,因而没必要将其教学的重点放在机械的公式和抽象的模型上,而应把教学重点放在探索和建立模型的过程和体验数学思想方法的应用上。"[1]因此,"数学广角"板块的教学从"三维"目标来看,凸显的不是知识与技能维度的目标,而是过程与方法、情感态度与价值观维度的目标。主要是:

(1) 经历运用数学的思维方式发现和提出问题、分析和解决问题的过程,从中获得数学思想方法的感悟;

(2) 体悟学习数学、应用数学的乐趣,感受数学的价值,增强学好数学的信心。

如果从数学课程总目标的四个方面来看,那么除了知识技能,其他三个方面(数学思考、问题解决、情感态度)都有所兼顾了。

必须指出,上面给出的两条目标是就"数学广角"整体而言的一般性陈述,某一单元、某节课的目标应当针对内容予以展开,通过目标的细化,明确具体的教学落实点。例如,观察或操作什么,在何处发现问题,从哪里入手分析,等等。

此外,还有必要阐明两点:

其一,《义务教育数学课程标准(2011年版)》确立的总目标第一条是"获得适应社会生活和进一步发展所必需的数学的……基本思想……"(着重号系笔者所加),应当怎样理解总目标中"获得"的含义?"获得"与"渗透"又是怎样的关系?

有学者解读:"数学思想"的教学已从过去的"软任务"变为现在的"硬指标"。对此,常有教师问:是不是要求正式教学"数学思想"?小学生能获得数学思想吗?

笔者的回答是:关键在于"获得"什么?可以是获得知识、技能,也可以是获得感悟、体验;在小学阶段,让学生"获得数学思想的感悟、体验"比较切合实际。

---

[1] 王永春.数学广角的价值取向和教学建议[J].小学教学(数学版),2009(11):29-30.

事实上，基于小学生的思维特点，对于数学思想方法，我们从来没有贴上名词标签，像数学概念、数学技能那样进行显性化的教学，而是以"渗透"的方式展开隐性化的教学。也就是将数学思想方法融入载体内容，自然而然地呈现，一般不出名词术语，也不刻意解释与概括描述。长期的教学实践，早已证明这种潜移默化的教学方式是适切的、有效的。

因此，"渗透"与"获得"既不矛盾，也不对立，只要理解为通过"渗透""获得"感悟，两者就是相容的。

当然，这只是笔者的一家之言。如何理解"获得"的含义与相应的教学定位，还是值得商榷与探讨的。

其二，指出数学思想方法不是基础知识、基本技能，"数学广角"没有具体的知识传授目标，并不意味着否认数学思想方法也是知识，而是强调数学思想方法源于"双基"、高于"双基"，"数学广角"中的数学思想方法不应直接传授，而应通过渗透，重在"体悟"。

三、"数学广角"板块的内容体系

已有一些研究对"数学广角"修订前后的内容编排分别列表加以分析，比较权威的如教材编者熊华老师的文章[1]。为便于对比、理清变化，这里将前后内容的编排列成一表：

表5-1 "数学广角"修订前后内容编排对比

年级	册别	修订前	修订后
一	上册	分类：物品、图形的分类	
	下册	找规律：数、形简单的排列规律	找规律
二	上册	数学广角：简单排列组合 　　　　　简单逻辑推理	数学广角——搭配(一)
	下册	找规律：数、形稍复杂的排列规律	数学广角——推理

---

[1] 熊华.加强数学思想渗透　发展数学思维能力——对人教版小学数学教材"数学广角"修订的几点思考[J].课程·教材·教法,2011,31(09):61-66.

(续表)

年级	册别	修订前	修订后
三	上册	数学广角：排列组合	数学广角——集合
	下册	数学广角：交集问题　等量代换	数学广角——搭配（二）
四	上册	数学广角：烙饼问题　沏茶问题　排队问题　田忌赛马	数学广角——优化：沏茶问题　烙饼问题　田忌赛马
	下册	数学广角：植树问题	数学广角——鸡兔同笼
五	上册	数学广角：数字编码	数学广角——植树问题
	下册	数学广角：找次品	数学广角——找次品
六	上册	数学广角：鸡兔同笼问题	数学广角——数与形
	下册	数学广角：抽屉原理	数学广角——鸽巢问题

（以教材的标题为准，冒号及其说明为笔者所加）

很明显，修订后的标题更加明确，且兼顾了儿童的趣味性（如搭配、鸡兔同笼、鸽巢问题等）与数学思想方法的揭示（如推理、集合、优化、数与形等）。

内容方面有精简、有增加。总体上是精简多于增加。

精简了二年级下册的找规律（图5-4）[1]，主要内容有图形循环轮换、"相邻两项的差组成一个新的数列"（二阶等差数列）。有的教师对"循环轮换"规律情有独钟，认为删去了非常可惜。

---

[1] 课程教材研究所，小学数学课程教材研究开发中心．义务教育课程标准实验教科书·数学（二年级下册）[M]．北京：人民教育出版社，2002：116．

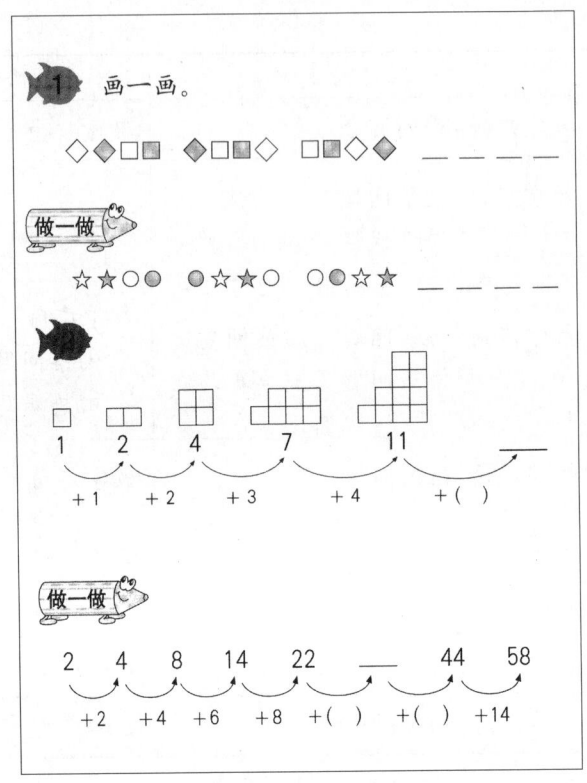

图 5-4

笔者揣摩精简意图:"规律"的表现是无限的,儿童能够发现的有趣规律还有许多,这两种"规律"并非儿童必须认知的。删去后第一学段使"推理"能够单列,不再与"简单排列组合"混在一起构成一个单元。

将"数字编码"改为"综合与实践"活动,使第二学段增补"数与形"。

增补"数与形"的意图非常明显,凸显数形结合的思想方法。

此外,四年级上册的"数学广角"原来有四个例题,显得多了一些,所以精简了其中的"排队问题"(图 5-5)[1]。原因一是计算稍显复杂,二是实践表明,"等待时间的总和"要包括装货时间,容易引起学生理解上的歧义,有些教师也有不同看法,并引发争论。可以说,精简的理由还是比较充分的。

---

[1] 课程教材研究所,小学数学课程教材研究开发中心.义务教育课程标准实验教科书·数学(四年级上册)[M].北京:人民教育出版社,2004:115.

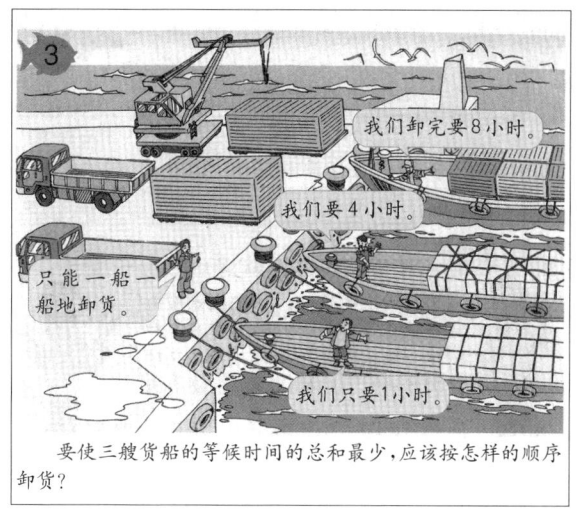

图 5-5

当然,随着教学实践的不断深入,教材还将不断与时俱进,逐步改进、完善。

四、"数学广角"渗透的数学思想方法

"数学广角"内容所渗透的数学思想方法是相当丰富的。因此,试图在内容编排表内增加一栏列出该内容蕴含的数学思想方法,难免挂一漏万。这里择要加以阐述。

1. 三大数学基本思想贯穿始终

数学学科的三大基本思想,即抽象思想、推理思想、模型思想,几乎体现在每个"数学广角"内容中。以一年级下册的"找规律"为例。

例 5-1 如下题(图 5-6):

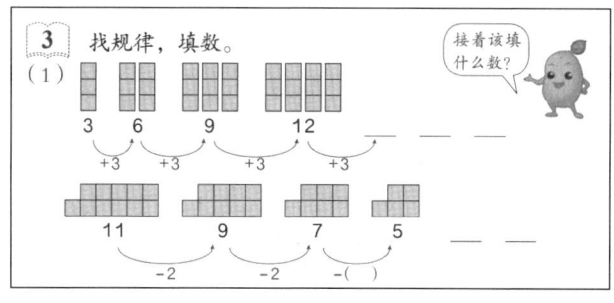

图 5-6

观察图形的排列,摒弃原型(对象)的形状、摆放等因素,提纯成数列,这是比较典型的分析型抽象。

学生用自己的语言陈述找到的规律"后面一个数都比前面一个数大3""后面一个数都比前面一个数小2",这些关于等差数列的描述,其实就是递增、递减数学模型的语言表达。

学生写出紧随其后的几个数,实际上是在根据规律进行演绎推理。

可见,抽象、推理、模型一个不少,综合地发生在"找规律,填数"的问题解决过程中。

2. 从"找规律"到"数学建模"

"找规律"属于数学课程标准"数与代数"领域的规定内容"探索规律",因此没有冠以"数学广角"单元名称。但事实上,"找规律"是最基本的数学思考方法之一,也是小学生最容易找到感觉的数学思考,作为"数学广角"的入门再恰当不过了。

找规律的思考过程除了观察、比较、分析等思维活动,还会经常用到"分类思想"与"归纳思想""演绎思想"。只是小学生的分类、归纳与演绎都是自发的、潜意识的,他们往往说不清楚自己是在分类,还是在归纳、在演绎。

安排在"找规律"后面的内容,某种程度上都可以视为"找规律"的发展,区别在于"规律"的表现形式。以三年级上、下册的两个内容为例。

三年级上册"集合"。如下题(图5-7),求两个集合并集的基数。

1	下面是三(1)班参加跳绳、踢毽比赛的学生名单。								
跳绳	杨明	陈东	刘红	李芳	王爱华	马超	丁旭	赵军	徐强
踢毽	刘红	于丽	周晓	杨明	朱小东	李芳	陶伟	卢强	
参加这两项比赛的共有多少人?									

图5-7

学生很容易想到的算法是:

$$9+8-3=14(人)。$$

用公式表示($n(A)$表示集合A的基数,$A\cup B$与$A\cap B$分别表示集合A、集合B的并集与交集):

$$n(A\cup B)=n(A)+n(B)-n(A\cap B)。$$

没人否认这一公式是一个数学模型,那么学生自己得出的算法仅仅是一个算式吗?

鉴于一般学生都能清晰地说出上述算法的含义"为什么加了之后还要减",表明他们已经发现并且解释了数量关系。据此可以认为,这种关系的理解与公式的概括充其量只是具体化与形式化的差异。

三年级下册"搭配(二)"的主要内容是排列组合,其中的例2与例3如下(图5-8):

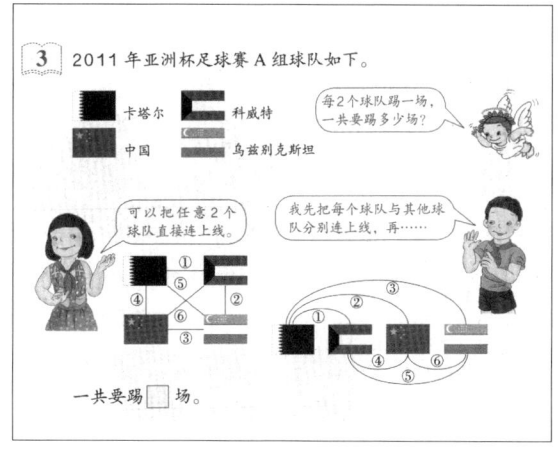

图5-8

两题都有用图表示的答案(图解):前一题中集合 A(上装)有 2 个元素,集合 B(下装)有 3 个元素,该题是两个集合各取一个元素的组合;后一题是一个集合 4 个元素每次取 2 个元素的组合。实际上,两题的图解都相当于用图来表示特定元素的组合模型。

也就是说,由"找规律"起步的探索,后期发展更多地表现为发现、解释"数量关系",以及构建、表达"数学模型"。

3. "搭配""集合"与"鸽巢问题"所渗透的数学思想

我们知道,"搭配"渗透了排列组合的概念与加法原理、乘法原理;"集合"渗透了容斥原理;"鸽巢问题"则直接揭示了抽屉原理。

这些原理,其实都是组合数学中常见的和重要的计数原理。组合数学又称离散数学,是数学的一个重要分支。组合计数理论是组合数学中一个最基本的研究方向,主要研究满足一定条件的安排方式的数目及其计数问题。由此可以说,"搭配""集合"与"鸽巢问题"都渗透了组合数学的计数原理。

加法原理用来解决并集的基数问题,重要条件是各集合之间的交集为空;当完成一件事需要几步时,则方法总数为各步方法数的积,加法原理就演变为乘法原理[对应的是笛卡尔(Descartes)乘积的基数问题];容斥原理则进一步用来解决交集非空时并集的基数问题。

可见,乘法原理与容斥原理是加法原理在两个不同方向上的发展,它们之间具有非常紧密的内在联系。

再说抽屉原理,当我们用集合的语言将它叙述成:把多于 n 个的元素按任一确定方式分成 n 个集合,则一定有一个集合中含有两个或两个以上的元素。那就容易看出,抽屉原理同样是在讨论集合与集合的基数,只是它用来确认某一特定集合基数的存在性。

至于"数学广角"所渗透的其他一些数学思想,如数学中最为常用的"化归"(转化)思想、"数形结合"思想,以及运筹学的"最优化"思想等,都比较显然,且为大家熟知,这里就不再赘述了。

还有一些不那么明显,因而很少被揭示的数学思想方法,如"烙饼问题"中的分类讨论、同余类,拟留待后面再展开研究。

五、"数学广角"教学中存在的问题

"数学广角"在受到众多师生欢迎的同时,由于它的地位独特性与内容广泛性等多方面因素,再加上一些客观原因,如"双基"教学的思维定势,担心考试出难题的焦虑,以及教师自身数学素养的不足,校外"奥数"热的影响等,导致教学中存在一些必须直面以对的问题。这里略作梳理。

1. 教学目标定位失当

突出表现是当作"知识课""解题课""奥数课"来上,忽视数学思想方法的渗透。例如,将"鸡兔同笼"的教学重点放在总结算法、归纳公式上面,放弃在化繁为简、试探调整、数形结合等方面的教学努力,用省下的课堂时间补充各种难度不断增加的变式问题,强化解题训练。这就从根本上背离了设置"数学广角"的初衷。

2. 数学思想把握不准

主要表现在以下几个方面。

一是对数学思想方法缺乏提炼,重解题结果、轻数学思考。例如,三年级上册的"集合",只重视算法多样,既不比较、评价各种方法,又不数形结合,让学生对照韦恩图说出解决例题(图 5-7)各种算式中每一步的含义。

算法一:$9+8-3=14$(人);

算法二:$9-3+8=14$(人);

算法三:$8-3+9=14$(人);

算法四:$(9-3)+3+(8-3)=14$(人)。

如前分析,算法一是学生最易想到的。有了韦恩图,后三种算法也都会有学生发现。算法四虽然比较繁杂,但不难说清思路:只参加跳绳的、只参加踢毽的和两项都参加的,三部分合起来就是总人数。还可以让学生在韦恩图上(图 5-9)指出算式三部分之所在。

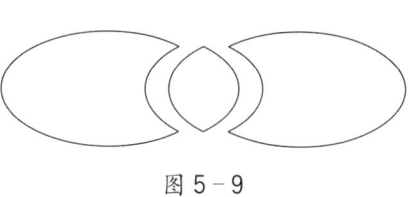

图 5-9

二是未能很好把握数学思想方法的实质。例如,二年级上册的"搭配(一)",有教师强调了用1、2、3三个数字组成两位数的三种方法,板书如下:

方法一	方法二	方法三
1 2	2 1	1 2
1 3	3 1	2 1
2 1	1 2	1 3
2 3	3 2	3 1
3 1	1 3	2 3
3 2	2 3	3 2

(注:"方法一"先固定十位数,再交换个位数;"方法二"先固定个位数,再交换十位数;"方法三"先从三个数字中取两个,有三种取法,再交换位置)

评课时,一些教师认为这节课最明显的不足是没有渗透乘法原理,理由是执教者始终没有说出"3个2"。

可是在笔者看来,这位教师对于乘法原理的渗透还是颇有特色的。其一,强调分步(这是乘法原理与加法原理最关键的区别):第一步各有三种取法,且各种取法第二步都有两种取法对应;其二,通过精心设计的板书,让"3个2"呼之欲出。

3. 内容处理过于简单

常见现象:教师直接讲解方法,缺乏学生操作和探究的过程设计;教学只是就题论题,忽视必要的展开、引申。

比较典型的案例如五年级下册的"找次品"。因为没有条件给学生使用天平,而采用讲解法;因为顾虑一部分学生理解有困难,而只讨论零件数是3的倍数一种情况。实际上,不具备让学生人人动手使用天平的条件,可以用画图等多种表征方式组织学生进行探究;能力水平较低的学生可以只探究零件数是3的倍数这种情况,但不能因此剥夺了其他学生继续探究其他情况的机会。

因地制宜创造条件,因材施教让不同学生都获得适合自己的发展,也是"数学广角"应该贯彻的教学原则。

4. 活动过程徒具形式

与内容简单化处理相反,过于强调活动过程的展开,推崇教学手段的多样化,教学被形式所累。

比较典型的案例如四年级上册的"烙饼问题"。教学从放映真实烙饼的录像开始,到展现各种烙饼方案的动画演示,再到各种新型烙饼工具的介绍收尾。现实问题解决过程的操作细节,夺人眼球的课件演示令学生应接不暇,教学的实际效果停留在实验、操作的直观层面。

"数学广角"这一新的教学内容,需要发展一些新的教学形式。但形式是为内容服务的,不应本末倒置。

5. 拘泥于原型的真实

"数学广角"的很多内容,特别是内容的名称,有着明显的现实原型。但如果苛求生活的真实,就可能偏离数学的本意。

例如,对于"烙饼问题",一直有人质疑:一张饼烙了一面拿走,过3分钟再烙,会不会半生不熟? 由此认为"3张9分钟"的优化操作不切实际。事实上,任何数学模型都是实际问题的简化与模拟,都需要舍去一些次要的细节,提取事物的主要变量。这正是数学抽象的特点。要知道,没有数学的抽象,就没有数学的广泛应用。至于怎么解决"半生不熟"问题? 怎样让学生感受"烙饼问题"优化方案的广泛应用? 将在第四节中给出回答。

又如,对于"植树问题",有人认为现实情境中,端点处种树必然引起"邻里冲突",只有两端都不种才符合实际。岂不知现实生活中植树有一定的成活率,因此购买树苗一般都会多买一些,一棵之差在真实的植树过程中可以忽略不计。如同"鸡兔同笼问题",鸡和兔怎会关在一个笼子里,即使关在一起,盲人伸手去摸,也能分辨出鸡脚、兔脚,不会合计成"脚数和"。小学生都知道这是为了增强趣味性,是人为编造的。

"烙饼""植树"与"鸡兔同笼",都只是呈现数学问题的一种载体,一种虚拟的情境。当然,同一数学问题的载体多种多样,完全可以根据需要改换成更接近生活实际的情境载体。

问题的实质在于,教学的目的不是为了吃到饼、种上树、分清鸡和兔,而是以情境为载体,学习数学问题解决与数学应用。由此,我们教学的着眼点应当是现实问题的数学化,应当着力引导学生透过形形色色的情境去感悟其中共同的数学结构即数学模型。教学中甚至可以有意启发学生批判"平底锅烙饼"

已经过时,"鸡兔同笼""端点处种树"不切实际,但目的不是追求"真实",而是由此引出同一数学结构的其他原型,从而使更多的学生初步体会数学的抽象性与数学应用广泛性的关系。

六、"数学广角"的主要教学策略

关于"数学广角"的教学改进,首先要解决教学观念问题和自身素养问题,其次是准确定位教学目标,选择适切教学方法。这些都是共识。下面再进一步将一些具体的教学策略加以概括,给出三条最主要的建议。

1. 引导学生以数学的眼光看问题,培养"四能"

为什么人人都要学习数学,过去的认识是"人人都需要读读、写写、算算",学会"算"是数学教学的基本任务。其实,更一般、更本质的理解是,人人都需要从数与形的角度去观察、去认识世界,也就是人人都需要数学的眼光。

"数学广角"的很多内容,在培养学生的数学眼光方面具有独特的优势。

例如,一位教师首次试教"田忌赛马问题",对学生之间出现的争论束手无策。原来,学生一致认为田忌的上等马一定能赢齐王的下等马,但是田忌的中等马是否一定能赢齐王的下等马呢?不少学生认为不一定,也有学生认为一定,理由是故事里就是这么说的。课后研讨,有教师认为以"故事这么说"为依据,数学课岂不成了历史课?又有教师指出,语文课也有"田忌赛马"的课文,曾经见过语文展示课的处理,教师出示马速排行榜(图 5-10),快慢一目了然。由此引起感慨,数学课还不如语文课。

图 5-10

大家受到启发,数学课首先应当引导学生审题,将条件数学化,给 6 匹马按速度排序,把实际问题抽象成数学问题。

明确了"以数学的眼光看问题"这一教学方向,再次教学就避免了争论。然后通过枚举、画图,解决了三个问题。其中,两个是教材提出的问题:田忌的取胜策略是不是唯一？田忌共有多少种应对方案？第三个是学生自己发现并提出的问题："为什么3匹马对3匹马,不是9种不同应对方案,而是6种不同应对方案？""数学化"贯穿了问题解决的始终,学生不仅分析、解决了问题,还发现、提出了问题。

2. 引导学生经历"探索－交流－归纳"的过程,积累数学活动经验

如前所述,"数学广角"的教学重在过程、重在感悟数学思想方法与获得数学活动经验。因此,教学时应当摒弃以教师讲解为主的教学方法,不要急于得出答案或结论,而应以数学探究活动及其体验为基本教学方式,放手让学生动手、动脑、动口,充分展开"探索－交流－归纳"的过程。

例如,"搭配(一)",完全可以放手让学生自己用1、2、3三个数字组成两位数。实践表明,二年级学生大多数能够"无师自通"。通常在独立探究的基础上,学生的交流就能展现多种"搭配"方法。个别学生的答案出现重复、遗漏,恰是可贵的生成性教学资源,可以从反面衬托出"有序思考""依次书写"有助于做到"不重""不漏"。这样基于正反两方面经验的归纳、总结,其教学效果是教师直接讲解无法比拟的。

3. 加强问题解决的过程性评价,展现思考方法的迁移

如何评价"数学广角"教与学的效果,一直是个没有很好解决的难点问题。

依据"数学广角"的价值取向与目标定位,评价学生学习"数学广角"的收获,不是看他们获得了多少知识,掌握了多少解题技巧,这容易达成共识。那么,到底评价什么？怎样评价呢？

一是学生学习过程的评价。主要评价学生的参与积极性、独立思考、回答问题、合作交流等方面的情况,以及学生在学习过程中所表现出来的对数学的兴趣和自信心。通常采用学生自评、同学互评、教师观察记录等方式,进行等级(星级)评价。

二是学生学习效果的评价。主要不是评价学生能否解答一两个"数学广角"学过的问题,而是评价学生能否运用学习过程中所获得的思考方法去探究相关的问题。

例如,"鸡兔同笼问题"的学习效果评价,为了考查学生能否运用列表试探

的思考方法解决问题,不妨给出下题。

例 5-2 一种蛋糕有两种包装:3个一袋、2个一袋。买24个这种蛋糕可以怎样买?请利用下表寻找答案。如果格子不够,自己加。

3个装/袋	0				
2个装/袋	12				

实践表明,多数学生能够通过"假设—比较—调整"的过程找出所有答案。区别在于,有的学生将3个装的袋数从0、1、2写到8,因此添了不少格子,有的自动调整成了0、2、4、6、8。当然也有学生答案不全或找错,这正显示了不同的思考水平。

显然,上题不能作为测验或考试题,因为它是典型的二元一次不定方程,明显"超标"。但不失为课堂上的表现性评价问题。因为评价的根本目的在于"增值",即促进学习。学生试做上题,既是一种效果反馈,也相当于一次拓展练习。排除了评价的"高利害"性,评价就成了学习的一个有机的必要环节。

第二节 搭 配[1]

"搭配"本是日常生活用语。在人教版教材中,起初是在"教师教学用书"描述例题内容时,出现了"有关衣服的搭配问题"。不久,在各种教学评优、展示活动中,不同版本的同类问题被众多教师包括名师争相演绎。逐渐地,"搭配"成了课题名称,特指有关排列组合的计数问题,如同"可能性"在小学数学中特指"概率"一般。

---

[1] 曹培英."数学广角"教学的系列研究(二)[J].小学数学教育,2017(03):3-6.

一、教学意图剖析

排列组合的知识历来是高中数学的学习内容。对于高中生来说,这部分知识的学习尚有一定的难度。因此,在小学第一学段出现这方面的内容,其意图自然不是指望儿童接受、理解排列组合的概念与方法。换句话说,就知识而言,只是渗透与孕伏。

鉴于排列组合的知识是学习古典概率不可或缺的基础,所以,在小学第一学段安排有关内容,对第二、第三学段学习统计与概率会有一点帮助,但充其量只是铺垫。

小学数学真正看中的——

首先是排列组合问题广阔的现实背景与实际应用,其中很多情境是儿童日常生活天天接触的。例如,衣服的搭配,饮食的选择,等等。而且,这方面的问题又非常适合小学生的数学化水平,他们能够透过形形色色的情境发现并提出数学的问题。这种数学化的经历与体验,实际上也是在培养儿童的数学眼光,即数学抽象与数学应用的意识。

其次是排列组合问题的解决有助于培养学生的逻辑思维,即有根有据、有条有理的思维。教师们的习惯说法是培养学生思维的有序性、全面性。因为要不遗漏、不重复地找出所有符合要求的结果,最佳策略常常就是有序枚举。而且,在解决问题的过程中,学生也比较容易体会有序思考的必要性及其策略意义。

正是因为小学数学教学特别看重这两方面的价值,所以"搭配"问题的教学目标凸显"让学生经历'数学化'的过程"与"发展有序、全面思考问题的能力"[1]是理所当然的。

二、数学思想方法解读

关于"搭配"问题所蕴含的数学思想,教师们谈论最多的是分类思想。其

---

[1] 人民教育出版社,课程教材研究所,小学数学课程教材研究开发中心.义务教育教科书教师教学用书·数学(三年级下册)[M].北京:人民教育出版社,2014:232.

实,排列组合作为组合数学的基础知识,最基本的数学思想方法应该是计数原理。

一是加法原理:完成一件事有几类方法,那么完成这件事的方法总数等于各类方法数的和。

二是乘法原理:完成一件事必经几个步骤,那么完成这件事的方法总数等于各步骤方法数的积。

显然,加法原理强调"分类",因此又叫做"分类计数原理";乘法原理强调"分步",因此又叫做"分步计数原理"。

例 5-3 选择服饰。

(1) 连衣裙有 2 套,西服有 3 套。两类服饰一共有多少种选择?

(2) 上装有红、蓝 2 件,下装有 3 种。上下装一共有多少种搭配?

完成选择服饰这件事:第(1)问有两类选择,共(2+3)种选择;第(2)问先选上装有 2 种选择,再选下装,每一种上装都有任意 3 种可搭配,所以一共有(2×3)种选择。

由于乘法是同数连加的简便运算,因此最终结果也可以用"分类"的思路来陈述:服饰的选择分成两类,一类选红色上装,另一类选蓝色上装。

第(2)问发展下去,还是要依靠"分步"思考。例如,再搭配 2 顶帽子、2 双鞋子,则第一步选帽子有两类,第二步再配上装,有(2×2)类,第三步再配下装,有(2×2×3)类……

可见,运用乘法原理,"分步"思考是必须的,对于直接运用乘法原理即可解决的简单问题来讲,"分类"可说可不说。等到进一步解决更为复杂的、有限制条件的排列组合问题时,"分类讨论"才能显示它的必要性。

例 5-4 用 0、1、3、5 四个数字,可以组成多少个没有重复数字的两位数?

可以先考虑十位,也可以先考虑个位。采用后一种思路,自然就会生成分类讨论:当个位是 0 时,剩下三个数字都能放在十位上;当个位是 1 或 3 或 5 时,剩下三个数字中的 0 不能放在十位上。也就是说,合理的思考过程是将组成的两位数分为个位是 0、非 0 两类。

此外,在让学生用自己的方式表示"搭配"的过程与结果时,自然会出现数形结合的表征,同时还常常呈现对称性,如 2 件上装配 3 种下装,2 个 3 种具有对称性。由此认为,"搭配"问题还蕴含数形结合思想、对称思想,这当然说得过去,但无论学生采用何种方式表征,其共同点无疑是"枚举"。

"枚举"是一种很多领域都比较常用的一般研究方法。"枚举"用于解决"搭配"问题:直接的作用是确认答案的正确性"一共有多少种";重要的作用是帮助学生做到"有序思考,不重复、不遗漏"。再进一步,也应该允许并且启发学生"枚举"到发现了规律就不再继续"一一列举",也就是从"穷尽"转向"推理",用计算得出"总数"。这实际上是在引导学生学习用数学的思维去解决问题。

基于以上分析,可以说小学教学"搭配"问题所渗透的数学思想主要是计数原理,所采用的基本数学方法是枚举。这是由排列组合知识的特点决定的。

如果再深入挖掘,相对而言较为重要的数学思想方法应该是"抽象"。例如,不论是 2 件衣服配 3 条裤子,还是 2 种饮料配 3 种面包,搭配方案的总数都是 2×3。反过来,2×3 还可以是其他各式各样事物的搭配方案总数。这样的抽象概括是小学生能够理解并能加以应用的。

三、教学困惑问题分析

1. 两次教学"搭配"如何把握教学目标的分寸

安排在二、三年级的"搭配"(一)和(二),从内容看都是简单的排列组合,所以教学目标相近,主要的区别在于难度略有提高。

"搭配(一)"的两个例题分别是三选二的排列、三选二的组合。练习中还有两件上装配两件下装的(二二配)。

"搭配(二)"的三个例题分别是四选二的排列、两件上装和三件下装的搭配(二三配)、四选二的组合。可见,都只是多了一个元素,至多是出现了特殊元素,如组成两位数的数字中出现了 0。

因此,两次教学的程度差异除了"搭配"对象多一点、特殊性多一点之外,主要是表征方式多样性的要求在提高,以及情境变换的范围在扩展。例如,"搭配(二)"的例 2 给出了多种符号表征,例 3 引入了 4 个球队单循环赛的情境。

同样，计数原理的渗透也在逐步增强。考虑到大家对乘法原理的渗透关注较多，对加法原理的渗透讨论较少，这里仅以加法原理的渗透为例。

例 5-5 "搭配(一)"中的习题(图5-11)。

4. 用下面3枚硬币可以组成多少种不同的币值？

图 5-11

学生容易想到分类，即按取出硬币的枚数分成3类：第一类，取出1枚硬币，有3种不同币值；第二类，取出2枚硬币，可以组成3种不同币值；第三类，取出3枚硬币，只有1种币值。所以，一共有3＋3＋1＝7(种)不同币值。

显然，这是相当典型的加法原理的渗透，且分类的思路比较直白。只是其中第二类的计数是该单元例2的教学内容(三选二的组合)，这对二年级小学生来说，已经属于有一定难度的综合性练习了。

例 5-6 "搭配(二)"中的习题(图5-12)。

2. 把5块巧克力分给小丽、小明、小红，每人至少分1块。有多少种分法？

图 5-12

教师教学用书介绍了两种解决问题的方法。[1]

(1) 先把5块巧克力分成3组，有两种分法：(1,1,3)和(1,2,2)；再就每种分法分别讨论怎样分给小丽、小明、小红，有几种排列的结果，最后把所有结果相加。也就是按照三数之和是5的不同组合把各种分法分为两类，得3＋3＝6(种)。

(2) 先分给小丽1块，再将剩下的4块分给小明和小红，有3种分法；先分给小丽2块，再将剩下的3块分给小明和小红，有2种分法；先分给小丽3

---

[1] 人民教育出版社,课程教材研究所,小学数学课程教材研究开发中心.义务教育教科书教师教学用书·数学(三年级下册)[M].北京:人民教育出版社,2014:235.

块,再将剩下的 2 块分给小明和小红,有 1 种分法。所以,一共有 3+2+1=6 (种)不同分法。也就是按照某个小朋友最少分到 1 块、可以分到 2 块、最多分到 3 块,把不同分法分为三类。

事实上,多数学生自己想到的分法是:

(3) 先每人分 1 块,再分剩下的 2 块。于是,自然形成分类的思考:剩下 2 块全给一人,剩下 2 块分给两人。同样得 3+3=6(种)。

很明显,这道习题的分类思路及其分类计数更为灵活、多样。对于三年级小学生来说,已经具有相当的挑战性了。因此,教师教学用书强调"把握教学要求,'到位'而不'越位'",是很有道理的中肯提醒。

2. 是否要让学生区分排列与组合

如前分析,无论是"搭配(一)"还是"搭配(二)",教学内容的数学内涵都是排列或组合,因此启发学生区分怎样的问题情境必须考虑事物的先后顺序,怎样的问题情境不要考虑事物的先后顺序,是必要的,不可避免的。这种区分,一般教师都能胜任,小学生也能用自己的语言加以说明。

例如,用 5 和 6 组成两位数,要考虑 5 和 6 的先后顺序,因为 56 与 65 是两个不同的两位数;用 5 和 6 组成加法算式求和,就不必考虑 5 和 6 的先后顺序,因为 5+6 与 6+5 的和都是 11。

然而,在小学只要求具体问题具体分析、具体说明,不要求概括抽象出排列、组合的概念。这不仅是基于小学生的抽象思维水平,更在于排列、组合概念本身的复杂性。以排列为例:

从 n 个元素中每次取出 m(n 与 m 都是正整数,且 $n \geqslant m$)个元素,按照一定的顺序排成一列,叫做从 n 个元素中取出 m 个元素的一个排列。从 n 个不同元素中取出 m 个元素的所有排列的个数,叫做从 n 个不同元素中取出 m 个元素的排列数,通常用符号 P_n^m 表示。

可见,排列与排列数是两个既有联系又有区别的概念,n 个元素与 m 个元素的含义也不相同。即便是高中的数学教学,不少教师为了帮助高中生理解这些概念间的关系,常常采用更形象的说法:

有 n 个不同的元素,又有一排 m(n 与 m 都是正整数,且 $n \geqslant m$)个位子,从这 n 个元素里每次取出 m 个元素按照一定的顺序摆在这 m 个位子上组成一种排列,一共有 P_n^m 种摆的方法。

很明显,要使小学生理解这些概念的联系与区别是极其困难的。我们给出的几个实例还具有较大的局限性,难以提供抽象概括所需要的、足够的感性认识基础。

3. 怎样评价枚举图示的多样性

基于第三章中关于画树状图帮助枚举的阐述,这里再以教材给出的两种图示过程为例加以分析。

例 5-7 如图 5-13。

图 5-13

教材给出的两种图示分别用图形、字母表示不同的衣服,共同点是激活学生的符号意识。同时还呈现了"分开"图示与"合并"图示的两种方法。

如果放手让学生用自己的方式表示不同的搭配,那么有的用文字描述,如"短袖—裙子,短袖—长裤……",有的用字母表示,如"$A_1—B_1,A_1—B_2$……"。采用图示的多数用连线表示,如在教材的插图上连线(图 5-14),或者用图形表示并连线(图 5-15)。

图 5-14

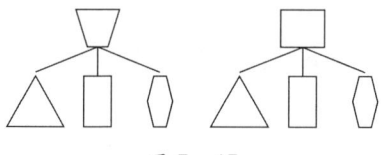

图 5-15

教师都认可学生自发想到的这些表征方式,因为都准确无误地表示出了所有的不同搭配。但常常有教师还要进一步引导学生将"分开"图示"合并",并启发学生认同"合并"图示为"最优"(图 5-16)。

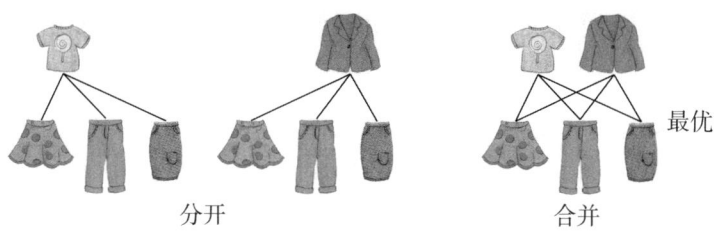

分开　　　　　　　合并

图 5-16

这里的所谓"优化",其实大可不必。如第三章例 3-21 所述,若再配两双鞋,则分开图示可以继续画下去,合并图示就难以为继了。也就是说,从数学学习的发展性价值看,合并图示具有局限性。

因此,可以让学生各显神通,只要准确、合理即可,不必过分强调某一种图示方式为最佳几何模型。

四、典型教学片断分享

1. 握手自然引出"有序"

例 5-8　一个课前热身活动。

师:我想和小朋友们握手交朋友。来,握握手,成朋友……

教师边说边和身边的几个学生一一握手,其他学生抢着伸手与教师握手。

师:大家都想和老师交朋友,怎样握手,才能既不重复,又不遗漏呢?

生1:从头开始,一排一排,按顺序握,就不会漏掉谁。

生2:要有顺序,一人握一次,就不会重复。

......

师:是呀,只要做到"有序",就可以避免重复和遗漏。

就这样,通过一个简便易行的热身活动,不到两分钟,本课思维活动的要点"有序""不重不漏",都由学生自己体会并表达了出来。

也有教师认为,这样的课前热身活动会使学生解决问题的探究不再出错,因此不利于学生充分经历从无序到有序的思维发展过程。

确实,学生在尝试时出现遗漏、杂乱等现象,是儿童思维的真实反映。一般来说,教师应当有效利用这种源自学生的教学资源,不宜急于提炼方法,得出结论。

实践表明,上述热身活动并不足以保证每个小学生初次接触排列问题时都不出错。所以,教师还是有机会抓住错例,让学生通过观察、比较等过程,认识、纠正错误,切实体会到有序思考的优势。由此可以认为,通过握手自然引出"有序"提供了一种数学活动之外的生活经验支撑。多一种体验、多一种联系,有利于不同的学生获得不同的帮助。

此外,在教学过程中,教师的板书、图示也是有效促进学生建立"有序思考"表象的重要手段,甚至可以说是不可或缺的手段。

2. 巧妙渗透乘法原理

例 5-9 教学上装配下装,根据学生的回答,教师完成了如下板书与图示(图5-17):

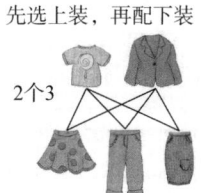

图 5-17

其中的"先""再",凸显了乘法原理的运用条件"分步"。左边 2 组连线、右边 3 组连线,用不同颜色加以区分,清晰地显示了一共有 2 个 3、3 个 2 种不同穿法。

在此基础上,教师展开追问。

师：如果只增加一件上装，会增加几种不同穿法呢？（图 5-18）

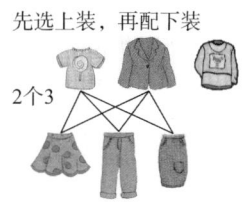
先选上装，再配下装

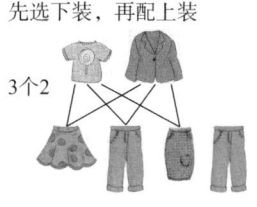
先选下装，再配上装

图 5-18　　　　　　　　　图 5-19

生1：增加 3 种不同穿法。

生2：又多了一个 3。

师：如果只增加一件下装呢？（图 5-19）

生2：那就只增加 2 种不同穿法。

……

简简单单的两个追问，达成了进一步促使学生自觉地运用计数原理的教学意图。这里，教师有意识地不再画出连线，旨在留出空间，让学生自己在头脑里想象连线，有助于学生形成、巩固图式表象。

3. 只画出"树状图"的一支

例 5-10　还是教学上装配下装，完成练习（图 5-20）时，教师展示了一位学生的图示（图 5-21）：

图 5-20

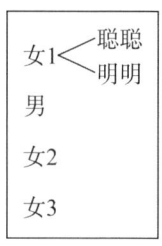

图 5-21

学生纷纷说"没有画完"。

师：像这样只画一组，不画下去，行不行？为什么？

生1：不行，不能偷懒，要画完。

生2：再画下去也是聪聪、明明，重复了。

生3：知道了每个小朋友拍2张照片，就可以算出4个小朋友拍8张照片。

……

师：画图是为了帮助我们思考，画了一组，发现下面几组也是这样，就可以用计算解决问题。以后，数量很大的问题全部画完太麻烦，画到找出规律，理解了，就可以不画下去。

确实如此，图示作为分析问题、解决问题的手段，应该灵活加以运用。特别是在今后的学习中，面对元素较多的问题，只画出"树状图"的一支，以此类推，也是一种"以简驭繁"的策略。

五、教学反思与发展探索

1. 计数公理与有序思考

所谓计数公理，最主要的内容是说："只要不遗漏、不重复，计数的结果与计数的顺序无关。"这是最浅显的事实，无需证明，因而可称之为"公理"。

知道了这一计数公理，就不难理解有学者对"搭配"教学的以下提醒："随着研究的深入，我们又应适当淡化这种关于'次序'的意识，因为我们在此所关注的仅仅是可能搭配的总数，而与如何去进行排序没有任何关系。"[1]

教师的困惑在于：为使小学生不重、不漏地计数，必须强调有序思考，怎么能"淡化""次序"呢？

其实，"有序思考""结果与顺序无关"是两个不同层面的概念，前者针对解决问题的探究过程，后者针对解决问题所获的结论，它们并不矛盾。"淡化"的潜台词可以理解为"不要忘了计数公理"。

例 5-11 有序思考得出结果与顺序无关。

小胖、小亚、小巧三人进入乒乓球决赛，最后得出冠亚军有几种可能？

通常学生能想到三种计数方法。

---

[1] 郑毓信.走进数学思维（一）：从数学抽象谈起[J].小学教学（数学版），2008（05）：41-43.

方法一：先确定冠军	
冠	亚
小胖	小亚
小胖	小巧
小亚	小胖
小亚	小巧
小巧	小胖
小巧	小亚

方法二：先确定亚军	
冠	亚
小亚	小胖
小巧	小胖
小胖	小亚
小巧	小亚
小胖	小巧
小亚	小巧

方法三：先确定哪两人冠亚军	
冠	亚
小胖	小亚
小亚	小胖
小胖	小巧
小巧	小胖
小亚	小巧
小巧	小亚

不难配合板书，使学生体悟：只要有序思考，不重、不漏，无论哪种方法结果都是6种可能。作为教师，还应该发现，本例与"用1、2、3三个数字组成两位数"，其实是"一回事"，只是情境变换。

可见，强调有序思考与揭示计数公理，是可以和谐统一的。

2. 搭配与计算比赛场次

在"搭配（二）"中，例题3的情境是四个队的单循环赛（每两个队赛一场）。教材给出了两种连线图示的方法（图5－22）。

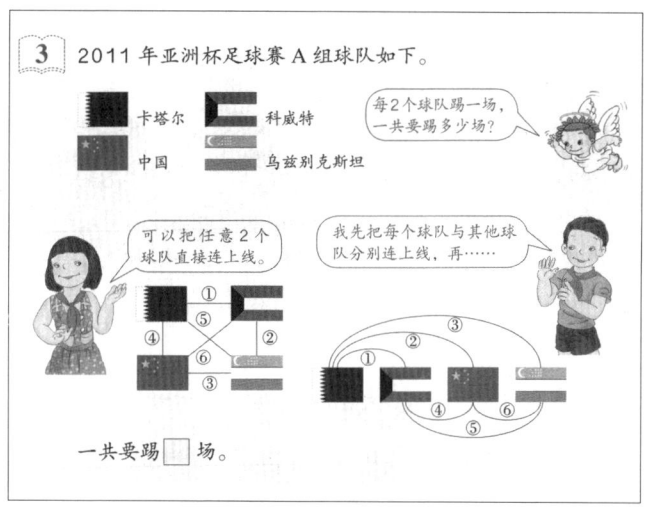

图 5－22

在此基础上：

例 5－12 让学生采取"先退后进"的思路展开探究。

（1）如果只有2个队，只要比赛几场？

（2）如果只有3个队呢？

学生容易得出：2个队只比1场，3个队要比3场。联系例题3，就不难找出递推关系(图5-23)：

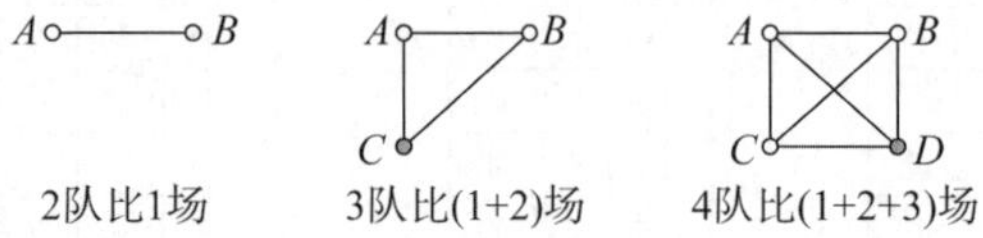

A
B
A
B
C
A
B
C
D
2队比1场
3队比(1+2)场
4队比(1+2+3)场

图5-23

(3) 如果有5个队呢？

可以由学生自己根据发现的规律进行递推。特别是让他们自己动手画图，感悟就更深刻：每增加一个点，这个点与前面几个点都要连线，所以第5个点要再连4条线(图5-24)。

A
B
E
C
D

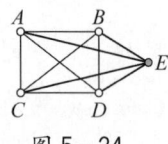

图5-24

实践表明，这样的连线操作，数形结合，对于学生理解、体验递推规律、递推过程具有非常直观的帮助作用。

进一步，还可以在课外或后续年级展开其他比赛场数的讨论，如淘汰赛、双循环赛(每两个队分主场、客场赛两场)的场数等。

3. 淘汰赛与对阵图

淘汰赛的规则是每场胜者进入下一轮比赛，负者即被淘汰，直至剩下最后一队或一人，即为冠军。

例 5-13 组织学生分组进行“石头、剪刀、布”的淘汰赛。

学生发现4人组比3次，5人组比4次，6人组比5次。为什么次数总比人数少1呢？

有的说：因为比一场淘汰1人，4人淘汰3人，5人淘汰4人，淘汰人数比总人数少1。

又有人说：因为最后剩下1人，总人数减1是淘汰人数，也就是比赛次数。

发现并且解释了规律，还能探究什么呢？让学生学习绘制对阵图。

先以5人组为例作示范，说明什么是“轮空”。然后由学生自己画6人的对阵图。最后提出第一章例1-3的第(2)、第(3)两个问题，必然引起学生极大的兴趣，形成教学的高潮。

可见，“搭配”问题的后续发展，适合小学生年龄特征的问题空间还真不小。

第三节 集 合[1]

近十多年来，在各种小学数学期刊上介绍或讨论"集合"（又称"重叠问题"）的文章几乎年年都有，仅《小学数学教育》2016年就刊登了5篇。足见这一课题对众多教师的吸引力。

一、数学思想方法解读

"集合"单元，渗透"集合思想"毋容置疑。那么，什么是"集合思想"呢？至今没有也确实很难给出公认的确切而又比较简洁的定义，不如从集合论本身入手领略它的基本内涵及其价值。

1. 集合论

19世纪末由德国数学家康托尔（G. Cantor）创立起来的集合论，在数学中占有一个独特的地位。这是因为按现代数学的观点，数学各分支的研究对象大多可以利用集合加以定义（如自然数、实数、函数等），或者其本身就是带有某种特定结构的集合（如群、环、拓扑空间等）。正是在这一意义上，可以说集合论是整个现代数学的基础。

从数学应用的视角来看，数学的广泛应用性源于它的抽象性。随着数学的发展，仅仅研究数与形已经远远不能满足数学自身及社会各领域的需要。而要用数学研究更为广泛的对象，就必须以更普遍的数学理论作为基础，集合论就是这样的理论。

集合有并、交、补、差、幂等多种运算及其性质，无论是社会哪个领域的对象，只要能组成集合，就能施行集合运算加以研究。

一般认为，数学研究对象的第一次扩展是引进字母，字母表示数使数学由

---

[1] 曹培英."数学广角"教学的系列研究（三）[J].小学数学教育，2017(04):3-7.

算术发展成代数。代数的进一步深入发展,以集合论为基础让字母表示任意元素而形成了近世代数。可以说,集合论的产生使我们可以用字母表示向量、矩阵、变换,乃至概率论中的事件、对策论中的策略等形形色色的研究对象,并且可以用字母运算表达它们的各种演变及其规律。因此,集合论成为数学众多分支共同的基础理论是必然的。正如数学家希尔伯特(David Hilbert)的高度赞誉:康托尔的集合论"是数学天才最优秀的作品""是人类纯粹智力活动的最高成就之一""是这个时代所能夸耀的最巨大的工作"。[1]

由此看来,所谓"集合思想"的源头是数学的"抽象思想",而且是一种极其朴素的数学抽象。它的魅力在于,一个如此平常,普通人顾名思义就能初步理解的概念——集合,它的理论竟然能使数学的应用范围出现质的飞跃。

康托尔的集合论又称为朴素集合论。1908年以后,为消解朴素集合论存在的悖论而产生的公理集合论,不外乎是对前者的严格处理。康托尔创立集合论的本意或者说主要旨趣,是以"对应"为研究工具,探索无穷集合的奥秘。可惜它与本节的探讨关系不大,所以从略。

2. 集合与元素

按照朴素集合论的观点,所谓集合是指具有某种特定性质的具体的或抽象的对象汇总成的集体,这些对象称为该集合的元素。集合及其元素最基本的三个特征:

一是确定性。即任意对象是不是某个集合的元素是能够辨别、确认的。例如,集合 A 是亚洲国家,则中国属于集合 A,美国不属于集合 A。当然,模糊集合论的集合,那就另当别论了。

二是互异性。即集合中的元素互不相同。例如,集合 $A=\{1,a\}$,则 $a\neq 1$。因此,认数教学,当我们试图渗透集合思想,如把 4 个分类垃圾筒看作一个集合时,图 5-25(2)更为确切,因为图

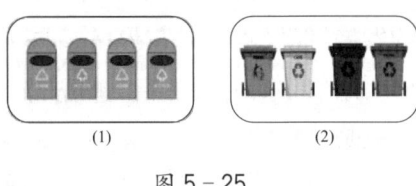

图 5-25

---

[1] 科学百科.集合论[DB/OL]. http://www.baike.baidu.com/item/%E9%9B%86%E5%90%88%E8%AE%BA/494533? fr=aladdin#6_10,2021-05-06.

5-25(1)只有两个元素互异。

三是无序性。即集合中的元素没有先后之分。例如,集合 $A=\{1,a\}$,集合 $B=\{a,1\}$,则 $A=B$。

尽管教材修订后在单元名称中出现了"集合"一词,但只是一个名称,并不意味着正式教学集合概念。因此,上述特征是教师应该理解并掌握的数学知识,通常不向学生介绍。

3. 集合的运算

事实上,在"集合"单元中,相当清晰地渗透了三种集合的基本运算"并""交""差"。

首先,教材通过例题渗透了并集与交集(图5-26)。

图 5-26

一般地,由所有属于集合 A 或属于集合 B 的元素所组成的集合,称为集合 A 与 B 的并集。记作:$A \cup B$;读作:"A 并 B"。用韦恩图表示(阴影部分即为 A 与 B 的并集)如下(图 5-27):

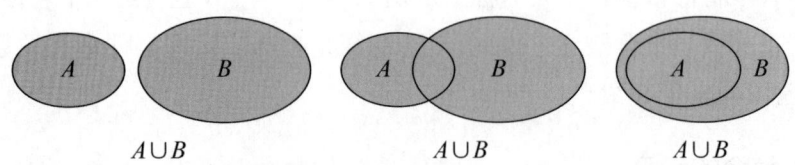

图 5-27

两个集合求并集,结果还是一个集合,是由集合 A 与 B 的所有元素组成的集合(重复元素只看成一个元素)。

在自然数的基数理论中,用并集定义加法有一个不可或缺的条件,即组成并集的两个集合没有公共元素(图 5-27 左)。这不是并集本身的要求,而是定义加法的需要。在一般情况下,对两个含有公共元素的集合,也可以求它们的并集(图 5-27 中、右)。

一般地,由属于集合 A 且属于集合 B 的元素所组成的集合,叫做集合 A 与 B 的交集。记作:$A \cap B$;读作:"A 交 B"。用韦恩图表示(阴影部分即为 A 与 B 的交集)如下(图 5-28):

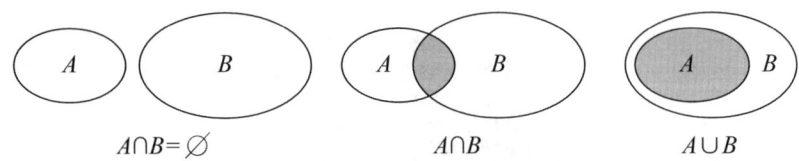

图 5-28

($\varnothing$ 表示"空集",即没有元素的集合)

两个集合求交集,结果还是一个集合,是由集合 A 与 B 的公共元素组成的集合。

设例题中的跳绳学生为集合 A,踢毽学生为集合 B,则参加这两项比赛的学生集合即为 $A \cup B$。问题"参加这两项比赛的共有多少人",也就是求 $A \cup B$ 这一并集的基数。其中,两项比赛都参加的学生集合即为 $A \cap B$。

其次,我们再来看教材的习题(图 5-29):

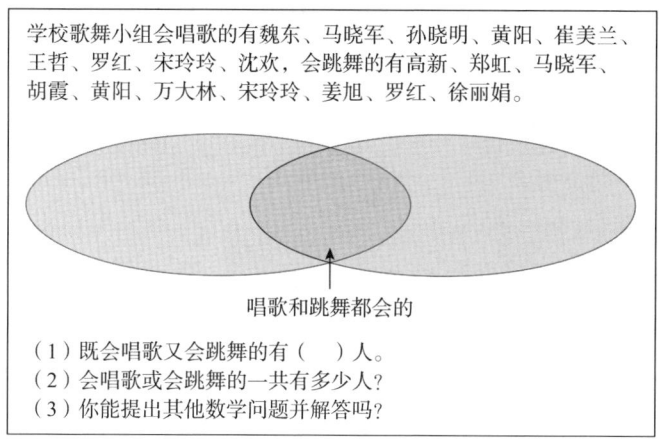

图 5-29

实践表明,多数学生能提出的问题是"只会唱歌的有多少人""只会跳舞的有多少人"。个别学生还提出了"只会唱歌和只会跳舞的一共有多少人"。这些又是什么"集合"的基数呢?

一般地,由属于集合 A 且不属于集合 B 的元素构成的集合,叫做集合 A 减集合 B 的差集。记作:$A-B$;读作:A 减 B 的差集。用韦恩图表示(阴影部分即为 A 减 B 的差集)如下(图 5-30):

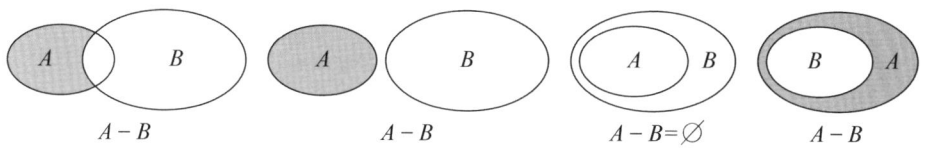

图 5-30

当集合 B 包含于集合 A 时,A 减 B 的差集(图 5-30 最右),就是自然数的基数理论中用来定义减法的差集。这时的差集又可以叫做 B 对 A 的补集;这时的集合 A 相当于"全集"(指含有所研究问题中涉及的所有元素的集合)。

一般地,对于集合 A 与 B,由只属于其中一个集合,而不属于另一个集合的元素组成的集合,叫做这两个集合的对称差集。记作:$A \oplus B$;读作:A 与 B 的对称差集。即 $A \oplus B = (A-B) \cup (B-A)$。

原来,上述小学生提出的问题,它们的数学背景就是集合论中的"差集"与"对称差集"。用韦恩图表示如下(图5-31):

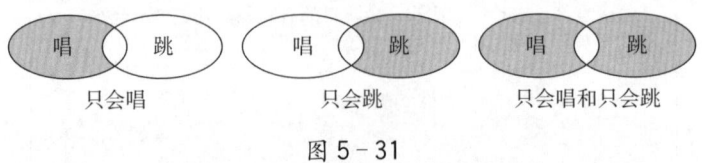

图 5-31

二、教学意图剖析

集合思想作为现代数学最重要的思想方法之一,早已渗透入各国基础教育的数学课程与教学中。

通过上面的分析不难看出,"集合"单元所渗透的集合思想是相当丰富的。

如果说从一年级认数开始就在渗透集合与元素,在引进加法、减法时就在渗透并集与差集的特例,那么渗透交集还是第一次。而解决交集非空时并集的基数问题(例1),实际上就是前述容斥原理的应用。

在学习过程中,还能比较自然地出现集合的包含关系。例如,教材的下列习题(图5-32):

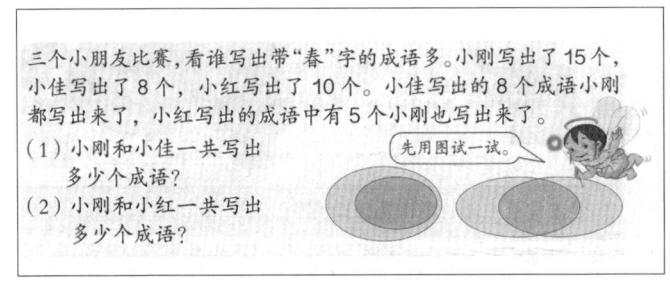

图 5-32

这是因为集合 A 包含于集合 B 是交集 $A \cap B$ 的特例。

交集的另一特例是 $A \cap B = \varnothing$,这在教材的习题中也有体现(图5-33)。该题两问中的第(1)问,采摘圣女果和小黄瓜的人没有重复,即他们的交集是空集。

图 5-33

可见,教材对于交集的渗透是相当全面的:例题呈现了交集的一般情况,习题则进一步出现了交集的两种特殊情况。

通过此题两个问题的解答,还能启发学生感悟:当两组对象不重复时,只要相加就能求得它们的总数;当两组对象有部分重复时,相加之后还要去掉重复部分。从而使学生对加法产生更深入的认识。

总之,本单元的主要教学意图是:让学生在解决"重叠问题"的过程中,尝试用自己想到的方法表示集合之间的关系,感受、体会韦恩图的直观作用,初步感知集合的并、交关系。

同时,本单元教学的后续影响也是非常明显的,主要是为使用韦恩图理解数学概念之间的包含关系、交叉关系奠定基础。

此外,通过本单元的教学,也有助于发展学生的抽象思维与推理能力,特别是强化学生的数形结合意识。这些收获也是比较自然的。

三、教学困惑问题分析

1. 为什么学生想不到"画圈"表示关系

很多教师问:为什么他们的学生想不到"画圈"?是不是前面的教学缺乏渗透?事实上,早在一年级开始认数时,教材就多次出现了"圈"。只是这时的"圈"是教材画好的,不是学生自己画的。于是,有教师想到在教学 11 至 20 各

数的认识时,引入"圈十"的练习。例如:

先圈十,再数一数:

一共有(　　)个☆。　　　　　一共有(　　)个△。

可是,到了三年级教学"集合"时,学生还是想不到"画圈"。是"圈十"练得太少吗?不!要知道前面教材画的圈与"圈十"时学生自己画的圈,围住的都是具体物体,而这里是用空白的圈表示一个量,这对小学生来说是非常抽象的。正如前面第三章中所指出,在韦恩之前的那么多数学家都没想到用"圈"表示关系。企望小学生在课堂上短促的时间内自发地发明韦恩图是不现实的。曾经有教师一一询问独立画出韦恩图的学生,不是课前看了书,就是在课外奥数班、补习班或通过其他渠道已经接触过这类图示。

实践表明,学生自发画出的图示中最抽象的是线段图。

例 5-14 由学生的图示引出韦恩图(图 5-34)。

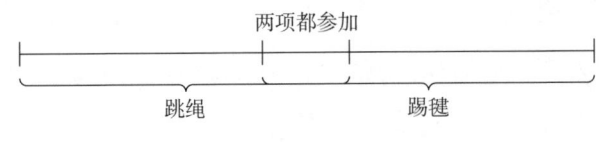

图 5-34

这已经很不错了。多数学生画的是如下示意图(图 5-35):

图 5-35

教师只要问"哪些是参加跳绳的""哪些是参加踢毽的",根据学生的指示圈起圈来(图 5-36 左),然后问"中间的呢""如果人数很多,画一个个三角形太麻烦,有了这两个圈,把三角形去掉看看"(图 5-36 右),韦恩图不就出来了?

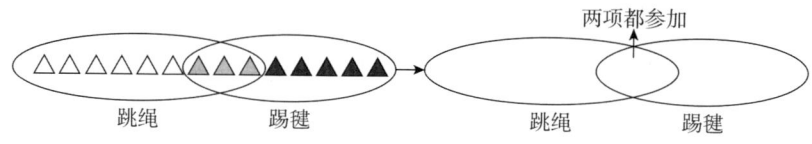

图 5-36

有了这一过程,学生也能体会,两个相交的圈能一目了然地表示三部分之间的关系。

2. 要不要给出容斥原理的计算公式

在理解了题意,知道了会唱歌、会跳舞的人有部分重复的基础上,学生一般都能自己找到正确的计算方法。进一步,是否需要总结概括计算公式?

一般来说,这不是小学数学的教学要求。一方面,用语言描述计算公式,如 A 类 B 类事物的个数和=属于 A 类事物的个数+属于 B 类事物的个数-既是 A 类又是 B 类事物的个数,难以简明。而用字母表示,如 $A \cup B = A + B - A \cap B$,不仅需要引进"并"与"交"的符号,而且很不规范。因为大写的字母 A、B 通常用来表示集合,要表示集合的基数应当引进新的符号。

另一方面,这样的公式对小学生来说,即使学了用字母表示数以后,也很难巩固、内化,因此意义不大。

其实,容斥原理的思想是比较显然的:计数必须没有遗漏,没有重复,如果出现重复,就要去除。因此,可以先把所有事物的个数加起来,再减去重复计算的个数。

学生只要理解了就行。

3. 怎样处理计算方法的多样化

引出上述韦恩图后,让学生看图说出三部分分别表示什么,会用"只……""既……又……"区别它们的具体含义。在此基础上独立思考计算方法,多数学生想到的是容斥原理的算法,自然也会有学生想到先减再加的算法。

▍**例 5-15** 式图对应揭示含义。

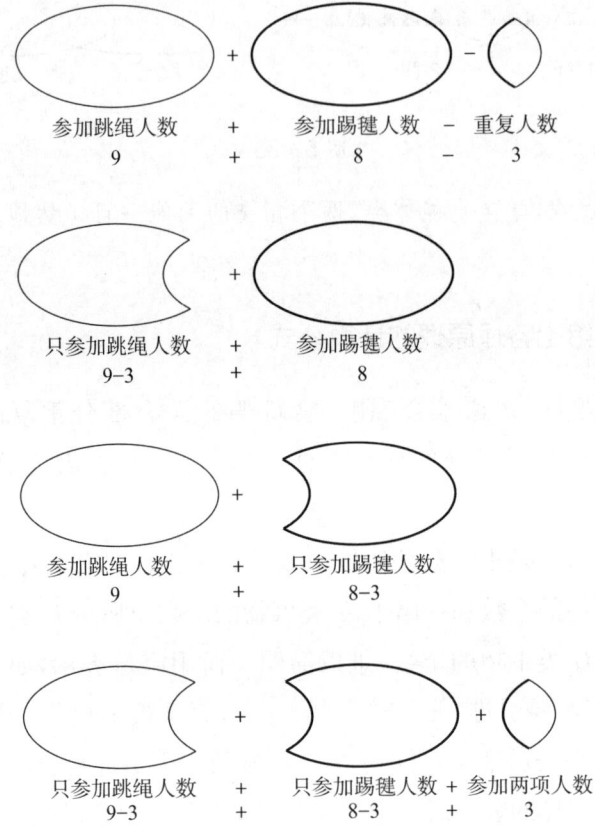

这些算法大同小异,没有必要求全。重要的是数形结合,将算式与图对照,说清楚算式各部分分别对应图中的哪一块。

四、典型教学片断分享

1. 自然引出表示交集的韦恩图

韦恩图的引入,前面第三章第三节中已有介绍与阐述,这里再举一例。

▍**例 5-16** 引入交集图的教学片断。

师:两个爸爸、两个儿子去看电影,可是只买 3 张电影票,这是怎么回事呢?

教师话音刚落,学生就迫不及待地举手要求发言。

生1:是爷爷、爸爸和儿子三个人去看电影。

生2:是爷爷、儿子和孙子三个人,爷爷的儿子是孙子的爸爸。

教师在黑板上贴出三张人物图片和两个圈,让学生将三张人物图片放入两个圈内。

生:我会放。

只见他上讲台将两个圈相交,在三个区域各放一张人物图片(图5-37)。

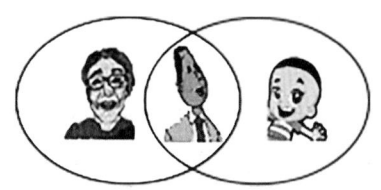

图5-37

这一片断与前面例3-15,异曲同工,都是教师给出两个圈,通过问题情境激活学生的常识,帮助他们理解事物之间的关系,然后让学生自己创造性地建构表示交集的韦恩图。

2. 由特殊到一般地解决问题

例5-17 基于教材例题的深度教学。

(1) 给出过渡题。

三(1)班有9名同学参加跳绳比赛,有8名同学参加踢毽比赛,一共有多少人参加这两项比赛?

生:一共有17人参加两项比赛。

师:算式呢?

生:9+8=17(人)。

师:确定是17人吗?为什么?

生1:确定。因为9加8等于17。

生2:好像不能确定,因为也可能有人跳绳了,又去踢毽子。

师:是呀。那么什么情况下,才能用加法得到一共有17人这个结果呢?

生:在没有人参加了跳绳比赛又去参加踢毽子比赛的情况下,才能用加法。

师:大家同意吗?

生(齐):同意。

师:原来用加法求总人数是有条件的,没有重复参加的情况下,直接相加就可以了。还会不会有其他情况呢?

生:如果有人两项比赛都参加了,就没有17人了。

师:有道理,请看实际情况(出示例题)。

(2) 教学例题;完成"做一做"。(略)

(3) 完成过渡题的解答。

师:现在再来解答刚才引出例题的那个问题,没有告诉我们重复参加比赛的人数,你们认为可能有哪些答案?韦恩图应该怎样画?小组讨论一下,再交流。

生:我们小组认为一共有9个答案。

没有人参加两项:9+8=17(人);

有1人参加两项:9+8-1=16(人);

有2人参加两项:9+8-2=15(人);

有3人参加两项:9+8-3=14(人);

……

有8人参加两项:9+8-8=9(人)。

师:为什么没有9人,或者更多人参加两项比赛?

生:因为参加踢毽子比赛的只有8人,最多他们都参加跳绳比赛,不可能有9人重复参加。

师:有不同意见吗?

生(齐):没有。

师:答案很全面。你们画的集合图呢?

学生出示:

 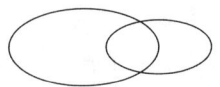 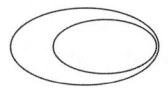

生:我有不同意见,应该画9个图,他们小组少画了6个图。

师:9个答案,画9幅图没错,也可以像他们那样只画3幅图,因为有1人、2人,一直到有7人重复参加,都属于部分重叠的情况,可以只用一幅图表示。也就是说,这些不同的答案可以分成三类,哪三类呀?

生:没有人参加两项比赛,有一部分人参加两项比赛,所有踢毽子的人都参加了跳绳比赛。

师:看看韦恩图是怎样表示这三类情况的。

生:两个圆分开,两个圆相交,小圆在大圆里面。

师:对,可以分成不相交、相交和包含三类。(在学生贴在黑板上的图下面板书:相离、相交、包含)

……

这一教学片断,用开放性的过渡问题引出例题,最后回过头来解决开放性问题,使学生比较全面、深入地初步感知并集、交集的一般情况与两个特例,堪称深度教学的一个范例。

3. 教学评价与巩固练习融为一体

教学进入到课堂小结阶段,教师提议,每个同学都对本课的教与学作出自己的评价。

例 5-18 指示学生填写学习单最后的评价部分:

你对自己的表现:满意□,不满意□;

你对老师的表现:满意□,不满意□。

然后举手统计得出:对自己表现满意的有39人,对老师表现满意的有42人,全班42人今天无人缺席。

师:对自己和老师表现都满意的有多少人?为什么?

生:都满意的有39人,因为全班42人对老师的表现都满意。

师:用韦恩图表示,属于下面的哪一种情况?两个圈各表示什么?

 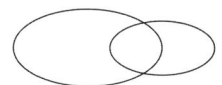 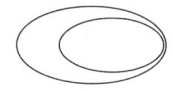

生:应该是第三个图。外面的大圈表示全班同学,也是对老师满意的同学,里面的圈表示对自己满意的人。

……

从教学评价的角度看,评价作为促进教与学的手段,与教学融为一体是可取的。端正了评价的取向,课堂上的学习评价本可以设计得"艺术"些。

从调查统计的角度讲,采用举手的方式,由教师本人统计学生对自己的表现是否满意,有失公允。

但就集合的教学而言,又不失为一道即兴的生成性巩固练习题,容易引起学生的兴趣,拉近知识与学生的距离,使抽象的概念变得生动、具体,每个学生都能获得集合间包含关系的切身感受。

五、教学反思与发展探索

1. 偏重计算与关注集合概念的渗透

本课的课题,原来的习惯是称之为"重叠问题",现在教材改称"集合"了,但教学的重心似乎仍然倾向于计算。教材中唯有"做一做"的第1题,只要将"动物的序号填写在合适的圈里",不要求计算。教师自己补充的练习也几乎都是计算问题。

考虑到渗透集合思想最为基础的是渗透集合、元素的概念以及元素和集合的关系,这些最为基本的概念理应受到重视。

既然是"渗透",通常不引进"集合""元素"等名词,但可以通过练习让学生获得初步的感知。例如,利用教材中的练习。

例 5-19 在习题(图 5-38)后面增加"填空"练习。

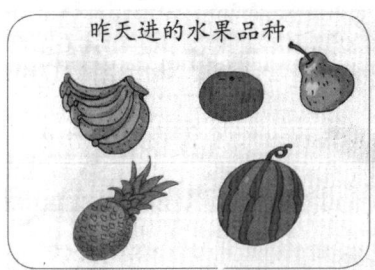
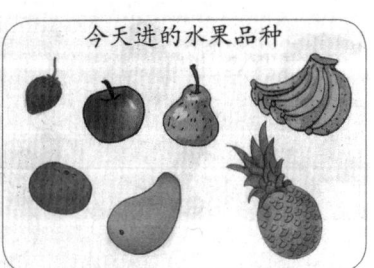

(1) 商店两天一共进了多少种水果?
(2) 你能提出其他数学问题并解答吗?

图 5-38

(3) 填空:

① 商店今天进的水果品种:{　　　　};

② 两天进的水果品种:{　　　　}。

集合的表示方法,除了图示法,还有列举法、描述法。这里给出的填空题,实际上是在渗透集合的列举法。练习时有必要提醒学生,"两天进的水果品种"重复的只填一次。

又如,选择学生熟悉的素材,设计校本化的补充练习。

例 5-20 填空。

(1) 今天上午我班上课的科目:{数学,　　　　}。

(2) 我班少先队中队委员:{　　　　　　}。

通过练习与反馈,使学生初步感知集合元素的确定性、互异性、无序性。

2. 进一步认识减法

如前所述,通过学习教材的例题与解答相关习题,能使学生重新认识加法。在此基础上,还可以设计练习,使学生重新认识减法。

例 5-21 想一想,说一说。

(1) 三(1)班有 16 人喜欢象棋,其中 5 人还喜欢围棋。只喜欢象棋的有多少人?

(2) 三(2)班有 13 人喜欢象棋,有 8 人喜欢围棋,象棋、围棋都喜欢的有 3 人。只喜欢象棋的有多少人?只喜欢围棋的有多少人?

(3) 上面两题的三个问题,分别是求下面图中的哪一部分?

练习讲评时,启发学生思考:为什么相同的问题"只喜欢下象棋的有多少人",第(1)小题是喜欢象棋人数—喜欢围棋人数=只喜欢象棋的人数,第(2)小题是喜欢象棋人数—象棋、围棋都喜欢人数=只喜欢象棋的人数?

通过对比,可以促进学生对减法有一点新的认识。

自然,要自如地作出这样的渗透,要求教师必须比较清晰地理解在自然数的基数理论中,是怎样用差集定义减法的。这在前面已有说明,此处不再复述。

有必要重申：这里讨论小学教学集合的发展空间，是基于因材施教的理念，基于"数学广角"作为数学基础知识之外的拓展内容而展开的，不宜作为教学的一般要求。

第四节 优 化[1]

本节将从人教版教材"数学广角——优化"单元的整体分析入手，着重研究"烙饼问题"的内容及其教学。

"烙饼问题"原来是人教版小学数学教材独有的一个内容，很多使用其他版本教材的教师喜欢将这一课题引入自己的教学。现在修订后的北师大版教材也引进了这一课题，可见"烙饼问题"基于教学实践的影响力在增加。

一、数学思想方法解读

本单元的副标题"优化"，本是各行各业各种工作的共同追求。以我们的教学工作为例，教学的思想、目标、过程、方法、效果等，都有指向"优化"的探讨。

在数学中，"优化"也具有非常丰富的含义。

首先是数学所讨论问题结论的"优化"。除了数值上的最大、最小与实际意义中的最快、最省等之外，还有结论的推广、条件的弱化同样属于结论的"优化"。

其次是数学问题解决过程、方法的优化。除了过程简捷、方法巧妙之外，还有过程、方法的一般化、程序化，等等。

此外，数学的"优化"还反映在数学思想的发展、更新，数学问题的深入、抽象，以及数学语言的简洁、符号化等方面。

---

[1] 曹培英."数学广角"教学的系列研究(四)[J].小学数学教育，2017(09):3-8.

如此广泛的内涵,绝非一个小小的单元所能承载的。对于本单元来说,三个问题较为集中的体现是运筹学的"最优化"思想。

"运筹学"的英文(Operation Research)原意是操作研究、作业研究、运用研究、作战研究,我国于1957年正式定名为"运筹学",是借用了《史记》"运筹帷幄之中,决胜千里之外"一语中"运筹"二字,既显示其军事的起源,也表明它在我国早有萌芽。

现代运筹学的起源可以追溯到二次世界大战初期,数学家成功地解决了许多重要作战问题,为运筹学的创立铺平了道路。随着科学技术和生产力的发展,运筹学已渗入很多领域,发挥着越来越重要的作用。运筹学本身也在不断发展,引入一些非数学的方法和理论,形成了众多分支。

运筹学各分支都贯穿着一个核心思想,就是最优化思想。因而,"最优化"也是运筹学的别称。

具体地说:它以整体最优为目标,从系统的观点出发,力图以整个系统最佳的方式,对所研究的问题求出最优解,或寻找最佳的行动方案。所以,它也可看成是一门优化技术,提供的是解决各类问题的优化方法。

运筹学的最优化思想也反映在日常生活中,面对各种需要完成的事情,常常存在多种方案,我们总会自觉或不自觉地在各种可行的方案里选择一种最优方案,希望获得最优结果。这种追求最优方案,寻觅最优结果的思想,就是运筹学的"最优化"思想。如此质朴的数学思想,自然有着极其广泛的现实意义与应用价值。

二、教学意图剖析

以数学的观点来看,教材给出的三个例题具有比较明显的运筹内涵。

"沏茶问题"与"烙饼问题"都属于规划论。区别在于:

沏茶有不同的工序,可以用网络图的方式把不同工序之间的先后关系表示出来,然后通过分析关键路径得到整个工作的最优安排,所以"沏茶问题"属于运筹学中的"网络计划"问题。

"烙饼问题"的目标函数是最小化烙饼总时间,约束条件是每一时刻正在烙的饼数不超过铁锅允许的数量,且每个饼的正反面都必须各烙一次。由于规划中的部分变量(张数、次数)限制为整数,因此又可称为整数规划。

"田忌赛马"通常认为是对策论(也叫博弈论)问题。

三个例题的核心目标"让学生感受并初步了解运筹优化思想"的具体编排、落实可以图示如下(图5-39):[1]

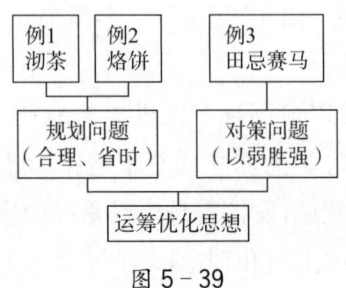

图 5-39

运筹是优化的前提,运筹过程的本质是各种数量关系和空间形式的分析、梳理、统筹与推理、建模过程。因此,本单元的教学对于培育学生的推理能力与模型思想也是极为有益的。

有意思的是,自"烙饼问题"进入小学数学教材之后,不断有教师、学者质疑它的"合理性"。几乎众口一词的批评是"轮换烙饼过程不符合实际"。有作者"曾咨询周围巧妇,查阅多本有关书籍,对那种三张饼的烙法真的找不到佐证。笔者忍不住要问:拿出来'待命'的第二张饼凉3分钟后再烙3分钟能熟吗?"[2]

其实,解决"半生不熟"的方法很简单,轮换时只要将第二张饼叠放在翻了面的第一张饼上,不就保温了吗?

看来,我们的教师、学者如今很少下厨,更不用说烙饼了。事实上,日常生活中煎炸食物时,除了"翻面"之外,"轮换"(包括锅中心与边缘的轮换)与"叠放"都是最普通的习惯性操作。

有研究指出,小学生缺乏数学应用意识的原因是,"由于学校数学情境和实际应用情境之间存在差异,造成学生有两种不同的数学情境表征和解题过

---

[1] 人民教育出版社,课程教材研究所,小学数学课程教材研究开发中心.义务教育教科书教师教学用书·数学(四年级上册)[M].北京:人民教育出版社,2014:186.
[2] 闻浩."数学烙饼"岂能吃[J].教育实践与研究(A),2011(02):29.

程"[1]。当学生认为当前的问题属于学校情境的问题(数学题)时,被激活的相关解题过程包括一系列的学习经验暗示,往往不再联想、激活相关的生活经验。看来,成人的数学应用思维同样存在类似现象。

对于教师来说,问题的本质在于,我们应当秉持怎样的数学观、怎样的数学教育观?

数学是现实的抽象还是现实的临摹?数学教育是着眼于现实问题的数学化还是拘泥于现实问题具体内容的细枝末节?回答可以说是无可置疑的:问题的简化、舍去某些细节本是数学抽象的题中之义,也是数学教育过程中现实问题数学化不可或缺的要旨之一。

为什么众人都能容忍"鸡兔同笼"的"荒诞"、"植树问题"的不切实际,却一直有人抱怨"烙饼问题"呢?恐怕主要是因为大家都能理解"鸡兔同笼""植树问题"的数学背景,但对"烙饼问题"的数学内涵及其应用不甚了了。这也难怪,不深入教学实践,很难发现"烙饼问题"的解决蕴含着数学的分类讨论与化归(转化)思想,而且是那样的鲜活、生动。至于该问题的应用,不妨看看一线教师提供的两道实际问题。

例 5-22 "烙饼问题"的变式。

(1) 复印 3 张正反面都有文字的资料,复印机一次复印一面,每次最多放 2 张。最少要复印几次?怎样操作?

(2) 元旦快到了,小明与好朋友小芳合作制作 3 张贺卡送给老师,贺卡的正反面都要写上祝福语并配上插图。如果一人制作一面要 10 分钟,想一想,两人合作至少需要多少分钟?请用自己喜欢的方式简要地表达出合理安排的过程。

根据需要,两题的张数也有教师改成 5 张、7 张等。

两题都源于真正的现实生活。据说,第(2)题是元旦前夕同桌两名学生共同给语、数、外三位老师制作贺年卡时发生的真实操作。

显然,类似的问题要多少可以编多少。仅此两例,足以显示"三张饼轮换烙法"的应用存在于多种生活情境之中。

---

[1] 吴洪健,陈琦. 小学生的数学应用意识及其促进研究综述[J]. 学科教育,2004(06):27-30.

从教学法的视角看,尽管两题没有"烙饼"那样有"过家家"的趣味,但它们的现实性都是学生能够理解的。而且第(1)题只要统筹安排,无需计算;第(2)题要求"简要表达合理的过程",反映出教师的教学旨趣。同时,上述原创设计还表明,一旦理解了这部分教材的教学意图,变化情境,促进学习的迁移其实并不困难。

三、教学困惑问题分析

多年前,刚开始接触这一课题,老师们的担心是学生想不到"轮换"的方法,毕竟极少有学生在生活中有过类似的体验。然而教学实践表明,面对这样的非常规问题,学生与成人的智力往往处在同一水平线上。

之后,教学的困惑大多转向"轮换"方法现实性的争论上。现在基于数学学科本质及其教学意图,澄清了认识,剩下的困惑主要是以下几个问题。

1. 要不要引导学生用字母表示烙 n 张饼的最短时间

很多教师在学生解决了烙 4 张、5 张、6 张、7 张的最短时间之后,继续引导学生思考烙 n 张饼的最短时间。一般来说,通过逐步填写下表:

张数	1	2	3	4	5	6	7	⋯	n
分钟	6	6	9	12	15	18	21	⋯	

总会有学生能够概括烙 n 张饼的最短时间是 $3n$ 分钟,也能在教师的提醒之下补充 n 的取值范围($n>1$)。

按照教材目前的编排,教学本单元时学生尚未学习用字母表示数。但既然学生跳一跳够得着,那么让部分学生提前进入他们的最近发展区,也是可以的。

然而,为什么烙 n 张饼的最短时间是 $3 \times n$ 分钟?要学生解释其中的算理,则多数学生语焉不详,说不清楚了。

能否使学生既知其然,又知其所以然呢?

例 5-23 $3n$ 分钟的算理解释。

可以这样启发:每张饼 2 面,n 张饼就有 n 个 2 面,每次烙 2 面,$n \times 2 \div 2$

$=n$(次),所以 n 张饼烙 n 次,用时 n 个 3 分钟。

也就是说,当 $n>1$ 时,n 张饼正巧烙 n 次是由于一锅最多放 2 张的缘故。也可以通过列式作出说明。

2. 要不要引导学生列式算出最短时间

有教师认为,"烙饼问题"没有必要让学生操作学具去探究,列式计算就能解决问题。例如:

每面 3 分钟×2 面×3 张饼÷每锅 2 张饼=9(分钟)。

一般地,

每面 3 分钟×2 面×n 张÷每锅 2 张饼=$3×n$(分钟)。

列式的依据是只要锅里不空,始终 2 张饼,得到的就一定是最短时间。道理是对的,可是没有解决怎样操作的程序问题。如同有余数除法的应用:

每条小船限乘 4 人,17 人需要租几条船?

$17÷4=4$(条)……1(人),$4+1=5$(条)。

过去只要答对"需要租 5 条船"即可,现在一般还要增加一问:"你认为怎样分配才合适?"[1]否则对于解决实际问题而言,只是"半截子工程",租了 5 条船,怎么乘呢? 4 条乘满,剩下 1 人独乘一条船吗?

同理,算出最快 9 分钟并没有真正解决问题。因此,有教师先启发学生计算出理想的结果,再引导学生思考:最快 9 分钟,每次烙 3 分钟,说明只要烙 3 次,怎样安排才能 3 次烙完呢? 然后进行操作、探究。

这不失为一种可供选择的教学设计。而且,通过列式,还能对"烙 n 张饼的最短时间是 $3×n$ 分钟"这一最终结论作出完整解释:因为两面都要烙,且一锅最多烙两张,所以乘 2 与除以 2 抵消,只剩 $3×n$。

问题在于学生自己想出上述算法有一定的难度,一节课的时间有限,与其将大量时间用于启发学生列式计算与用字母表示,不如用来完成习题,让学生通过"轮换"策略在变式情境中的应用练习,加强对统筹优化思想的感悟。

总之,是否要求列式计算,是否用字母表示,取决于本班学生能否理解,取

---

[1] 中华人民共和国教育部.全日制义务教育数学课程标准(实验稿)[S].北京:北京师范大学出版社,2001:14.

决于教师对教学重点的抉择与把握。

3. 要不要启发学生另辟蹊径,奇思妙想

有两种教学拓展,堪称另辟蹊径,奇思妙想。

其一,教师提出问题:"难道1张饼就一定要6分钟,不能优化吗?"紧接着启发:"数学不能优化,能不能通过改进工具来优化呢?""什么样的烙饼工具能够同时烙两面?"教师出示图5-40,难得有学生知道这叫"双面电饼铛"。

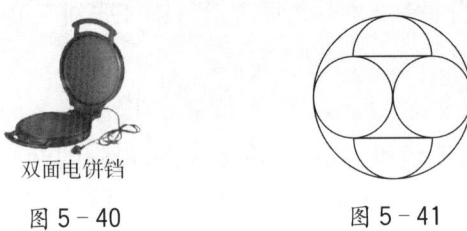

双面电饼铛

图 5-40　　　　　　　　图 5-41

对此,褒贬不一。有认为是创新,数学与技术综合,是数学课程教学改革的趋势之一;也有认为这是数学课的异化。

其二,当学生找到3张饼轮换烙的方法之后,教师提问:"还有没有其他更妙的办法?"学生无人回答,教师继续启发:"烙饼锅里放两张饼,还有空的地方能不能利用呢?"很快有学生反应过来:"把饼掰碎,放在空的地方。"只见教师边出示图5-41边说:"是呀,把第三张饼切开,三张饼就能同时烙,烙两面只要几分钟?"学生惊呼:"哇,6分钟!"

对此,同样褒贬不一。有人认为这是数学的另辟蹊径,充分利用了平面空间;也有人认为改变了数学问题的条件,"两个半张饼谁要?"

两种拓展犹如脑筋急转弯,让学生脑洞大开,课堂气氛顿时活跃起来。但以此为教学"亮点",引发学生一连串的求异思维,又确实偏离了数学教学的初衷,特别是偏离了渗透运筹学基本思想的核心目标。如果学生有如此奇思妙想,教师理应给予赞赏,同时又有必要指出,这些想法改变了问题的条件。

不过,"改进工具"的想法,如果作为例题教学与应用练习之间的过渡,颇有出其不意的教学效果,将在后面的反思部分予以介绍。

四、典型教学片断分享

1. 问题解决展现建模过程

■ 课例 5-1　新授环节。

（1）审题。

出示例题（图 5-42），由学生默读，再同桌相互说一说：已知哪些条件？问题是什么？

图 5-42

师：说说看，条件、问题中哪些地方是需要理解的？

生1：最多的意思，可以烙1张或者2张，不能再多了。

生2：女孩告诉我们一家三口，要烙3张饼。

生3：我认为尽快的意思是尽量少用点时间。

学生边说，教师边在课件呈现的例题插图中相应词句处划线、标上问号。

师：好，都理解了。为什么只烙3张？怎样烙最省时呢？愿意试试吗？

［评析］审题不走过场，引导学生分清条件信息与问题信息，并理解信息中的关键内涵。教师的标注相当于一种审题的示范。而且，还留下一个悬念，"为什么只要烙3张"，为后面学生的恍然大悟埋下伏笔。

反观目前最流行的教学用语，只问"看到了哪些信息"，不区分条件与问题的做法，此处的审题处理值得借鉴。

（2）思考。

师：请独立完成学习记录单上的探究1、2两题。

学习记录单

探究:
1. 填表。

饼数/张	次数/次	时间/分
1	2	
2		
3		

2. 请用自己喜欢的方式表示:3张饼怎样烙?
下面的大圆表示锅,画小圆表示饼。

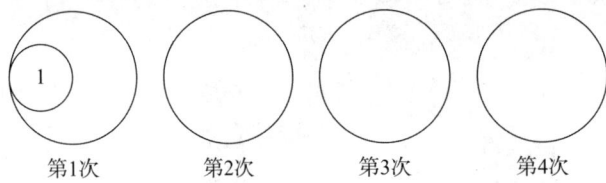

第1次　　第2次　　第3次　　第4次

用连线表示(小圆表示饼)。

用其他方法表示:

学生思考、填写,教师巡视。

[评析]独立思考是有效交流的前提;教师设计的记录单为学生展现表征的多样化创造了条件。

(3) 交流。

师:1张饼,烙几次,多少分钟? 2张呢?

学生回答,教师板书。

师:你发现了什么?

生:烙2张和烙1张的时间相同。

师:这是什么原因呢?

生：烙 1 张的时候，锅里有一半空着。

师：3 张有不同答案，答案是 12 分钟的请先交流，怎么烙的？

随着学生的回答出示图片(图 5-43)。

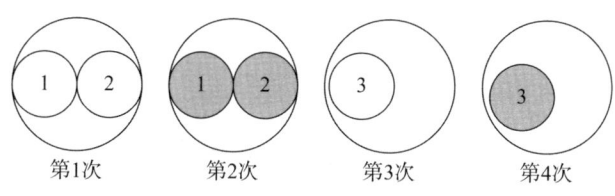

图 5-43

师：12 分钟是最少时间吗？理由呢？

生：不是，因为后面两次只烙 1 张饼，锅的一半空着。

师：那么，有没有可能烙 3 张饼锅里始终不空呢？

生：有。

师：对于答案是 12 分钟的同学来说，这还是一个猜想。(板书：猜想：3 张也能不空)

[评析] 这一猜想是由常规操作转向统筹安排的起点，因而也是提升学生思维的关节点。这里的独立探究，让学生一次性连续探究烙 1、2、3 张饼的最少时间，自然会出现 3 张饼的不同烙法，从而既节省了教学时间，又暴露了相异构想。对于得出"12 分钟"的学生来说，通过交流、对话，获得猜想，继续思考怎样实现猜想；对于已经想到"9 分钟"的学生来说，教师引发的"猜想"可以起到明晰思路的作用。

师：请同桌两人互相说说，怎样统筹安排实现猜想，使时间最省。

学生同桌交流，然后全班交流。教师配合学生的回答演示课件。

师：老师发现有的同学用连线的方式也能表示 3 张只烙 3 次的过程，请连给大家看看。

学生在黑板上连线(图 5-44)。

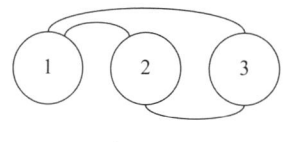

图 5-44

师:请刚才认为要12分钟的同学说说看,连线表示什么意思?

生:第一次连线表示先烙1号、2号饼的正面,第二次连线表示再烙1号饼的反面和3号饼的正面,第三次连线表示最后烙2号、3号饼的反面。

教师图示如下(图5-45):

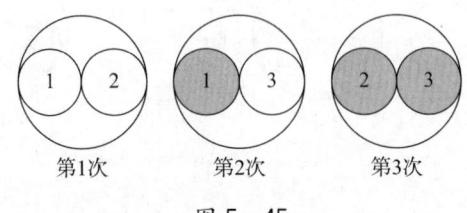

图 5-45

师:比较一下,烙3次的关键是什么?

生:关键是第二次把2号饼换3号饼。

师:对,采用轮换的策略使每次都烙2张。

[评析] 3次烙完3张饼的最优方案,通过学生叙述、课件演示、连线表示、解释连线对应的实际操作等指向同一、形式多样的活动,不断强化,有利于学生掌握轮换过程。

而后又通过烙4次与烙3次两种方案的比较,帮助学生认识统筹优化的关键,也促进了最优方案的理解与内化。

(4) 检验。

师:凭什么确认9分钟是最少的时间,不能再少了?

生:3张饼有6个面,每次烙2个面,烙3次锅一直不空,所以是最快的。

师:对,3张6面,每次烙2面,至少烙3次。很明显,第1次必然是烙前两张饼的正面,第3次一定是烙后两张饼的反面,那么第2次呢?

教师在烙三次的图示下面板书:

第1次　　第2次　　第3次

①正②正　　　　　②反③反

生:还少了①号饼的反面和③号饼的正面,放在第2次。

师:很好,原来最优方案只要这样思考就行了。

[评析] 以往的教学,极少有教师关注最佳方案思考过程的优化。教师顺着学生的回答予以启发、提问,并恰到好处地借助板书的留白,清晰地揭示了最优的思考过程。

师:还有问题吗?(没人呼应)小精灵有疑问,请听。

小精灵画外音:2号饼烙了一面拿到锅外凉3分钟,会不会半生不熟呀?

师:是呀,好不容易找到了最节省时间的方案,可是有一张饼烙了一面,拿到外面凉了,真有可能半生不熟,怎么办呢?

学生都愣住了。

师:能不能叠放在锅里保温呢?

生:我有办法,1号饼翻了面,朝上的面是熟的,把2号饼放上去,还在锅里就不会凉了。

师:真是好办法!现在,烙三张饼的优化方案总算可行了。

[评析]考虑到并不是每次教学都有学生发现"轮换"的潜在现实瑕疵并提出质疑,所以教师准备了"小精灵的画外音"。看似"节外生枝",实质是数学建模的必要步骤"检验",即回到实际检验模型的可行性。因此,这里的"检验"包括确认最优与联系实际验证两层意思。

教师的启发"能不能叠放在锅里保温",虽然显得直白,暗示过于明显,但对缺乏烙饼经验的孩子来说,恐怕是必要的。事实上,那么多老师之所以顾虑"半生不熟",不就是没有想到"叠放在翻了面的1号饼上"这一妙招吗?这里与其"打哑谜"似地"让学生自己想"或"兜圈子"似地"启发",不如直截了当给予提示。

(5) 讨论。

师:还想研究什么?如果问你,烙4张、5张、6张、7张,更多张饼最少用多少分钟,还需要继续探究吗?能利用已经得到的结果吗?

学生四人小组讨论。

[评析]这里的小组讨论很有必要。

一则,问题具有较大的开放性;

二则,采用师生对话,一对一,难以调动全班学生思考的积极性;

三则,四人凑在一起,相互启发、补充,一般总会有若干小组集思广益,凑出较为完整的结论。

(6) 交流。

师:哪些张数一开始就不用探究?为什么?

生:2张、4张、6张,双数张不用探究。

师：那么单数张，3张优化了，5张、7张就是还要探究吗？为什么？

生：不需要探究了。因为5张等于3张加2张，7张就是再加2张……

教师根据学生的回答逐步完成板书：

双数张，不用研究；

单数张，只要研究3张，其他张数与时间（分）：

$$5=3+2 \qquad 9+6$$
$$7=3+2+2 \qquad 9+6+6$$
$$\cdots\cdots \qquad \cdots\cdots$$

师：现在我们终于明白了为什么题目只要我们"烙3张"。原来，大于1的数不是几个2的和，就是3加几个2的和。

[评析] 启发学生通过推理，在已有结论的基础上将未知转化为已知。然后回过头来体会例题的用意，呼应审题时抛出的悬念，这对促进学生重视审题也有益处。

教师归纳分类讨论的结论，言简意赅。但是客观地说，这样的结论出自教师之口，学生很难入耳、入心。教师为了确保当堂巩固时间，没让学生用自己的话说一说结论，留下了一些遗憾。

回顾以上教学过程，如果再算上后面巩固环节的应用，那么问题解决与数学建模呈现出过程上的一致性。

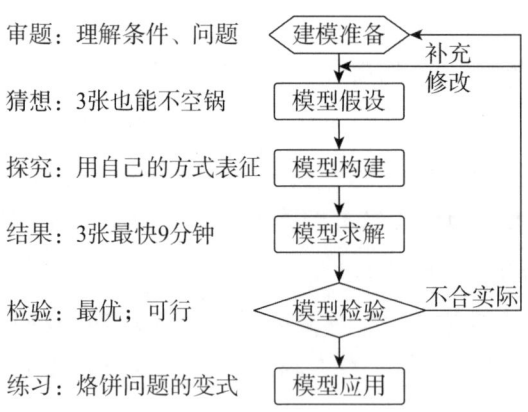

尽管学生体会不到两者间的联系，但是作为渗透，潜移默化地影响、感染，教师的努力还是具有长远意义的。

2. 轮换策略在新情境中的应用

■ 课例 5-2 练习环节。教师编选了三道题,印制在"应用任务单"上。

应用任务单

(1) 一种电脑游戏,玩 1 局要 5 分钟,可以单人玩,也可以双人玩。小东和爸爸、妈妈一起玩,每人玩 2 局,至少需要( )分钟。

(2) 甲、乙两个厨师做每个菜的时间相等。来了 3 位客人,每人点了 2 个菜,按怎样的顺序炒菜更合理?

甲:

乙:

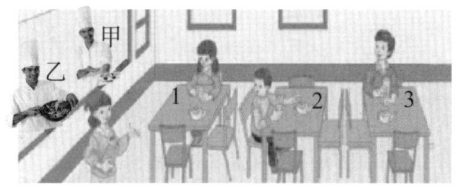

(3) 加水站只有 A、B 两个水龙头,3 辆洒水车一起来加水,加满一车要 8 分钟。怎样安排,3 辆车才能尽快一起开走?

A:

B:

[评析]前两题选自教材,第(3)题为教师原创,而且更为灵活。因为要使 3 辆车尽快一起开走,必须把一辆车连续加满用时 8 分钟分成 2 个 4 分钟,这对学生构成了智力的挑战。

师:每人选做两题,独立思考,用你喜欢的方法找出答案,不用写答句。

多数学生完成后交流。

生:第(1)题小东和爸爸、妈妈各玩一局,再爸爸、妈妈玩一局,一共需要 15 分钟。

师:烙饼问题是每次最多烙 2 张,3 张饼,烙 2 个面,这道题呢?

生:这道题是单人、双人游戏,3 个人玩,每人玩 2 局。

师：第(2)题呢？

生：第(2)题是2个厨师,3个客人,每个客人点2个菜。

随着学生的回答,教师用课件出示：

例题：每次最多烙2张,3张饼,烙2面

题(1)：单人、双人游戏,3人玩,每人玩2局

题(2)：2个厨师可同时炒菜,3个客人,每人点2个菜

[评析] 这样摘录、排列,便于学生通过对照、比较,理解情境变换后不同问题具体内容的内在联系。

师：合理的做菜顺序怎样安排？不合理的呢？

根据学生的回答,教师板书：

合理：　　　　不合理：

甲：1,1,2；　　甲：1,2,3；

乙：2,3,3。　　乙：1,2,3。

师：你发现这个问题只是优化了谁的时间,什么是不变的。

生：优化了客人的等候时间,两个厨师做菜的总时间是不变的。

[评析] 如果说第(1)题与烙饼问题没有实质性区别,那么第(2)题与烙饼的区别就在于厨师做菜总时间并没有优化。

师：第(3)题谁来交流？

生1：我用计算的方法,8×3÷2＝12(分钟)。(教师板书算式)

师：其他同学看懂了吗？8×3什么意思,再除以2呢？

生2：我知道他的想法,8×3是3辆车一共要加24分钟,除以2就是平均每个水龙头放12分钟。

师：不错,列式计算也能求出答案。课后请感兴趣的同学也来列式算一算烙饼问题的答案。可是,计算并不能告诉我们怎样安排才能使3辆车只用12分钟加满呀。

[评析] 这道题的条件比较容易诱使学生列式计算,恰好有学生想到了,教师利用这一生成性教学资源,填补了例题教学留出的空间,同时还指出了列式求答案的不足。

生3：A龙头给1号车加满,8分钟,B龙头给2号车加4分钟,然后给3号车加满,8分钟；2号车等1号车加满了换A龙头再加4分钟也满了。

教师根据学生的回答板书：

A　__8分__　1　__4分__　2
B　__4分__　2　__8分__　3

师：真好，这样轮换安排不浪费时间。"烙饼问题"是同时烙2张饼,3张饼，每张饼烙2个3分钟。第(3)题呢？

生：第(3)题是2个龙头,3辆车，每车2个4分钟。

师：如果有5辆、6辆车要加水，其他条件不变，怎么安排呢？

生：有5辆车的话，前面3辆车按照第(3)题的方法加水，还有2辆车接着在A、B两个水龙头上再加8分钟。

生：6辆车来加水，只要分成2组，一个水龙头安排3辆车，一辆接一辆加水。

师：看来，大家已经能够运用转化的方法寻找优化方案了。通过这些练习，你们觉得"烙饼问题"有用吗？

生(齐)：有用。

师：课后请同学们再找找看，还有哪些实际问题也能运用烙饼问题的轮换方法优化解决方案的？

显然，教师的习题设计与学生的练习感悟是对"烙饼问题无用论"最好的回答。

五、教学反思与发展探索

1. 诱发认知冲突，强化数学应用意识

课例5-1的教学，在学生得出烙三张饼的优化方案之后，教师引发的质疑"一张饼放锅外凉3分钟，半生不熟咋办"，使全班学生都愣住了。随着教师的启发，峰回路转，找到了解决办法。这是一次非常有意思的认知冲突。

进一步，在组织学生练习应用时，还可以又一次促发认知冲突。

不妨先由教师发问：除了平底锅，你们家里还有哪些工具可以烙饼？城市学生的回答通常是"电烤箱"。由此引出有很多工具可以两面同时烙(图5-46)。

双面电饼铛

图 5-46

进而质疑:这样看来,我们今天这节课白研究了,难道数学不如技术,统筹不如换大锅,两面同时烙,多快呀!

学生自然又会愣住。

然后导入练习:我们探究得到的优化方法到底有没有用?怎么用?请看这些实际问题。(出示"应用任务单")

通过解答与交流、点评,再次峰回路转。实践表明,学生的感悟会更加强烈:想不到"烙饼问题"的优化方法可以用来解决如此多样的实际问题。

改进后的教学展示令观课教师们十分感慨:全课的设计"扣人心弦",特别是"半生不熟咋办""难道数学不如技术",也让他们同学生一样经历了两次"认知冲突"和"柳暗花明"。

2. 凸显整体思考的教学思路

也有教师提出不同于上面课例 5-1 的新授思路:审题之后直接提出问题:哪些张数不用探究?然后探究解决烙 3 张饼的问题。

待学生找到 3 张饼的优化方案后,再启发思考:其他单数张还要探究吗?

这不失为一种可取的教学选择,它的特点是从一开始就凸显问题解决的整体思考。所谓"统筹",顾名思义就是从系统的整体入手,筹划安排。这常常是运筹学解决问题的基本策略。

3. 烙饼问题的进一步拓展

(1)"分类讨论"的进一步拓展。

在学生基础较好的班级,"烙饼问题"的分类讨论还有进一步的类推空间。

例 5-24 从每次最多 2 张到每次最多 3 张[1]。

(1) 小结例题的讨论。

当每次最多只能烙 2 张饼时:

① 2,4,6,……张饼不用研究;

② 只要研究 3 张饼,然后 5=3+2,7=3+2+2,9=3+2+2+2,……就都解决了。

(2) 以此类推,换大一点的锅:当每次最多只能烙 3 张饼时,哪些张数不用探究? 哪几个张数需要探究?

① 3,6,9,……张饼不用研究:

② 需要研究 4 张饼,然后 7=4+3,10=4+3+3,13=4+3+3+3,……;

③ 还要研究 5 张饼,然后 8=5+3,11=5+3+3,14=5+3+3+3,……都解决了。

(3) 启发思考"张数的分类标准":

当每次最多只能烙 2 张饼时,我们把等于大于 2 的张数分成了两类,

① 2,4,6,8,……

② 3,5,7,9,……

当每次最多只能烙 3 张饼时,我们把等于大于 3 的张数分成了三类,

① 3,6,9,12,……

② 4,7,10,13,……

③ 5,8,11,14,……

你能发现,它们是按照什么来分的吗?

几乎每个班都有学生能够联系已有知识"整数除法的余数"加以说明:每次最多只能烙 2 张饼时,分成除以 2 余 0、余 1 两类;每次最多只能烙 3 张饼时,分成除以 3 余 0、余 1、余 2 三类。

还没有教学数的整除,"同余类"的概念已经呼之欲出了。

至于 4 张、5 张怎么烙,已经不重要了。

计算表明,每锅 3 张饼,4 张饼最少要:

---

[1] 曹培英.跨越断层,走出误区:"数学课程标准"核心词的解读与实践研究[M].上海:上海教育出版社,2017:185-187.

4张饼×2面×每面3分钟＝24,24÷每锅3张饼＝8分钟。

5张饼最少要：

5张饼×2面×每面3分钟＝30,30÷每锅3张饼＝10分钟。

烙饼问题分类讨论的进一步类推,旨在得出较为一般的研究思路,哪怕4张、5张饼找不到让锅始终不空的设计也没关系,因为总能确定一个最省时间,然后同余的张数就都不用研究了。数学的化归思想,以简驭繁的策略,已经得到了生动的体现。

正所谓"实践出真知"。不深入教学,很难发现烙饼问题竟然是同余类的现实原型,而且是如此灵动且能被小学生理解的原型;也只有通过教学实践,才能体会烙饼问题这一载体使数学的分类讨论变得平易近人且可以动手操作。

（2）"转化"思想的进一步应用。

如果说"同余类"概念的渗透比较抽象,那么转化思想的进一步应用则较为浅显。

例 5-25 给出拓展问题：

现在有一个最多可以同时烙4张饼的锅,一家三口每人2张,其他条件不变。请问：怎样尽快烙完？

一般学生首选尝试策略,善于思考的学生会想到"转化"：把2张饼看成一组,用儿童语言来说"把2张饼连在一起"成∞(有学生说"葫芦形""8字形""双黄蛋"),新问题就转化为已经解决的问题,即一锅最多烙2组,要烙3组。

这不是"脑筋急转弯",而是典型的数学化归。为帮助学生理解转化过程,可以将拓展问题与例题的烙饼操作图示如下(图5-47)：

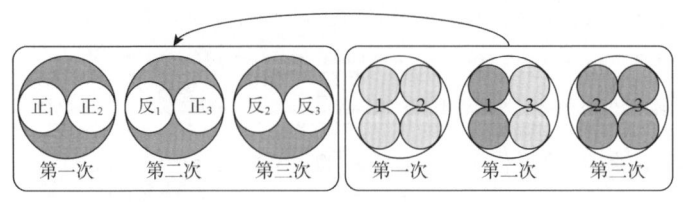

图 5-47

自己没想到的学生同样能因体会到了"转化"的"神奇"而兴奋不已。

看来,"烙饼问题"确是"数学广角"中一个富有魅力与童趣的教学内容。它所蕴含的数学内涵,为我们提供了多样化的教学拓展空间,教师可以酌情选择,不断探索、改进,让学生获得更好的数学发展。

第五节　田忌赛马[1]

本节拟在上一节已对人教版教材"数学广角——优化"单元作出整体分析的基础上,着重研究"田忌赛马"的内容及其教学。

一、数学思想方法解读

通常认为,"田忌赛马"是博弈论(也叫对策论)问题。那么,什么是博弈论呢?

所谓"博弈",一般是指具有竞争或对抗性质的行为,如日常生活中的下棋、打牌等。博弈论(game theory)就是研究博弈行为各方是否存在最合理的行为方案,以及如何找到合理行为方案的数学理论和方法。因此,博弈论是使用数学模型研究冲突对抗条件下最优决策问题的理论,是研究竞争的逻辑与规律的数学分支。简单点说,也就是研究取舍策略的科学。

博弈的基本要素:

一是局中人,即每一个有决策权的参与者。只有两个局中人的博弈现象称为"两人博弈",多于两个局中人的博弈称为"多人博弈"。田忌赛马的局中人是田忌和齐威王,孙膑只是田忌的谋士,不是决策者。

二是策略,即每个局中人可选择的完整的行动方案。如果一个博弈局中人的可选策略都是有限的,就称为"有限博弈",反之称为"无限博弈"。田忌赛马双方可以选择的策略都是有限的。

---

[1] 曹培英."数学广角"教学的系列研究(五)[J].小学数学教育,2017(10):3-6.

三是得失,即一局博弈结束时的结果。每个局中人的得失,不仅与自己所选策略有关,还与其他局中人所选策略有关。所以,一局博弈结束时每个局中人的"得失"是全体局中人所取一组策略的函数。田忌赢得千金,是齐威王只取一种策略,田忌采用最佳应对策略的结果。

博弈论主要研究在局中人理性程度完全相同的条件下,各方如何通过战略选择达到某种均衡。由此可见,田忌赛马故事本身,严格说来并不属于博弈论范畴。

关于博弈论的实质,2005年诺贝尔经济学奖获得者之一的耶路撒冷希伯莱大学教授罗伯特·约翰·奥曼(Robert John Aumann)给出了最为简洁凝练的概括:"交互的决策论"。

在田忌赛马的故事里,田忌之所以能取胜,是因为齐威王的策略是给定不变的。也就是说,只有田忌在决策。这种知道对方出马次序的决策,可归入决策论的范畴,而不是一个博弈问题。因为博弈问题最基本的特征就是"策略互相牵制对抗",都不知道对方实际会出什么策略。

博弈论研究的也是"决策",对抗性的决策者至少两个或更多个,决策论则研究单一决策者的决策。

当然,在数学课上,我们完全可以把田忌赛马扩展为一个博弈论问题,即假设比赛之前,齐王和田忌互相不知道对方的赛马出场顺序,让齐威王和田忌处于平等的策略对抗地位,两人都可以自由选择己方赛马的出场顺序。这时的"田忌赛马"才构成了一个博弈问题,叫做"二人零和博弈",即双方的收益总和为0,一方的得等于另一方的失。还可归为"完全信息静态博弈",即博弈双方同时决策,而且都了解对方在所有策略组合下的得失信息。

二、教学意图剖析

在我国,田忌赛马家喻户晓,历来被认为是最古老、最生动、最成功的对策选择范例。教材以此为载体,渗透博弈论的全局观与取舍策略,在对抗竞争中寻求最优对策,从而使本单元的主题"渗透运筹优化"思想更加丰满。这无疑也是本课的教学主旨:

让学生经历自主探究的过程,体验解决问题策略的多样化,并在寻求解决问题最优方案的过程中积累数学的基本活动经验,感悟优化的数学思想。[1]

在此过程中,一一列举田忌的各种对策,实际上是三个元素的排列问题。解决这一问题,有利于加强前面学习"搭配"时所获得"有序思考"的体验。

除此之外,引导学生从故事中发现、提出数学问题,运用数学方法分析问题、解决问题,在落实"四能"目标的同时,也有助于学生获得对数学的新认识:数学决不仅仅是计算,数学也能优化对策。因此,通过学习田忌赛马,对于了解数学应用的广泛性,培养数学的眼光,都是极为有益的。

三、教学困惑问题分析

1. 语文有同题课文,数学课怎样上出数学味

语文课教学田忌赛马,常常分析得非常透彻,故事蕴含的各种道理几乎都讲到了。例如,知己知彼百战不殆,以己之长攻敌之短,以弱胜强,谋略在先事半功倍,学会取舍,等等。确实,数学课若讲哲理,发挥空间不大。

数学课的学科性质决定了我们应当着重引导学生以数学的眼光透视故事,将其数学化。

首先,基于原文"马足不甚相远"或赛马结果,将本章第一节介绍的"马速排行榜"用数学符号表示。例如:

设齐王上、中、下马的速度为 A、B、C,田忌上、中、下马的速度为 a、b、c,则 $A>a>B>b>C>c$。

其次,研究当齐王出马顺序固定时,田忌有哪几种应对策略,通过一一排列,找全田忌的 6 种不同对策,发现只有一种能够三战两胜。从而更深刻地体会"谋略在先、以弱胜强"的不易,感悟"优化"的魅力。

再次,语文课往往强调孙膑"足智多谋""胸有成竹",忽略田忌获胜的前提是齐王不改变自己的出马顺序。因此,语文课充其量只是讲解了一个决策论故事,数学课可以由故事引申出博弈论问题,讨论田忌获胜的可能性。

---

[1] 人民教育出版社,课程教材研究所,小学数学课程教材研究开发中心.义务教育教科书教师教学用书·数学(四年级上册)[M].北京:人民教育出版社,2014:186.

2. 学生大多知道结果，怎样展开探究

田忌赛马的故事脍炙人口，加以多地语文课教学在先，学生对孙膑的取胜策略可谓一清二楚，没有新奇感，教师也卖不了关子。于是，常常采用翻扑克牌比大小的引入方式，利用游戏激趣，引出课题。这种引入方式，从启发联想、进行类比（三对牌的大小输赢类比三对马的快慢输赢）的角度看，是成功的。但学生知道了结果，怎样展开探究呢？问题还是没有解决。

其实，教材的设计考虑到了学生的已知。请看图 5－48：

3 小朋友，你听过“田忌赛马”的故事吗？田忌是怎样赢了齐王的？

	齐　王	田　忌	本场胜者
第一场	上等马		
第二场	中等马		
第三场	下等马		

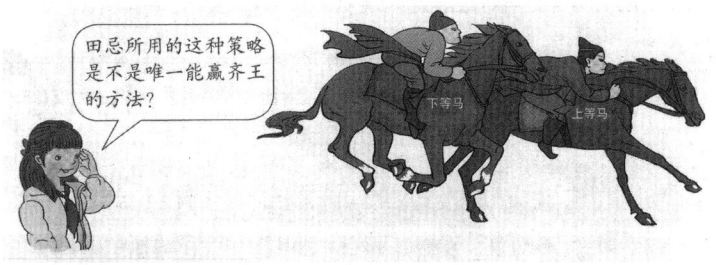

图 5－48

先让学生回忆故事，说出所知，再让他们自己填写赛马的过程与结果。然后提出问题（图 5－49）：

图 5－49

无论学生提出怎样的猜想“唯一”或“不唯一”，都能自然引出问题：怎样说明验证呢？可以利用教材提供的表格（图 5－50）：

可见，领会了意图，用好教材，探究的启发不成问题。

3. 教材配套的习题与数学游戏如何处理

	第一场	第二场	第三场	获胜方
齐 王	上等马	中等马	下等马	
田忌1				
田忌2				
田忌3				
田忌4				
田忌5				
田忌6				

我们来看看田忌共有多少种可采用的应对策略。

图 5-50

教材配套的练习只有"做一做"与"五局三胜"两题,以及一个数学游戏(图 5-51)。

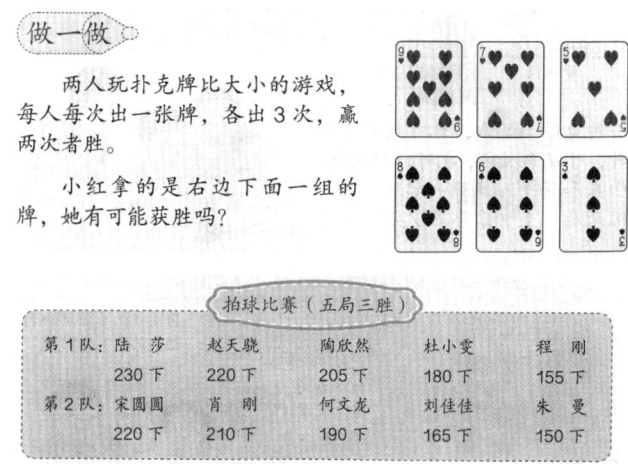

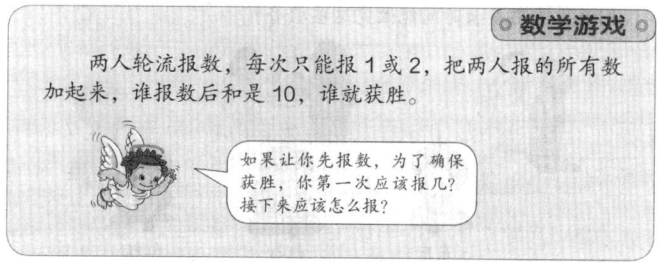

图 5-51

若选用扑克牌比大小的游戏作为引入,则只剩一题、一个游戏了。"五局三胜"的习题是田忌赛马"三局两胜"问题的发展,内在联系紧密。报数游戏的策略是抢占"关键数"(本题的"关键数"依次是 4,7,10),常用的方法是"倒推",似乎与田忌赛马关联不大。由此,常有教师建议将它移至"因数与倍数"单元进行练习。理由是本题"抢10"是民间"抢30"游戏的变式,"抢30"的诀窍是抢报 3 的倍数,"抢10"的诀窍是抢报除以 3 余 1 的数。这不无道理。

但事实上,报数游戏除了让学生通过试探,寻找最优的必胜策略,体会对策思想的应用之外,与田忌赛马还有一个实质性的共同点,就是"后发制胜"(只要找到规律,先出招者必输)。因此,作为本课的配套练习还是合适的。

四、典型教学片断分享

可能是本课内容相当经典的缘故,大家的教学设计大同小异。因此,这里仅针对目前教学中较为普遍的缺失,给出改进后的教学片断。

课例 5-3 田忌赛马的特色教学环节。

1. 引导审题:理解问题解决的条件

师:请用数学符号把齐王、田忌 6 匹马的速度排出顺序。

学生独立尝试,然后交流。

生1:齐上>田上>齐中>田中>齐下>田下。

生2:$A>a>B>b>C>c$。(教师加以板书)

师:大小写的字母分别表示什么?

生2:大写的 A、B、C 分别表示齐王的上、中、下三匹马,小写的 a、b、c 分别表示田忌的上、中、下三匹马。

师:$A>a,B>b,C>c$ 的根据是?

生:根据第一次比赛的结果。

师:有道理。那么 $a>B,b>C$,又是根据什么知道的呢?

生:根据最后一次比赛的结果。

师:很好。用数学分析问题,首先必须明确并理解条件。

[评析]这是将实际问题数学化的第一步,使教学从一开始就显现了数学味。教师不是拐弯抹角提所谓的开放性问题,而是直截了当从数学的视角提出问题,促成了学生的数学化表现。也有教师先播放视频至第一次比赛结束,让学生用符号表示 $A>a,B>b,C>c$,再继续播放,得出 $a>B,b>C$,效果也

不错,当然更费时一些。

2. 定向探究:由猜想到验证说理

师:孙膑想到的这种策略是不是唯一能赢齐王的对策?

生1:是的。

生2:不一定,可能还有。

师:看来,取胜对策是否唯一有不同看法。那么,田忌总共有多少种可采用的对策呢?

生1:9种。

师:你是怎么算的?

生1:齐王有3匹马,田忌也有3匹马,三三得九。

生2:6种。

师:为什么?

生2答不上来。

师:到底有几种,能赢的是否就只有一种,只要把各种对策一一写出来就知道了。

学生独立完成填表,然后交流,教师根据学生的回答在课件中完成填表。

齐王	第一场 A	第二场 B	第三场 C	胜负
田忌1	a	b	c	齐王3胜
田忌2	a	c	b	齐王2胜1负
田忌3	b	a	c	齐王2胜1负
田忌4	b	c	a	齐王2胜1负
田忌5	c	a	b	田忌2胜1负
田忌6	c	b	a	齐王2胜1负

确认田忌总共6种对策,其中只有一种三局两胜。

师:为什么一共是6种,而不是9种?

生1:因为田忌如果上等马打头阵,接下去中下、下中,只有两种,然后中等马、下等马打头,也都是两种,所以二三得六,一共是6种。

生2:因为田忌第一场有3匹马可以选,第二场有2匹马可以选,第三场剩下 1 匹马,没得选了,所以 3 乘 2 得 6。

师:说得都不错!第一场有 3 种选择,第二场有 2 种选择,第三场只有 1 种选择,所以 3×2×1=6。

[评析] 教师不是直接让学生枚举、填表,而是先让学生猜想总共有几种对策,是否只有一种能赢,相当于探究的定向。然后通过交流,达成共识。由于探究的目标明确,因此不少学生在枚举的过程中自己找到了为什么共有 6 种而不是 9 种的解释,实现了知其所以然。

有必要指出,面对基础较差的班级,教师可酌情带着学生填写一两行。

3. 启发提问:导向深度学习

师:通过列表我们知道了如果田忌不知道齐王的出马顺序,那么获胜的可能性只有——

学(齐):$\frac{1}{6}$。

师:为什么田忌原本获胜的可能性很小,孙膑却胸有成竹呢?

生:因为齐王骄傲自大,以为自己必胜,还是按原来的顺序出马。

师:这就好比玩"石头、剪刀、布",田忌看到了对方出什么才出手。(学生笑了起来)

师:还有问题吗?

生 1:如果齐王改变出马顺序,田忌还能赢吗?

生 2:如果孙膑不知道齐王的出马顺序,田忌赢的可能性还是 $\frac{1}{6}$ 吗?

师:同学们真会动脑筋,提出了很有价值的数学问题。是呀,如果齐王换了一种出马顺序,并且保密,田忌赢的可能性还是 $\frac{1}{6}$ 吗?

生 1:如果不知道齐王的出马顺序,田忌赢的可能性还会更小。

生 2:我想还是 $\frac{1}{6}$。

师:为什么呢?

生 2 默然。

师:我们来试一试。假设齐王把出马顺序换成"下、中、上",看看田忌赢的可能性会不会变。

出示下表,将第一行改成 C、B、A:

	第一场	第二场	第三场	胜负
齐王	C	B	A	
田忌1	a	b	c	
田忌2	a	c	b	
田忌3	b	a	c	
田忌4	b	c	a	
田忌5	c	a	b	
田忌6	c	b	a	

师:田忌的出马情况要不要重新填写?为什么?

生:不要,因为田忌的出马顺序还是6种。

师:同意吗?

学(齐):同意。

师:好,我们一起来当裁判,田忌出马顺序1,结果是?

教师根据学生的回答完成填表。

师:齐王按下、中、上顺序出马,田忌出马顺序3可以获胜,获胜的可能性还是——

学(齐):$\frac{1}{6}$。

师:这就是说,不管齐王怎样出马,田忌的出马顺序总共6种,其中只有1种能够三战两胜。是哪一种?

生:田忌的下等马对齐王的上等马,田忌的中等马对齐王的下等马,田忌的上等马对齐王的中等马。

师:只有这样才能输一场赢几场?

学(齐):两场。

[评析] 通常,在小学教学田忌赛马,只讲齐王固定出马顺序,田忌共有6种对策,只有一种能使田忌三局两胜,到此为止。在上述片断中,教师大胆地启发学生质疑问难,成功地由学生发现问题、提出问题,进而展开深入的讨论。更令人赞叹的:一是教师类比"石头、剪刀、布"游戏,浅显易懂地指出孙膑策略的本质"后发制胜"。这一类比也间接地起到了启发学生发现问题的作用,可

谓"一石二鸟"。二是教师巧妙地通过再举一例,让学生理解了无论齐王怎样出马,田忌获胜的可能性都是 $\frac{1}{6}$,难能可贵。

五、教学反思与发展探索

1. 关于田忌赛马教学深度的反思

上面介绍的教学片断,似有多处"超标""嫌疑"。

其一,将齐王、田忌的 6 匹马按马速从大到小排序,用大于号连接。这在小学数学教学中绝无仅有,而且其中蕴含的推理:

由第一次赛马结果得 $A>a$,$B>b$,$C>c$,与最后一次赛马结果得 $a>B$,$b>C$,推出 $A>a>B>b>C>c$,其理论依据是不等的传递性,这显然不在小学数学的教学范畴之内。然而实践表明,教师提出的"请用数学符号把齐王、田忌 6 匹马的速度排出顺序"这一要求,处在学生的最近发展区内。因为自己想到用大于号连接成串的学生不在少数。

其二,统计田忌各种对策的总数用到了乘法原理,计数原理不是课程标准规定的教学内容。但实际情况是学生脱口而出"三三得九""二三得六",表明这是学生的自发反应。教师只是在此基础上加以补充说明"$3×2×1=6$"。

其三,田忌获胜的可能性用分数表示,这明显超出了课程标准修订后只要求"能对一些简单的随机现象发生的可能性大小作出定性描述"[1]的标准。有意思的是,教师并没有明确提出"用分数表示",只是问"获胜的可能性只有——"学生就齐声说出了 $\frac{1}{6}$。可谓"张口就来",还够不上"跳一跳摘果子"。

以上三处,一线教师基本都能认同。

有争议的是齐王与田忌三场赛马一般化的讨论。完整地说,齐王 3 匹马,三场比赛也有 6 种不同的出马顺序。因此,共有 6×6 种对阵:

---

[1] 中华人民共和国教育部.义务教育数学课程标准(2011年版)[S].北京:北京师范大学出版社,2012:26.

比分田忌＼齐王	A-B-C	A-C-B	B-A-C	B-C-A	C-A-B	C-B-A
$a-b-c$	3∶0	2∶1	2∶1	1∶2	2∶1	2∶1
$a-c-b$	2∶1	3∶0	1∶2	2∶1	2∶1	2∶1
$b-a-c$	2∶1	2∶1	3∶0	2∶1	2∶1	1∶2
$b-c-a$	2∶1	2∶1	2∶1	3∶0	1∶2	2∶1
$c-a-b$	1∶2	2∶1	2∶1	2∶1	3∶0	2∶1
$c-b-a$	2∶1	1∶2	2∶1	2∶1	2∶1	3∶0

如此复杂的对阵表，小学生是难以接受的。事实上，表中任意一行、一列的6种对策，都只有"$A-c$、$B-a$、$C-b$"一种情况是田忌赢。所以，只要说明了这一点，就不必如此费神一一列举。可见，上述"启发提问"片断中教师的教学设计，在故事之外再选一种对阵加以探究，使学生理解其中的道理，实乃明智而又巧妙的教学策略，实践也证明了这一点。

我们认为，基于"课标"应该是教学的"底线"，评价的"上限"。换句话说：教学既不能揠苗助长，也不能落在学生发展的后面；而学习评价则必须坚守标准，不"超标"。因此，上面几个教学片断基于学情在数学内涵方面的挖掘与创新，是有益的教学尝试，值得借鉴。

2. 关于田忌赛马教学后继发展的思考

尽管已有上述探索，田忌赛马的教学仍然还有进一步发展的空间。考虑到本课的练习设计较弱，下面仅以练习开发为例。

（1）"石头、剪刀、布"的游戏。

这是源自我国的猜拳游戏，蕴含相生相克的哲理，规则简单明了，无漏洞可钻，也是博弈论研究的素材之一。单次比拼靠运气，多次连续比拼则是心理博弈。它与田忌赛马的相同之处是两人博弈，不同在于双方获胜概率相等。

作为课堂练习,可以让学生写出对阵的所有情况(参见例 3-22)。

(2) "智猪博弈"的讨论。

以下是根据博弈论的一个经典案例做的改编。

例 5-26 猪圈里有一头小猪,一头大猪。如图 5-52,猪圈左下角有一个踏板,踩一下踏板,猪圈右下角的食槽会掉下食物。小猪、大猪都是看到掉下食物才会跑去吃。

图 5-52

小猪去踩踏板,食槽掉下一份食物。大猪看到去吃,同时小猪反身赶到食槽,大猪正好把食物吃完;大猪去踩踏板,食槽掉下一份食物。小猪看到去吃,同时大猪反身赶到食槽,还剩一半食物。

讨论:

① 大猪、小猪会采取什么策略呢?

② 要使两猪都去争抢踩踏板,有什么好办法?

几次试教,学生都兴趣盎然。课前预设的提示"可以改变食物掉下的分量,或移动踏板的位置",一次都没有用到。

通过交流,问题①的结论是:大猪会去踩踏板,小猪的策略是等待,因为小猪去踩反而吃不到了。问题②学生想到的方案多种多样。例如:

方案一:踏板移近一半,食物不减。大猪或小猪去踩踏板,食槽掉下一份食物。两猪同时赶到食槽,都能吃到。结论是:双赢,但两猪的积极性都不会高。

方案二:踏板不动,食物减少。如果大猪去踩踏板,食槽掉半份食物,小猪看到去吃,同时大猪反身到食槽,小猪已把食物吃完。如果小猪去踩,小猪反身到食槽,大猪早已吃完。结论是:去踩踏板的吃不到,两猪都不会愿意去踩了。

方案三：把踏板和食槽移到一起，并减少食物。如果大猪去踩踏板，食槽掉下少量食物，小猪看见后到食槽，大猪正好吃完。如果小猪去踩踏板，食槽掉下少量食物，大猪到食槽，小猪正好吃完。结论是：等待者不得食，多劳多得。每次的收获刚好消费完。

小学生的这些想法与博弈论学者的解释大体一致。

其实，博弈论的众多著名案例都是寓言式的故事。相信从中还能筛选一些，改编成适合小学生理解的讨论问题。

第六节　鸡兔同笼[1]

本节研究人教版教材"数学广角"中"鸡兔同笼"问题的内容及其教学。

鸡兔同笼问题源自成书于1500多年前的我国古代重要数学著作《孙子算经》下卷第31题，因其富有趣味且解法多样而深受不少数学教育研究者甚至数学家的推崇，各地教师也发表了大量的教学设计与经验之谈。尽管如此，还是有一些问题、困惑，需要澄清、排解。

为方便梳理问题，简化阐述，这里先从教材编写意图的剖析说起。

一、教材意图剖析

在人教版"义务教育课程标准实验教科书"中，鸡兔同笼问题被安排在六年级上册，教材展现了三种解法，先是列表试探，再是用算术方法列式推算，最后落脚在列方程解上面。这次修改之后，调整到了四年级下册，且教材中只呈现了列表试探与列式推算两种解法。

对此，笔者的理解是——

首先，鸡兔同笼问题进入小学数学的魅力就在于它比较适合儿童自发的

[1] 曹培英."数学广角"教学的系列研究（六）[J].小学数学教育，2017(11):3-7.

探究。小学生可以借助画图、列表等方式,通过不断地试探、修正,自己找到答案,从而发展数学探索能力与推理能力。可以说,作为公认的"益智题",它是数学思维体操的好素材。

其次,列方程解虽说具有可持续发展的潜力,但解决该问题最易思考的是列出二元一次方程组,这不在小学数学内容范畴之内,而采用一元一次方程解,并没有充分体现方程解法的优势。

因此,权衡得失,调整到教学简易方程前进行教学是可取的。进而,教学的意图、旨趣也就不用重复了。

二、数学思想方法解读

通常认为,选用的解题方法不同,所渗透的数学思想方法也会跟随出现变化。例如,列方程解,自然渗透代数方程思想;画图解,无疑是渗透数形结合、几何直观;列表解,便于渗透枚举试探的方法;算术解,则可以渗透假设法与数学推理。如此各有侧重的想法有其合理性。

那么,各种解法之间又有怎样的内在关联呢?

我们知道,列式计算起始于假设,最常用的是假设全是鸡或全是兔;画图探索无论是先画全是鸡或全是兔,还是先画一部分鸡、一部分兔,实际上也是在"假设";列表探索不管是从几只鸡、几只兔开始,同样始于"假设";即使是列方程,设未知数为一个字母,也可以说是"假设"。显然,"假设"是各种方法的共同起点。

正因为这些方法都以"假设"为起点,所以鸡兔同笼问题的算术解法又叫做"置换法",以示区别。然而,"假设"与"置换"都只是算术解法的两个步骤,考虑到列出算式的整个思维过程是一种推理过程,因此称之为"推算"更为确切一些。

进一步:代数方法是找到等量关系列出方程,再依据等式性质求解;算术方法是采用"假设—比较—调整(置换)"的思路算出兔或鸡的只数。

同样,画图、列表也是算术方法的思路。无论是先画鸡,再追加脚,还是先画兔,再减少脚,都是通过比较,根据"假设脚数与已知脚数的差"来调整、修改假设,得到符合条件的结果;列表法的两种顺序(从鸡或兔为0只开始)则都是经过依次逐步调整,直到满足条件。[1]

可见,画图、列表、推算三种方法的思维主线都是"假设—比较—调整"。提炼这一思路的一般意义在于,它是一种应用相当广泛的科学研究的基本过程:"假设"是研究、推理的起点;"比较"包括与假设比较,与实际比较等;"调整"可能是改进实验、修正参数,也可能是修改假设等。因此,这一思路理应成为本课教学核心价值的体现。

三、教学困惑问题分析

1. 多种方法,何为重点

这是不少教师教学鸡兔同笼问题时的首要纠结。确实,方法多,学生的选择空间大,随之而来对教师的挑战也大。面对挑战,是由着学生喜欢哪种,就讲哪种,随机教学,还是有所分析、预判、抉择?时至今日,应该已经形成共识:在深入分析、充分预设的基础上精心引导、灵活应对。

首先,从学生角度分析:将本课调整到四年级教学之后,只有个别超前学习的学生会自觉运用列方程的方法求解,大部分学生会选用画图、列表、推算三类方法之一。

其次,跳出"鸡兔同笼"的载体,就方法本身分析:毋容置疑,算术方法、代数方法是小学数学问题解决主要的基本方法,画图、列表只能是常用的辅助方法。

综合以上两方面的分析,教学决策取向就比较清晰了,可以将推算列为教学重点,将画图、列表作为促进理解的辅助手段。如果注意到了学生在采用画图或列表方法进行探索的过程中都会自然而然地夹杂着推算,就不难理解这一教学处理的合理性。

2. 怎样启发或放手让学生推算

既然"推算"是学生个体探索思维过程中必有的成分,是教师应当引导学生关注的重点,那么怎样启发学生推算呢?是否要像校外奥数班那样总结算

---

[1] 曹培英.关于"鸡兔同笼"的若干教学问题[J].小学数学教师,2015(增刊):36-37.

法公式呢？所谓的公式，如：

兔的只数＝(总脚数－鸡的脚数×总只数)÷(兔的脚数－鸡的脚数)，

只是总结了推算的一种过程。当然，假设全是鸡或全是兔，即从最特殊的情况入手推算，是解决数学问题的常用策略。因为最特殊的情况往往比较简单，容易导出算法。

事实上，推算方法是非常灵活的。除了那些参加课外辅导已经形成思维定势的学生，一般孩子自己想到的推算过程常常是多种多样的。我们来看教材的例题(图 5－53)：

图 5－53

插图中的对话反映了学生的真实探索过程"猜想(假设)—检验"。它是一种回归思维原点、不教也能试的方法，与列表逐步尝试、调整的方法类似，切合学生的认知特点和解决问题的习惯。

在此基础上，教师只要启发：与已知条件共"26 只脚"比较，相差几只脚？能不能调整一下？

例如，猜想鸡、兔各 4 只的学生，通过列式计算：

$$4\times4＋4\times2＝24(脚)，$$

发现比已知少了 2 只脚，立即反应"增加 1 只兔，减少 1 只鸡，就对了"。于是报出答案"兔有 5 只，鸡有 3 只"，难道不应给予肯定吗？

可见，完全可以放手让学生猜测，即假设一组答案，然后通过计算总脚数，与已知条件比较，再自己做出调整。

问题又回到了设置"数学广角"的本意：为了进一步渗透数学思想方法，加强过程、方法的教学，让学生获得更为丰富的数学活动经验。基于这一初衷，这里所说的"推算",是以"假设"(猜想一组答案)为起点,通过计算、"比较",发现"调整"的方向,然后通过置换得出正确答案。让学生积累这样的数学探索活动经验,恰是本课的重要教学目标。

3. 怎样突破列算式推算的难点

本来,"推算"不必拘泥是否完整地列出综合算式或所有分步算式,学生写出部分算式推出结果也是可以的。

考虑到写出完整的综合或分步算式是数学的符号表征,也是数学交流的主要形态,同时又有助于培养学生的数学抽象能力,因此酌情加以引导并不为过。

然而,完整列式历来是教学的难点,如何突破?

对策一,数形结合。

以教材例题为例:

① 呈现假设。

教师请采用画图方法并且先画全是鸡的学生在黑板上画,画出 8 只鸡时停下。

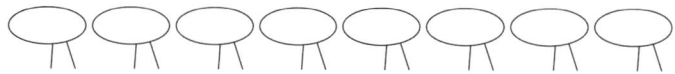

问:这位同学画的是什么意思?(根据学生的回答板书:假设)

② 引导比较。

问:这位同学假设全是鸡,一共有多少条腿? 与已知条件 26 条比较(板书:比较),你发现了什么?(板书:26－2×8＝10)

③ 启发调整。

问:少了 10 条是谁的腿?(兔)所以要把一部分鸡换成?(板书:调整)

问:一只鸡换成一只兔,添几条腿?(板书:4－2)要添 10 条腿,一共要把几只鸡换成兔?(板书:10÷(4－2)＝5)

请学生把结果画完。

问:从这位同学的画图过程可以看出,假设全是鸡,可以先推算出?(兔)

教师在学生画的图中标注:

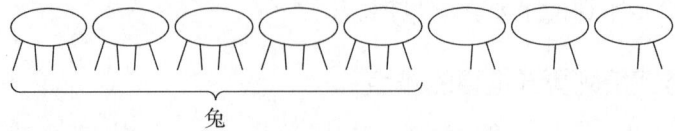

显然,整个列式计算过程可以与图示过程对应起来,借助直观使每个学生理解推算的每一步及其算理。

对策二,变换情境。

有本课教学经验的教师都能发现,写出完整算式的难点之一是(4－2)。学生大多直接用"2"替代求差的算式。本来,学生省略部分算式是思维减缩的反映,应当允许。但问题是每只鸡的脚数与兔、鸡脚数之差都是2,容易造成混淆与干扰。对此,可以改变情境,将鸡、兔换成5元、2元纸币或6人、4人小船等,则每次置换增加或减少的算式,就不容易被大多数学生所忽略。

4. 列表探索是否要填写完整,能否跳跃

采用列表枚举的学生,常常列举到出现答案就自动停下,不再将表填完。有的教师以默认应对,也有教师认为必须干预,要求学生填写完整。后者的理由:一是培养良好的学习习惯;二是防止遗漏答案,因为有些问题的答案不唯一,学生难以分辨。

数学教师都清楚,鸡兔同笼问题可归结为二元一次方程组,只有一组解。可是怎样向学生说明呢?

很简单,只要引导学生观察下表并提问:后面还会出现26吗?

鸡/只	8	7	6	5	4	3			
兔/只	0	1	2	3	4	5			
腿数和	16	18	20	22	24	26			

鸡/只	0	1	2	3					
兔/只	8	7	6	5					
腿数和	32	30	28	26					

看表自会有学生说出不用再列举下去的理由:因为腿数和的变化规律是2条、2条地增加或减少,不可能再出现26了。

同样,当学生跳跃地枚举或一次完成调整(如下面两表),也不宜一概否定,可以让他们说说是怎么想的。只要学生言之有理,就应当允许学生简化记录,以促进思维的简缩。

鸡/只	8	6	3
兔/只	0	2	5
腿数和	16	20	26

鸡/只	8	3
兔/只	0	5
腿数和	16	26

反之,如果采用列表法的学生都是完整地枚举,教师不作简化地引导也是可以的。

5. 层出不穷的巧妙算法是否需要给学生介绍

鸡兔同笼问题有很多奇思妙解,试举两例。

抬腿法:假设鸡、兔都训练有素,饲养员吹一声哨,都抬起一只脚,$26-8=18$。又一声哨响,再都抬起一只脚,$18-8=10$。这时,鸡都一屁股坐地下了,兔两只脚立着。所以,$10\div2=5$就是兔的只数。即

$$(26-8-8)\div2=5。$$

减半法:同样是训练有素的鸡、兔,饲养员吹一声哨,鸡表演"金鸡独立",兔表演"双腿拱月",用两条后脚站着。那么地面上脚的总数只剩一半,即$26\div2=13$。再一声哨响,又都抬起一只脚,$13-8=5$。这时,鸡都趴地上了,兔单脚独立,所以剩下5只脚说明兔有5只。即

$$26\div2-8=5。$$

如此简便的算法源自《孙子算经》下卷第31题:"术曰:上置头,下置足,半其足,以头除足,以足除头,即得。"教材以"阅读资料"的形式作了介绍:

古人的算法可以用下图表示：

$$头\cdots\binom{35}{94} \xrightarrow{脚减半} \binom{35}{47} \xrightarrow{下减上} \binom{35}{12} \xrightarrow{上减下} \binom{23}{12}\cdots 鸡\\ \cdots 兔$$

这些算法如"调味品"，在教学中略加介绍不失为激发兴趣的手段。作为教师应当清楚鸡兔同笼问题的数量关系一旦抽象为二元一次方程组，则这些解法都只是加减消元法的应用。[1]

设头数和为 a，腿数和为 b，鸡有 x 只，兔 y 只。得

$$\begin{cases} x+y=a & \cdots\cdots① \\ 2x+4y=b & \cdots\cdots② \end{cases}$$

抬腿法：(②−①−①)÷2=y。

相当于：(②−①×2)÷2=y，就是前面提到的求兔只数的公式。

减半法：②÷2−①=y，这是由于 y 的系数正巧是 x 的系数的 2 倍。

原来，这些奇思妙想都不过是给十分容易的加减消元过程作出了生动、有趣的解释，仅此而已。

四、典型教学片断分享

前面在分析问题的过程中已经列举了一些用教材的教学片断，下面再补充几个颇具特色的片断。

■ **课例**5-4 鸡兔同笼的特色教学环节。

1. 引入：承载丰富教学意图

（1）口答。

课件出示问题：有23只鸡，12只兔，一共有多少头？多少脚？

学生口答：一共有35个头，94只脚。

（2）改编。

师：把35头、94脚作为已知条件，改编成求鸡、兔各几只的问题。同桌之

---

[1] 曹培英. 关于"鸡兔同笼"的若干教学问题[J].小学数学教师，2015(增刊):36-37.

间相互交流。

师：知道你们改编的这道题最初出自哪本书吗？不知道的看书找答案。

投影出示《孙子算经》的图片。

师：请同学们继续看书思考两个问题。

① 为什么例1要把数据换掉？

生：原来的数据太大，把它改小一点，计算起来更方便。

师：是呀，数据小了，画图、列表都更容易。我们已经不只一次用这种方法了。（板书：化繁为简）

② 鸡兔同笼有实际意义吗？

师：在实际生活中，鸡和兔会关在一个笼子里吗？（有学生接口：不会）那为什么它能成为一道数学名题流传至今呢？

生：因为这题很有趣。

师：不仅有趣，等下大家就会看到，它还能锻炼我们的思维，而且和其他数学问题一样，有着广泛的应用。老师先来改编一题。

课件出示：有26人用8张乒乓球桌进行单打、双打，各有几张乒乓球桌在单打、双打？（图略）

师：你发现了什么？

生：鸡变成了单打，兔变成了双打？

师：答案呢？

生：8和26都没有变，答案也不会变。

师：同学们的眼光真厉害，看出了数量关系和答案都没有变。老师还编了一题。

课件出示：张叔叔有2分、5分硬币共9枚，一共33分。2分、5分硬币各有多少枚？（图略）

师：你又发现了什么？[1]

生1：2分好比鸡，5分好比兔。

生2：数量关系是一样的，但是4只脚变成了5分，8个头变成了9枚，所以答案不一样了。

师：大家觉得他说得怎么样？

---

[1] 徐文艳.沟通联系　回归本色——"鸡兔同笼"教学诊断记[J].小学数学教师，2015(增刊)：31-35.

……

[评析]这是一种相当独特的引入设计,承载了丰富的教学意图。

其一,铺垫。通过口答,帮助学生熟悉数量关系,为探究、检验扫清障碍。因为在探索和验算答案的过程中,都要根据"2×鸡的只数+4×兔的只数=脚的总数"这一数量关系进行计算。对于初次接触鸡兔同笼问题的四年级学生,特别是学习困难学生来说,这样的铺垫很有必要。

其二,介绍文化背景。既利用了教材,又补充了《孙子算经》的古籍图片,简要说明了问题的出处,恰如其分地渗透了民族精神。

其三,揭示例题化繁为简的意图。让学生了解教材例题为什么要作改编,有助于理解学习过程;同时又是数学思想方法的提示,因为"化繁为简"是数学问题解决的常用策略。

其四,培育数学眼光。教师运用变式,切换问题情境,启发学生透过情境内容的变化,发现内在的数学蕴涵,在强化审题教学的同时,渗透了数学模型思想,也有利于数学抽象意识的培养。

自然,有利必有弊。一个引入环节虽说费时并不太多,但浓缩如此多样的教学意图,难免欲速不达,且有点头重脚轻之感。

2. 探究:设计导学案,引领个性化学习

承接上面的引入。

(1) 教师出示"导学案"。

数学广角——鸡兔同笼

请选择你喜欢的题目,选择你擅长的方法进行探究。

① 笼子里有若干只鸡和兔,从上面数,有8个头,从下面数,有26只脚。鸡和兔各有几只?

画图:〇〇〇〇〇〇〇〇

列表:

鸡/只							
兔/只							
腿数和							

推算:

答:鸡有( )只,兔有( )只。

② 有8张乒乓球桌,共26人在单打、双打。各有几张乒乓球桌在单打、双打?

画图:☐ ☐ ☐ ☐ ☐ ☐ ☐ ☐

列表:

单打/张								
双打/张								
人数和								

推算:

答:单打有(　　)张,双打有(　　)张。

③ 张叔叔有2分、5分硬币共9枚,一共33分。2分、5分硬币各有多少枚?

画图:○ ○ ○ ○ ○ ○ ○ ○ ○

列表:

2分/枚								
5分/枚								
总价/分								

推算:

答:2分有(　　)枚,5分有(　　)枚。

(2) 交流、讲解。

第①题请画图解的学生交流,结合学生的画图过程导出算术解法的完整过程;第②题请列表解的学生交流,根据其他学生的列表情况相机说明列表的不同顺序等问题;第③题则作为巩固,要求学生列式计算,已经选做该题并且用了推算法的学生改用其他方法再解一次,作为验算。

[评析] 这一设计最明显的特点就是给学生创造了相当大的选择空间,可以挑选自己喜欢的问题情境,还可以选用自己比较得心应手的解题方法。但随之而来的担心是原来的一道例题变成了三道例题,交流的时间可能成倍增加。我们看到,教师的灵活对策非常巧妙地解决了这一问题:三题各有侧重,

既完成了问题解决方法多样化的教学,又进行了及时的当堂巩固,可谓一举多得。

3. 应用:启发学生感悟模型思想

师:鸡兔同笼问题传到了日本,日本人称它为"龟鹤问题"。(出示图片)因为龟、鹤都是吉祥的动物,这也是中国文化的影响。"鸡兔问题"与"龟鹤问题"有联系吗?

生:意思一样,龟相当于兔,都是四只脚;鹤相当于鸡,都是两只脚。

师:如果让你来改编,你会给它取什么名字呢?

生1:鸡狗问题。

生2:鹅羊问题。

生3:单打、双打问题,硬币问题。

师:硬币问题启发我们,除了2和4,也可以是其他个数的物体。它们的共同点是什么?

生1:告诉你两种东西,它们一共有多少,还有它们的脚或者人的总数什么的。

生2:告诉我们两种东西的两个总数。

师:概括得真好!像这样已知两个总数的数学模型,可以是各种各样的事物。请同桌两人合作、商量,编一道这样的实际问题。

……

[评析] 数学模型思想在这里得到了生动的体现。从教学效果看,学生已经突破了鸡兔同笼情境的羁绊,感悟到了问题的数学模型。用字母表示即:

$$\begin{cases} x+y=m, \\ ax+by=n. \end{cases}$$

当然,学生不可能因教师提到了"数学模型"就生成理解,但学生头脑中的数量关系与上面的数学模型其实只有用字母表示这一层窗户纸。一旦时机成熟,相信一捅就破。所以,学生的感悟,特别是"两种东西的两个总数"这种个性化的意义建构,难能可贵。

五、教学反思与发展探索

1. 怎样使学生初步感悟列表的必要性

实践表明,让学生自己选择解题方法,多数人的选择是画图和推算。有教师为了强化列表法的教学,出示例题后要求学生一一说出鸡兔可能各有几只。学生能说出 1 和 7、2 和 6……7 和 1,一般不会想到 0 和 8、8 和 0。所以,还需要教师补充,并且说明考虑极端情况是数学的常用研究方法。

如果回归鸡兔同笼益智题的本来面目,那么大可不必将完整地列表作为教学重点。如前所述,解决鸡兔同笼问题的列表可以不拘一格,而且从方法的优化与灵活运用来看,也没有必要完整列表。也就是说,为列表而教学列表意义不大。

我们知道,当问题有多组解时,列表法可以展现它的优势。这样的问题人教版教材在三年级上学期就有例题(参见图 3-31)。

因此,在鸡兔同笼问题的练习中,不妨设置如下题组加以辨析。

例 5-27 列表解两类问题的比较。

(1)小船每只坐 4 人,大船每只坐 6 人,导游租了 10 只船,都坐满了共 48 人。导游两种船各租了几只?

(2)小船每只坐 4 人,大船每只坐 6 人,导游租船,都坐满了共 48 人。导游两种船各租了几只?

很明显,第(1)题把鸡、兔换成了小船、大船,学生一眼即能识别。第(2)题会使大部分让学生陷入思考,但只要回想起三年级学过的例题,就会采用列表的方法寻找答案:

大船/只	8	7	6	5	4	3	2	1	0
小船/只	0		3		6		9		12
人数	48		48		48		48		48

也有学生在依次枚举过程中发现大船只数不能是单数,于是简化了后面的试探过程:

大船/只	0	1	2	3	4	6	8
小船/只	12		9		6	3	0
人数	48		48		48	48	48

两题放在一起比较,何时选用列表法为上策,理由是什么,多数学生能用自己的语言作出解释。

由此,教师对于能否允许学生填表时出现跳跃或者找到答案即停的顾虑,也就释然了。

2. 从数学问题解决方法的角度看假设法

如前所述,鸡兔同笼问题条件的特点是已知两种物体的两个和。如果注意到前面所讨论的各种解法,从问题解决方法的角度来看,共同的数学实质是在两个关于和的已知条件中,先满足头数之和,再通过比较、调整来满足另一个条件腿数之和。

说到这里不难想到,是否可以先满足脚数和,再通过调整满足头数和呢?回答是肯定的。

例 5-28 换一个条件作为假设的起点。

以教材例题为例,采用列表的方法:

鸡/只	13	11	9	7	5	3
兔/只	0	1	2	3	4	5
头数和	13	12	11	10	9	8

很明显,这样假设思维难度更大一些。但对于学有余力且感兴趣的学生来说,值得启发他们进行尝试。因为先满足一个条件,再满足另一个条件的策略,也是解决数学问题的基本思路。[1]

---

[1] 曹培英.关于"鸡兔同笼"的若干教学问题[J].小学数学教师,2015(增刊):36-37.

为求直观,也可采用画图的方法进行推算。

假设:26只脚都是鸡脚,则有13只鸡(26÷2)。

比较:多出5只(26÷2−8);可是要去掉5只鸡,就要减少10只脚(26÷2−8)×2。

调整:把部分鸡换成兔,每换一只,能增加2只脚(4−2),一共需要换5只,即

$$(26÷2−8)×2÷(4−2)=5(只)。$$

同样是"假设—比较—调整"的"三部曲",而且也是假设全是鸡脚就先求兔,但算理解释更为费解,因此不宜对一般学生提此要求。

看来,即便是千年古算题,问题解决及其教学都还存在一定的发展空间,可供我们一如既往地尝试、探索与改进。

最后,再说几句并非多余的话。以往的经历表明,每当有人发布一种新的问题解决思路,不久就会看到有文章说学生想到了这种新的思路。暂且不论是否真实,我们都应正视的现象是:中国的小学生会用简便方法计算"1+2+3+…+100"的不计其数,为什么从未冒出一个高斯(C.F.Gauss)呢?原因很简单,小高斯是自己想出来的,而我们的孩子是老师教会的。

我国历来有"给学生一杯水,教师要储备一桶水"的隐喻。我们曾经研究发现,部分教师之所以知道几招就想教给学生几招,主要原因之一就是自己只有那么两三杯水。一旦真正储备了一桶水,就会坦然处之,某个学生需要哪杯水,就给哪杯水,能喝几杯,就给几杯,不再多灌!

希望本节的介绍能起到帮助教师增加"储备"的作用。

第七节　植树问题[1]

本节研究人教版教材"数学广角"中"植树问题"的内容及其教学。在各地各类教学展示观摩活动中,植树问题一直有较高的"出镜率"。在中国知网上以"植树问题"为主题检索,在1998年至2017年期间共有582条结果,它的发文量统计(图5-54)[2]显示,从2006年起呈总体大幅上升趋势,可谓"长期备受众多专家、特级教师的青睐"。本节的一家之言也是集思广益的成果。

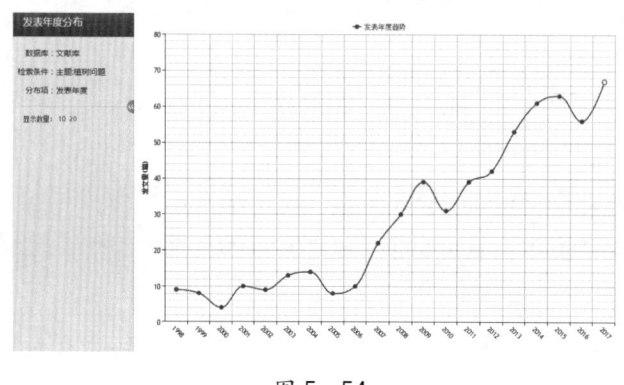

图 5-54

一、数学思想方法解读

植树问题主要渗透数学模型思想和一一对应思想,已成共识。除此之外,还应当关注"以简驭繁"(或称化繁为简、以小见大)思想。

1. 数学模型思想

大家都说植树问题的教学过程是一个从找规律到构建数学模型、应用数

---

[1] 曹培英."数学广角"教学的系列研究(七)[J].小学数学教育,2017(12):3-7.
[2] 中国知网.论文发表年度分布[EB/OL].

学模型的过程。可是,植树问题的数学模型是什么呢?是指总长、段长与段数之间的关系,还是棵数与段数之间的关系?至今看法不一。

有的认为重点是前者,主张突出除法的应用,棵数是否加1、减1或不加不减是根据实际情况对商作出调整处理。[1]

也有认为应突出后者,因为"总长÷段长＝段数"的数量关系是学生的已有知识,所以重点和难点都是棵数与段数的关系。而且有些问题只需要应用后者,如一根木棒要锯成5段,需要锯几次,段数减1就得次数。

一般情况下,这两种数量关系都是解决植树问题所需要的。道理很简单:棵数基于段数,段数取决于总长、段长。

从学生实际看,虽然除法的应用早就驾轻就熟,但总长、段长与段数的关系还是比较陌生的。特别是学习困难学生,当他们把注意力集中到是否需要加1、减1的思考上时,常常不知道段数该怎么求。

至于棵数与段数的关系,无疑是新知识,也是解决问题的难点,教学时不可能不加以重视。

然而,重视这两方面互相关联的数量关系又不是教学追求的全部。我们的目的是为了让学生经历解决实际问题的数学化过程,培育学生的数学眼光与数学应用意识。这才是在小学渗透数学模型思想的真正教育意义。

尽管大家都能认同上述观点,但还是经常听到质疑植树问题现实意义的各种评论(参见第二章第三节关于典型情境的分析)。

对于数学学科来说,实际情境只是数学问题的一个载体,数学教学的目的就是要引导学生用数学的眼光去超越情境,抽象出数学问题、数学模型,以适应广泛应用的需要。

植树问题的数学抽象是非封闭或封闭路线上的点与路线段(间隔)的关系问题。因此,从数学的视角看,点与段的关系只有相等或加1、减1三种关系。联系植树情境,加1是两端都种的数量抽象,相等是只种一端(或种在每段中间)与封闭路线情况的抽象,减1则是两端都不种的抽象。

能够抽象为非封闭路线上的点与段关系的实际问题有很多,如电线杆问题、列队问题、楼梯问题、敲钟问题等。为什么"植树"的情境既没有"鸡兔同

---

[1] 斯苗儿,郦丹,俞正强,马珏.把问题的渊源交给学生——"植树问题"一课的思考与改进历程[J].小学数学教育,2015(12):40-46.

笼"那样有趣,又不完全符合实际,偏偏以"植树"为代表命名呢?这很难给出确切的考证,恐怕主要是由于植树的情境能够比较自然地同时出现三种情况的缘故吧。

换句话说,"植树"只是众多同类情境中的一个便于展开讨论的典型实例,是举一反三的"一"。如果不喜欢"植树",完全可以另换一个现实原型。

2. 一一对应思想

"一一对应"是集合论中的一个基本概念,形象地说,一个萝卜一个坑。正是由于一一对应的直观性往往有助于发现规律,解释规律,因此经常被用来解释棵数与段数关系的算理:

只种一端时,棵数与段数正好一一对应,所以棵数=段数;

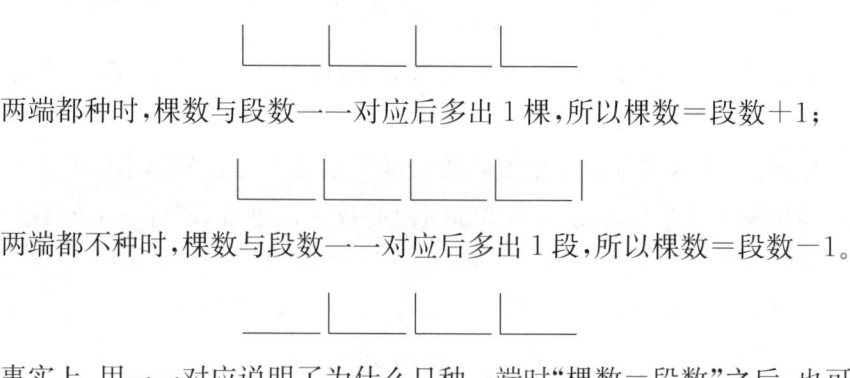

两端都种时,棵数与段数一一对应后多出 1 棵,所以棵数=段数+1;

两端都不种时,棵数与段数一一对应后多出 1 段,所以棵数=段数-1。

事实上,用一一对应说明了为什么只种一端时"棵数=段数"之后,也可以通过推理得出两端都种、两端都不种时棵数与段数加 1、减 1 的关系。

也有教师认为:三种情况,只有一种是一一对应,而且这样的说理本质上是一种直观,是看出来的,说不说"一一对应"差不多。这话不无道理。更重要的是,面对形形色色的情境变式,无论是教师还是学生,通常都是根据具体情境思考两端要不要算进来,有没有实际意义,而不是依据一一对应去辨别。例如,有教师设计了如下巩固练习:

马拉松比赛全程约 42 千米。平均每 3 千米设置一处饮水服务点,全程一共有多少处这样的服务点?

学生都认为终点处一定有供水点,起点处有没有呢?大家争论不休,设与不设都振振有词。所幸教师有底,说:起点处是否设供水点没有明文规定,一般不设。但仍有学生不服。

暂且不论上题的设计与教学意图的利弊得失，仅就课堂教学实际而言，我们只是在说明加1、减1或不加不减的算理时才用上一一对应，后续的应用练习一般不需要再提及。由此可以认为，"一一对应"并不是小学教学植树问题非用不可的术语。

3. 以简驭繁思想

植树问题的教学之所以要确立、要强调以简驭繁的思想，主要是因为它有一个不应该不用的极佳模型"五指四空"。这是人人随身携带的免费学具，伸出手，植树问题棵数与段数（间隔数）关系的种种变化都能演示（图5-55）。

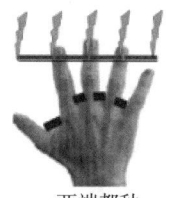 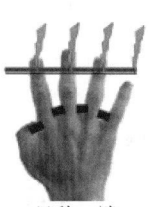 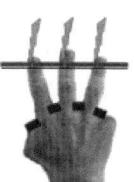

两端都种　　　　　　只种一端　　　　　　两端都不种

图 5-55

把拇指与小指搭在一起，还能演示封闭路线上"棵数＝段数"的关系（两端两棵并成一棵）。

手是灵活的，随着情境的变换，手势稍加转动就能与之对应（图5-56）。

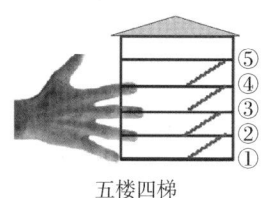 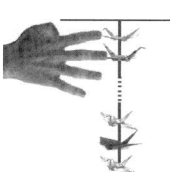

五楼四梯　　　　　　只有一端

图 5-56

这是真正的儿童数学：孩子们喜欢，乐此不疲。相信数学家也能认同，因为从简单情况入手找出规律，并推而广之的思想，正是数学问题解决的常用思想方法。一只手就能将抽象的数学模型表现得如此简约、形象而又不失典型性，我们何乐不为呢？

此外，数形结合思想、转化（化归）思想等，在本单元教学中也有比较典型的表现。

二、教学意图剖析

教材安排了三道例题。教学意图很明显：例1教学两端都种的情况，例2教学两端都不种的情况，然后在"做一做"中给出只种一端的情况，让学生自己类推；例3则教学封闭路线的植树问题。

三道例题都凸显了以简驭繁、数形结合的思想。例1"全长100 m"，启发学生画图"先看看20 m可以栽几棵"；例2"先画一个简单的线段图看看"；例3"周长是120 m""假设周长是40 m"。

例3还进一步渗透了数学的化归思想，启发学生"把圆拉直成线段，你能发现什么"，借助"转化"，沟通新旧知识间的联系（图5-57）。

图 5-57

从整体看，教材的编排有利于分散难点，各个击破，既覆盖了各种情况，又不面面俱到，平均用力。

三、教学困惑问题分析

除了上面讨论中已经回答的问题，植树问题的教学困惑，经常被提到的还有以下几个。

1. 植树问题的三种情况要不要区分

这本来不成问题,能不区分吗?植树问题的教学不区分三种情况,还教什么呢?追问提问者,原来之所以产生疑惑,是因为看到有关植树问题教学的文章,几乎清一色地批评"重视对类型的强化、规律的总结""三个类型的区分"。其实,绕来绕去,还是应用题教学的老问题"要不要分类型"。

众所周知,分类是科学研究的基本方法。同样,研究问题解决,根据需要给问题分类也很普遍。研究数学问题解决的过程与策略,相当重要的研究方向就是"模式识别",这也是人工智能研究的主要课题。心理学认为,模式识别是知觉的一种形式,是人将某种特定的感觉信息与长时记忆中的有关信息进行比较,再决定它与长时记忆中哪个项目有最佳匹配的信息加工过程[1]。匹配的方式有多种说法,与数学问题解决较为贴切的是"原型说"与"特征分析说"。波利亚关于数学问题解决的一连串提示中,很著名的一个"你以前见过它吗",就是关于模式识别的通俗提示。

因此,问题不是要不要区分类型,而是类型划分是否反映数学实质?怎样引导学生区分类型?

植树问题的类型划分,前面已有讨论,加1、减1、不加不减是相关实际问题三种类型的数学抽象。无可厚非。那么,怎样引导学生区分呢?所谓"清一色地批评"恐怕主要是针对机械化的教学现象。试描述一例。

师:这题属于哪个类型啊?

生1:两头都种。

生2:两头都不种。

师:嗯?

生2:一头种,一头不种。

师:大家说,对不对?

生(齐):对。

这种只管"对上号"的教学,与训练小狗、小猫的条件反射,实在没有多少

---

[1] 林崇德,杨治良,黄希庭.心理学大辞典(上卷)[M].上海:上海教育出版社,2014:834.

本质区别。

如何克服简单化、机械化教学的弊端？请看一例。

例 5-29 植树问题的综合练习。

教师出示如下问题(图 5-58)，组织小组讨论：

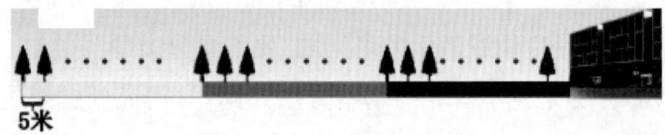

图 5-58

学校要在通往图书馆的小路一侧种树，小路全长 120 米，每隔 5 米种一棵。按路长平均分给三个班，每班 40 米。一班把自己负责的路段从头种到尾；二班接着一班种，完成自己负责的 40 米；三班接着二班种，一直到图书馆。哪个班种的树最多、最少？最多和最少相差几棵？

巧妙的设计让学生争先恐后地发表自己的看法，为什么一班最多、三班最少，植树问题的三种情况，说得明明白白。

2. 植树问题的三种情况能否集中出现

实践表明，在第一课时中出现植树问题的三种类型，学生理解起来并不困难。集中呈现的优点主要是：便于比较、沟通联系，形成整体认识。教学处理有多种选择。最普通的处理是一道例题一种情况，也有一道例题集中三种情况的设计(如以上题为例题，问题是"三个班各种多少棵"[1])。

从发挥学生的主观能动性看，则可以讲解一种情况为主，让学生自己类推解决其他两种情况的问题，即一道例题，两题"试一试"。也可以减弱例题的条件限制，让学生自己生成多种情况。

例 5-30 弱化条件的植树问题。

在长 20 米的小路一边每隔 5 米种一棵树，可以怎么种？种几棵？

请学生独立思考，在纸上画出示意图(图 5-59)，通过交流展示各种种法：

---

[1] 陈严，高枝国."植树问题"教学实录与评析[J].小学数学教育，2011(7/8)：72-74.

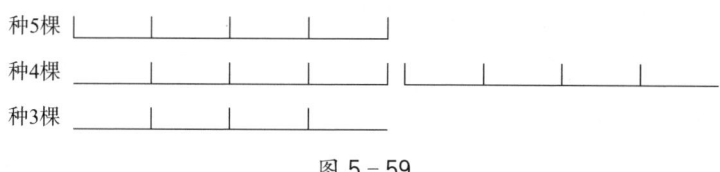

图 5-59

先要求学生说出分成 4 段是怎么算的,数量关系是什么,再组织小组讨论,给三类种法命名,并概括段数与棵数的关系,说明理由[1]。然后回过头来解决"120 米总长"的植树问题,让学生用找到的规律进行推算,再次体验"以小见大"的思想方法。

这一减少种树规定,释放空间,由学生自己生成多种情况的处理方式,自 2009 年在"全国第九届深化小学数学教学改革观摩交流会"上展示以来,已被不少教师所采纳。

此外,还有一些更为细节的问题,无所谓对错、优劣,故不再一一展开讨论。例如,段长、段数与间隔长(或间距)、间隔数,这两组数量名称取哪组为好?事实上,两种说法各有得失,都可以用,实践效果也难分伯仲。

四、典型教学片断分享

这里仅就引入环节,介绍几种不同的教学设计与实施。

1. 从找规律入手,凸显"以小见大"

课例 5-5　由"一刀两断"引入。

(1) 找规律,概括方法。

师:老师做动作,同学猜成语。(将一根绳子剪成两段)

生:一刀两断。(师板书:一刀两段)

师:老师将成语改了一字,你能画图表示吗?

请一学生在黑板上画:　────┼────

师:像这样剪 2 次几段?剪 3 次几段?剪 100 次呢?

---

[1] 虞怡玲,等."植树问题"教学实录与评析[J].小学数学教育,2009(7/8):35-36.

学生紧随教师的提问齐声回答3段、4段、101段。

师：为什么答得这么快？

生：找出了规律，以此类推。

教师板书：画（图）—找（规律）—推（算）。

(2) 出示例题，启发以小见大。

同学们在全长120米的小路一边植树，每隔5米栽一棵，一共要栽多少棵树？

师：能不能用"画—找—推"的办法找出答案？你打算怎样做？

生1：能的。我打算画12米的小路，把总路长去掉1个0，找出规律来。

生2：12米的小路，不能每隔5米栽一棵了，我打算画20米的小路，就能每隔5米栽一棵了。

师：你们愿意采用谁的建议？

......

接下去的教学实施，在上面"让学生自己生成多种情况"的片断中已作介绍。

[评析] 从猜成语开始，到由学生图示、类推，这一简洁、明快的铺垫为本课的探究活动提供了一种脚手架。

在此基础上出示例题，启发学生以小见大，就显得水到渠成了。学生提出的两个"以小见大"的探究方案，一个牵动例题的两个条件，另一个只改小了一个已知数，自然后者容易被多数学生采纳。

短短几分钟，数形结合、以简驭繁的数学思想方法就已经淋漓尽致地得到了显现，并为学生所采用。

2. 从封闭路线引入，促进"举一反三"

■ 课例5-6 由"彩带结成圈"引入。

(1) 动手操作。

从课前分发给每小组的信封里取出4条彩带。

师：把4段彩带结成一个彩带圈，要打几个结？请组长分工。两人合作打结，两人负责画出示意图。

(2) 交流类推。

展示学生的示意图。

师:4段几个节?

生(齐):4个节。

师:5段、100段结成一圈呢?

生1:5个节,100个节。

生2:几段几个节。

师:也就是结数与段数的关系是结数等于?

生(齐):段数。(师板书:结数=段数)

(3) 变换要求。

师:把4段彩带结成一条彩带,要打几个结? 抢答。

生:3个。

师:对吗? 用你们刚才做的彩带圈来验证。

学生纷纷将彩带圈拆开一个结。

师:原来如此,解开一个结,彩带圈变成了一条彩带(展示如图5-60),结数与段数的关系是结数等于?

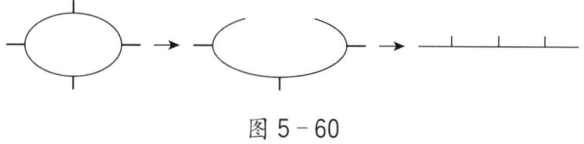

图 5-60

生:结数等于段数减1。(师板书:结数=段数-1)

(4) 实际应用。

出示问题:

① 如图5-61,在圆形池塘周围植树,池塘周长120米,每隔10米种一棵,一共要种多少棵树?

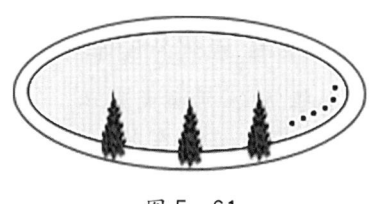

图 5-61

② 如图5-62，两栋住宅楼之间的小路长120米，在小路一边植树，每隔10米种一棵，一共要种多少棵树？

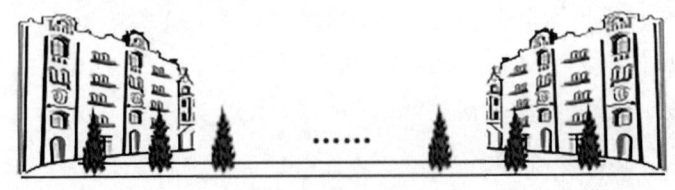

图 5-62

师：两个植树问题和我们刚才研究的彩带打结问题有联系吗？独立思考列出算式，再交流。

……

(5) 举一反三。

师：在一条路线上植树，除了像第②题那样，两头都不种，还可能有什么情况？棵数与段数有什么关系？可以画图表示帮助思考。

……

[评析] 对于教师而言，这是一个与众不同、出其不意的设计，将通常的教学逻辑顺序"从非封闭到封闭"颠倒了过来。然而，对于学生来说，都是新知，无所谓翻转。

问题载体采用彩带打结，便于学生动手操作，获得鲜活的感性认识。它既是学生所熟悉的，同时又能为新的抽象概括活动提供合适的基础。教师的问题设计又使"从封闭到展开"的变换显得非常自然。

实际应用环节的对应设计，便于学生将打结的彩带圈、彩带条与封闭路线、非封闭路线上的植树问题联系起来。毕竟彩带打结难以引出"两头都种"与"只种一头"两类情况。

于是就有了举一反三环节的设计，让学生自己补充非封闭路线上植树的另两类情况。几乎每个学生都能由"两头都不种"联想、类推出"两头都种""一头种一头不种"。这又是一个新颖、独到的设计。而且，还将前面"从直观到抽象"的过程逆转了过来：先思想实验，再画图表示。

整个过程一气呵成，打破常规，没有面面俱到展现各种情况，充分发挥了学生自主建构模型的主观能动性。

五、教学反思与发展探索

1. 我们应该让学生留下点什么

谁都知道数学教育摒弃死记硬背,但因此反对概括"棵数=段数±1""棵数=段数"的关系式,岂不因噎废食?课堂上引导学生得出这些关系式,本质上是一种抽象、概括的训练,尽管它的记忆价值不太大!

老师们的顾虑是,不记这些关系式,应用起来无从下手。而事实是,记住了这些关系式,不理解、不会具体问题具体分析,照样于事无补。有一种说法"记忆通向理解",这是智优人士成年后的感悟,而且更多表现在语文学习领域。更为普遍的现象是,"记忆一直是记忆""记忆走向遗忘"。这是实事求是的大实话,决非贬低记忆。

一方面,说彻底点,设置"数学广角"的本意就是"过程、方法"目标为主,"知识、技能"目标为辅。因此,指望学生能够熟练解决植树问题的各种变式,这样的教学定位本身就是偏颇的。

另一方面,数学教育不排斥记忆。中国的数学教育历来追求"理解通往记忆",而且我们一直在精选有价值的记忆内容。仅就植树问题来讲,值得小学生记忆的是"以小见大""数形结合"的思想方法与"五指四空"的直观模型,如前所说,这是一种典型、简约、形象的数学模型表征。

英国数学家、教育家怀特海(Alfred North Whitehead)有一句名言:"当一个人把在学校学到的知识忘掉,剩下的就是教育。"我们教学植树问题的期望:当学生离开小学,段数、间隔数之类的名词术语都忘了,"以小见大""五指四空"还留存在大脑的记忆里。

2. "植树问题"应用的拓展

植树问题的应用情境变化多端,涉及众多领域,历来不缺出彩的实际问题,因此笔者不想为此多费笔墨。这里仅就如何将直线形路段的植树问题向平面拓展,提一点初步的建议。

在人教版"义务教育课程标准实验教科书"中,讨论植树问题单元的例3:

已知围棋盘最外层每边能放 19 个棋子,求最外层一共可以放多少棋子。这看似封闭路线上的植树问题,但由于已知条件不是总长与段长,而是"每边能放 19 个棋子,"因此只需关注四个角的棋子,避免重复计算即可,实际上是最简单的"方阵问题"。现在的例 3 则恢复了封闭路线植树问题的本来面目,但"每隔 10 米"严格说来混淆了"弧长"与"弦长"。

因此,向平面拓展有必要另辟蹊径。

例如,在教室墙上或黑板上,经常能看到用圆形磁铁固定学生作品的现象。受此启发,不难设计如下平面上的"植树"问题。

例 5-31 用圆形磁铁固定学生的获奖毛笔字作品(图 5-63)。

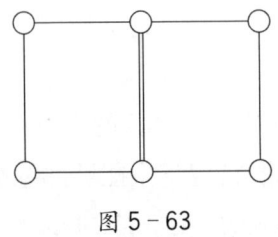

图 5-63

(1) 现在有 24 张获奖毛笔字作品,贴成 4 行,一共要用多少个圆形磁铁?
(2) 照这样固定,36 个圆形磁铁最多可以固定多少张纸?

显然,这是两头都种植树问题的自然拓展。

第(1)题:每行贴 24÷4=6(张),每行要 6+1=7 个磁铁;贴成 4 行,要 4+1=5 行磁铁;所以一共要用 7×5=35 个磁铁。

为了让较多的学生能够选做,也可以改小数据(如 12 张贴成 3 行),并配上插图(图 5-64),以便于学生观察、思考,直接口算出结果。

图 5-64

第(2)题是为学有余力学生设计的逆向思考问题。这就不仅仅是两头都种时棵数与段数关系的应用,还涉及灵活应用长方形周长与面积的关系,即周长一定的长方形中,正方形面积最大。

最大值为:磁铁排列成6×6,固定5×5张纸。

又如,利用比较常见的几何学具"钉子板",也可以设计出植树问题的自然拓展问题。

例 5-32 综合应用问题。

如图5-65,塑料钉子板学具上有10×7个钉子,每行、每列相邻两个钉子相距1厘米。这块钉子板能够围出最大的长方形面积是多少平方厘米?

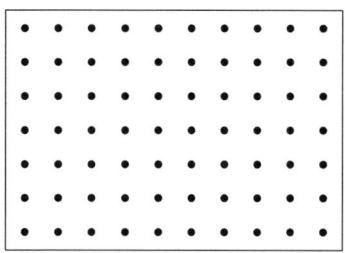

图 5-65

很明显,这不仅仅应用了两头都种时棵数与段数的关系,还应用了长方形面积计算的基础知识。像这样的综合性应用问题,比较适合一般学生的水平。

进一步,也可以为学有余力且感兴趣的学生设计"挑战题"。

例 5-33 用小棒摆成方格,如图5-66,3×2格用了17根小棒。

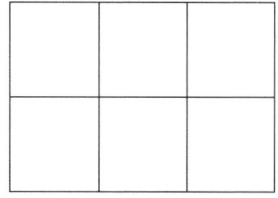

图 5-66

(1) 现在要摆成5×3格,一共要用多少根小棒?

(2) 照这样用小棒摆方格,一共有24根小棒,最多可以摆多少个方格?

如同例5-30,第(1)题顺向思维:横放的小棒有5×(3+1)=20(根);竖

237

放的小棒有 $3\times(5+1)=18$(根)；一共要用 $20+18=38$ 根小棒。

除了应用两头都种时棵数与段数的关系，还可以通过操作发现规律，得到其他计算方法。

第(2)题逆向思维，思维难度更大。可以这样想：24 根正好横、竖各 12 根，行、列都是小棒根数比方格数多 1，而 $12=4\times 3$，两个因数正好相差 1，即 4 是小棒根数，3 是方格个数，所以最多可以摆 3×3 个方格。

总之，数学是有趣、好玩的思维体操，难度的设置应控制在特定学生群体、个体的最近发展区内，使之"跳一跳，够得着"。这就要求教师因材施教，你的学生你最了解，你的课堂你做主。

第八节 数与形

本节研究人教版教材"数学广角"中"数与形"的内容及其教学。这是教材 2014 年修订后新增加的一个内容，但在各地各类教学展示观摩活动中，已有不少教师作出了自己的演绎，说明这也是一个受到关注的教学选题。

一、数学思想方法解读

一看课题就能想到，"数与形"主要渗透数形结合思想。除此之外，还应当关注推理思想和"以简驭繁"等思想。

1. 数形结合思想

有学者考证，"数形结合"这一词组最早出自华罗庚先生 1964 年 1 月撰写的科普文章《谈谈与蜂房结构有关的数学问题》。文中写道："数与形，本是相倚依，焉能分作两边飞。数缺形时少直觉，形少数时难入微。数形结合百般好，隔裂分家万事非；切莫忘，几何代数统一体，永远联系，切莫分离！"

历史地看，"数"和"形"本是数学研究的两大基本对象，人类对它们的研究时分时合,而两者结合则若隐若现,贯穿始终。

中国的算筹、算盘既是古代的计算工具,也称得上数形结合的典范。古希腊数学家在这方面也有杰出的表现。例如,经常出现在小学数学中的三角形数、正方形数:

三角形数,它是从 1 开始连续自然数的和。

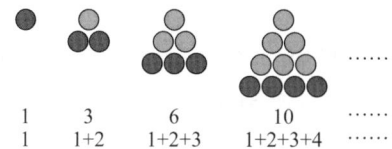

正方形数,它是从 1 开始连续奇数的和。

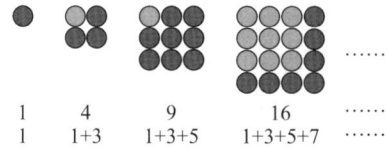

以及三角形数与正方形数的关系,即相邻两个三角形数的和是正方形数。

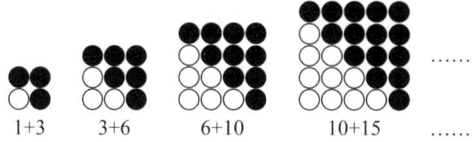

人类从结绳计数、刻痕计数起,就开始了最原始的数形结合,到欧几里得(Euclid)《几何原本》面世,标志着数形结合的一个"里程碑",当时的整个数学几乎囊括在"欧氏几何"中。之后,笛卡尔创立的直角坐标系,又一次将数形结合提升到了新的境界。

在心理学看来,数形结合是抽象思维与形象思维的相互作用,是数式表征与图像表征的相互转化。

从数学方法论的视角看,就是利用数与形之间的对应关系,通过以数解形、以形助数,使复杂问题简单化,抽象问题具体化。"结合"的基础是数形对应,关键是数形转化。

数形结合的优势:首先是有助于学生形成和谐、完整的数学概念,帮助理解与记忆,发展、优化认知结构;其次是常常有助于把握数学问题的本质,拓展寻找解决问题的途径;此外,它对唤醒数学美的感受、发展对图形的想象能力、培养直觉思维,也有一定的作用。

正因为如此,数形结合既是数学的重要思想方法,也一直是数学学科不可或缺的教学手段与教学策略。

2. 推理思想

推理是一种思维形式,即从一个或几个已知的判断得出另一个新判断的思维形式。推理所依据的已知判断叫前提,根据前提所得到的新判断叫结论。

推理按思维过程的方向划分,主要有演绎推理、归纳推理和类比推理。

演绎推理是由普遍性的前提推出特殊性结论的推理。

归纳推理是由特殊性的前提推出普遍性结论的推理。归纳推理根据前提所考察对象的范围,又可以分为完全归纳推理和不完全归纳推理。不完全归纳推理还可以根据前提是否揭示(说明)了对象与结论间的因果关系,进一步分为简单枚举归纳推理和科学归纳推理。

类比推理是从特殊性前提推出特殊性结论的一种推理,也就是从一个对象的属性推出另一对象也可能具有这属性。

请看实例。

例 5-34 用小棒摆三角形(图 5-67),摆 n 个三角形要多少根小棒?

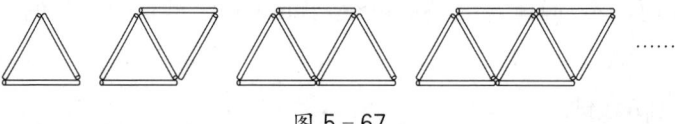

图 5-67

中学生多数采用演绎推理,即由条件发现这是一个等差数列,首项 a_1 是 3,公差 d 是 2,于是直接根据等差数列通项公式

$$a_n = a_1 + (n-1) \times d,$$

代入化简,得 $2n+1$。

小学生则多数是看图由小棒根数 3、5、7、9……找出规律:小棒总根数是从 3 开始的连续奇数。像这样不说明因果关系的不完全归纳推理就是简单枚

举归纳推理。

也有学生发现第一个三角形用 3 根小棒,后面每增加一个三角形就在 3 的基础上递增 2。然后思考摆 n 个三角形的小棒根数是 3 加上几个 2 呢? $(n-1)$ 个 2。所以,摆 n 个三角形所用根数是 $3+2(n-1)$,再用分配律化简得 $2n+1$。还有学生的思路是连起来摆比分开摆节省小棒,由此归纳过程是 2 个三角形 $3×2-1$, 3 个三角形 $3×3-2$, 4 个三角形 $3×4-3$,进而得出摆 n 个三角形的小棒根数是 $3n-(n-1)$。像这样说明因果关系的不完全归纳推理就是科学归纳推理。

个别学生发现,这一行三角形可以看成 2 根、2 根接着摆,最后再补 1 根。例如,摆 5 个三角形的小棒总数是 5 个 2 加 1:

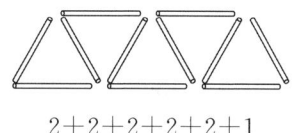

$2+2+2+2+2+1$

从而直接得出 $2n+1$。这就给上面两种思路的化简结果作出了因果关系的解释。

进一步,由连续摆 n 个三角形要 $(2n+1)$ 根小棒类推[1]:

连续摆 n 个正方形要小棒 $(3n+1)$ 根,

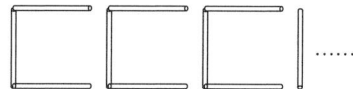

连续摆 n 个正五边形要小棒 $(4n+1)$ 根。

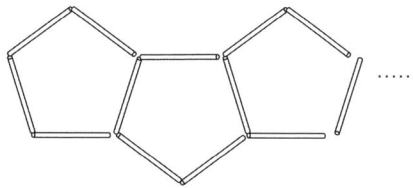

显然,这是一种由此及彼的类比推理。

---

[1] 曹培英.跨越断层 走出误区:"数学课程标准"核心词的解读与实践研究[M].上海:上海教育出版社,2017:174.

推理又是数学的基本思想与思维能力。所谓数学基本思想,是指数学自身产生与发展所依赖的思想,也是学习数学之后才有的能力。数学通过抽象得到研究的对象,通过推理得到研究的结果,可以说没有推理,也就没有数学。人们称赞数学的推理不带一丝幻想,只求严密的逻辑,它是推动数学发展最有力的手段,也是学习过数学的人所具有的思维特征。

3. 极限思想

教材的例 2 借助直观图示,渗透了极限思想。

不少学生甚至部分教师怀疑"$\frac{1}{2}+\frac{1}{4}+\frac{1}{8}+\frac{1}{16}+\frac{1}{32}+\frac{1}{64}+\cdots=1$",总认为"再加下去也小于 1"。

这里的 1 是"$\frac{1}{2}+\frac{1}{4}+\frac{1}{8}+\frac{1}{16}+\frac{1}{32}+\frac{1}{64}+\cdots$"的极限。什么是数学中的"极限"呢?

通俗地说,极限是一个无限接近的量。也就是说,越来越接近的过程是永不停止的。

例如,分数化小数:$\frac{1}{3}=0.333333\cdots$。为什么会"相等"?我们知道,0.333333 无论写几个 3,总比 $\frac{1}{3}$ 小一点,0.333333… 的省略号表示无数个 3,它的极限等于 $\frac{1}{3}$。

类似地,上面加法算式中的省略号表示按规律永远不停地加下去,所以它的极限是 1。因此,也可以说极限是一个表示永不停止过程的量。

又如,大家从不怀疑 $\frac{1}{3}=0.333\cdots$ ①,却总有人不承认 $1=0.999\cdots$ ②。

不妨借用有限小数的乘法,①式两边同乘 3,就得到②式。即

$$\frac{1}{3}\times 3=0.333\cdots\times 3$$

$$1=0.999\cdots$$

为帮助理解,再换个角度说,两个数如果不相等,一大、一小,一定能在它

们之间找到无数个数。举例来说,0.9 与 0.91 之间有 0.901,0.902,……,以及 0.9001,0.9002,……

但是,0.999…与1之间呢,一试就知道,无论如何都找不到比 0.999…大、比 1 小的数。这同样说明 1=0.999…,即 1 是 0.999…的极限。

此外,如同例 5-34 那样,从一个、两个三角形入手,用简单驾驭复杂的数学思想,在"数与形"这一单元中几乎处处都能显现。老子《道德经》所言"天下难事必作于易,天下大事必作于细",恰是数学"以简驭繁"思想的哲学诠释。它是数学分析问题、解决问题的一种策略和艺术,也是人人(不论将来干什么)都应该具备的数学素养。

二、教学意图剖析

教材安排了两道例题。其中,例 1 是发现数列 1,3,5,7,…(等差数列)的和与平方数(正方形数)之间的关系;例 2 是发现数列 $\frac{1}{2},\frac{1}{4},\frac{1}{8},\frac{1}{16},…$(等比数列)的和越来越趋近于 1。

两例的共同点:一是引导学生从数形结合的视角,探索规律、相互印证,进而解释规律、应用规律,在这过程中发展学生的推理能力;二是启发学生体会"形的问题中包含着数的规律,数的问题也可以用形来帮助解决",感受两者完美结合带来的直观性和简捷性,从而体悟数形结合思想与以简驭繁思想。

例 2 则还能让学生通过以简驭繁,直观感受什么是"无限接近",体会"无穷无尽的递推"与数学的极限思想。[1]

三、教学困惑问题分析

1. 数形结合只是为了便于寻找、发现规律吗

如前所述,教材早在一年级下学期就安排了找规律的专题教学,之后找规

---

[1] 人民教育出版社,课程教材研究所,小学数学课程教材研究开发中心.义务教育教科书教师教学用书·数学(六年级上册)[M].北京:人民教育出版社,2014:212.

律的契机可以说一直分布在各种内容的教学中。除了数学广角单元"搭配"中排列数、组合数的规律,植树问题中棵数、段数的规律等之外,数与运算教学中比较典型的,如因数与积的变化规律、商不变的规律、小数点移动引起小数大小变化的规律,等等。到了六年级,如果说"数与形"的教学还停留在借助直观寻找、发现规律的层面上,显然是不够的。

事实上,仅仅是为了找到规律,那么只看数列就能解决问题。例如,教材"做一做"的第2题(图5-68):

2. 下面每个图中各有多少个红色小正方形和多少个蓝色小正方形?

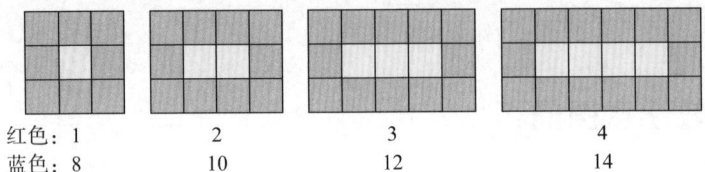

红色: 1　　　　2　　　　　3　　　　　4
蓝色: 8　　　　10　　　　12　　　　14

照这样接着画下去,第6个图形有多少个红色小正方形和多少个蓝色小正方形?第10个图形呢?你能解释这其中的道理吗?

图5-68

很明显,只看数列,规律就已经一目了然:红色小正方形,依次多1;蓝色小正方形,依次多2。无需依靠图示!而回答最后的问题"你能解释这其中的道理吗",就需要数形结合了。

例5-35　数形结合说明为什么红色小正方形依次多1,蓝色小正方形要依次多2。

教师只要将左起第一图右侧一列蓝色小正方形拉开(图5-69):

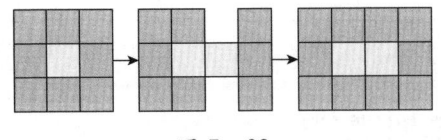

图5-69

学生就能发现:添上一个红色小正方形,上下要补两个蓝色小正方形,所以红色小正方形依次多1,蓝色小正方形依次多2。

原来,图形在这里起着解释规律的作用。几何直观的解释力可见一斑。[1]

---

[1] 曹培英. 数形结合的教学新探索——"数与形"课堂教学分析[J].小学数学教育,2015(1/2):114-115+124.

在此基础上,练习的第1题(图5-70)对上题做了进一步的拓展。

例 5-36 数形结合解释"其中的道理"。

1. 下面每个图中最外圈各有多少个小正方形?

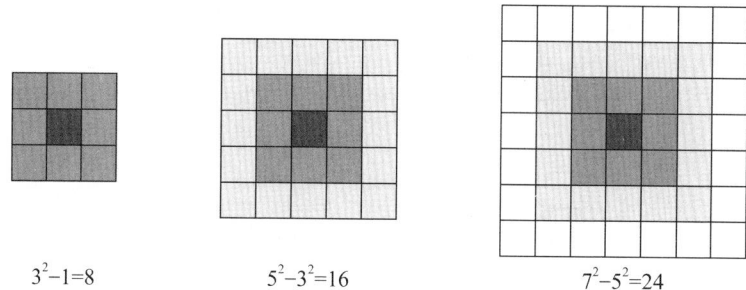

$3^2-1=8$　　　　$5^2-3^2=16$　　　　$7^2-5^2=24$

照这样接着画下去,第5个图形最外圈有多少个小正方形?你能解释这其中的道理吗?

图 5-70

容易发现,最外圈的小正方形数都是8的倍数。为什么依次多8个小正方形呢?因为每增加一圈,最外圈每边增加2个,4边共增加2×4个小正方形。

要求第5图最外圈小正方形的个数,可以利用已解释的规律直接计算8×5,也可以利用教材例1的规律来计算:

$$11^2 = 1+3+5+\cdots+17+19+21,$$
$$9^2 = 1+3+5+\cdots+17,$$
$$11^2 - 9^2 = 19+21 = 40。$$

可见,本单元的教学落脚在解释规律、应用规律和拓展规律上,既是必要的,也是可行的。

2. 能否让学生自己构造直观

教学例1时,如何使学生自己想到从1开始连续奇数之和的直观图示?这常让一些教师感到纠结。有的教师怕学生想不到摆成正方形,于是出示如下图示(图5-71),让学生看图写算式。

这当然是可行的,且比较节省时间,但图示是教师给出的。

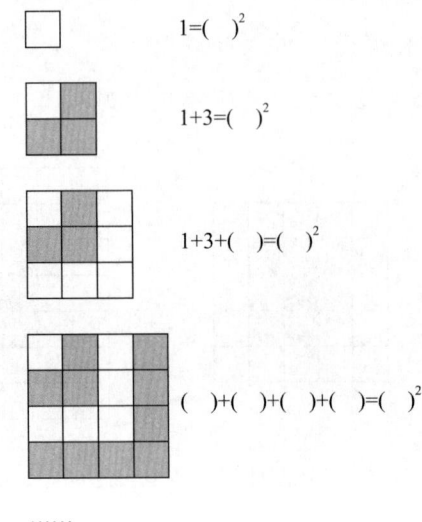

$1=(\quad)^2$

$1+3=(\quad)^2$

$1+3+(\quad)=(\quad)^2$

$(\quad)+(\quad)+(\quad)+(\quad)=(\quad)^2$

……

图 5-71

例 5-37 怎样启发学生自己构造直观？

方案一：先出示算式，请学生填写得数。

$$1=(\quad)^2$$
$$1+3=(\quad)^2$$
$$1+3+5=(\quad)^2$$
$$1+3+5+7=(\quad)^2$$
……

师：看着这些计算结果，你想到了什么图形？

生：结果都是平方数，我想到了正方形。

师：大家呢？拿出学具小组合作摆摆看。

方案二：看算式填数同上。

师：前面我们学过用图形表示奇数：

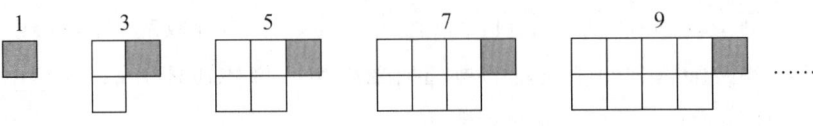

改成 L 形：

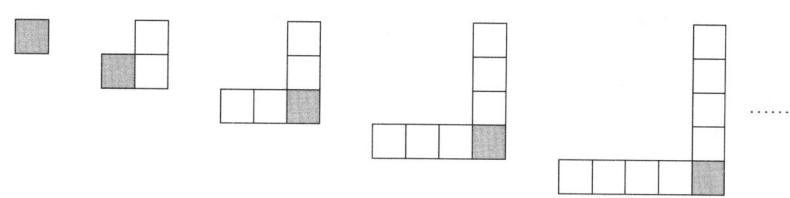

拼一拼,你发现了什么?

……

方案三:注意到教材给出的直观模型没有采用通常的小圆片而是小正方形,那么完全可以放手让学生自己看算式用小正方形摆图形。

师:我发现,摆 1+3 时有两种摆法,你们觉得继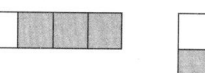
续摆下去,哪种摆法好?

生:摆成正方形更好,我们已经摆到 1+3+5+7 了,都是正方形。

实践表明,放手之后,1+3 自然出现两种摆法,适时点拨,学生都会认同摆成正方形更好[1]。为了增强直观效果,最好给学生提供大小相同、两种颜色的小正方形学具。

3. 怎样启发学生解释规律

逻辑学将不完全归纳推理分为简单枚举归纳推理和科学归纳推理,实际上是顺应了数学之外的许多科学研究,既不可能考察某一事物的所有对象,又不能像数学那样通过演绎推理证明结论,因而常常依靠科学分析,揭示考察对象与结论之间的因果关系来增强前提对结论的支持度。例如,实验观察发现铁受热膨胀、钢受热膨胀等事实,确认背后的原因是金属受热后分子凝聚力减弱,由此推出"所有金属受热膨胀"的结论就是物理学中科学归纳推理的典型例子。

如果将简单枚举归纳推理看作"知其然",那么科学归纳推理就可以称之为"知其所以然"。因此,数学课尽可能地通过解释规律将枚举归纳提升为科学归纳具有长远的、广泛的迁移价值。

以教材例 1 为例,为什么从 1 开始连续奇数的和能摆成一个正方形?

我们知道,一个等差数列是由它的首项和公差这两个因素决定的。也就是说,首项是 1,公差是 2 决定了这个等差数列的前 n 项和始终是平方数。因

---

[1] 郭春艳,陈茵."数与形"教学实录[J]. 小学数学教育,2015(1/2):116-117.

此,可以着眼于首项与公差,启发学生解释为什么和始终能摆成正方形。为此,不妨设计两个问题。

例 5-38 (1) 为什么加数要从"1"开始?

如图 5-72,如果少 1,3+5,3+5+7,……正方形就会缺一角。

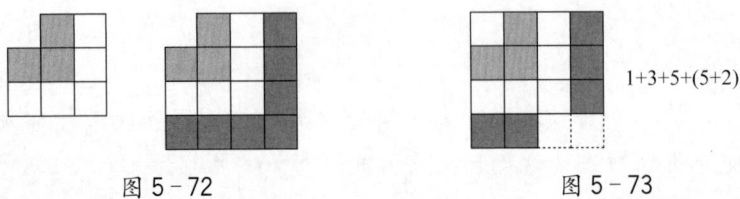

图 5-72　　　　　　　　　图 5-73

(2) 为什么是连续的奇数?

如图 5-73,连续奇数后一个比前一个大 2,才能围"半圈",拼成更大的正方形。

这还不是证明,却是基于直观的因果关系说明。适合小学生"看""想""说"结合,解释其所以然,从而提升不完全归纳的品质,从简单枚举归纳走向科学归纳。

作为教师,应当知道,这一直观模型还可以图示(图 5-74)用数学归纳法(完全归纳推理)证明从 1 开始连续奇数的和是平方数的过程:[1]

证:

当 $n=1$ 时,$1=1^2$,

当 $n=2$ 时,$1+3=2^2$,结论成立。

假设 $n=k$ 时,$1+3+5+\cdots+(2k-1)=k^2$ 成立。

则 $n=k+1$ 时,$1+3+5+\cdots+(2k-1)+(2k+1)=k^2+2k+1=(k+1)^2$,结论成立。

所以,$1+3+5+7+\cdots+(2n-1)=n^2$。

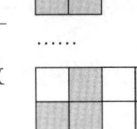

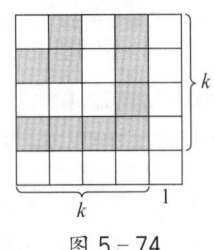

图 5-74

左边的形式化证明过程与右边的直观图示本质上是一回事,甚至可以说该图示就是结论的几何证明。

---

[1] 曹培英. 数形结合的教学新探索——"数与形"课堂教学分析[J]. 小学数学教育,2015(1/2):114-115+124.

可见,课堂上的直观教学过程与几何证明过程是一致的。如果说有差距,也只是"一步之遥"。

四、典型教学片断分享

本单元例1的教学,前面已有较多的介绍,这里仅就例2及练习与拓展的教学各介绍一个片断。

1. 让学生通过画图,感悟"无限逼近"

■**课例**5-7 教学例2,设计如下导学单。

(1) 计算。

$$\frac{1}{2}+\frac{1}{4}=\frac{(\quad)}{(\quad)}$$

$$\frac{1}{2}+\frac{1}{4}+\frac{1}{8}=\frac{(\quad)}{(\quad)}$$

$$\frac{1}{2}+\frac{1}{4}+\frac{1}{8}+\frac{1}{16}=\frac{(\quad)}{(\quad)}$$

……

(2) 选择一种图形,画图表示这些分数相加的和。

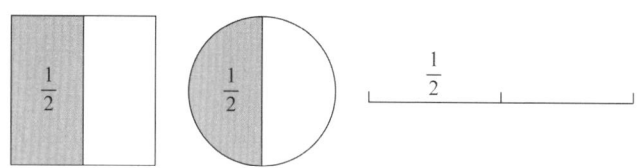

教师根据学生的交流,逐步演示图示。例如:

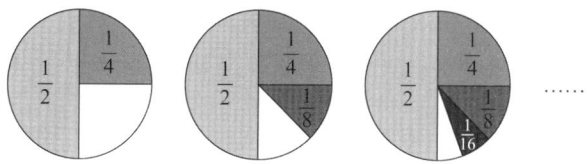

师:这样的分数一直无止境地加下去,总和会是多少?
生1:总和是1吧。

生2：越来越接近1。

师：也就是总和与1的差越来越小，所以我们说，这样的分数无限地加下去，永不停止，它们的总和又叫做"极限"，且就是1。

板书：$\frac{1}{2}+\frac{1}{4}+\frac{1}{8}+\frac{1}{16}+\frac{1}{32}+\frac{1}{64}+\cdots=1$

[评析] 向小学生说明极限是1是相当困难的。教师首先借助画图操作，让学生获得和越来越接近1的直观感知，然后通过动态演示加深"趋近1"的感性认识，进而通过对话，恰如其分地渗透数学的极限思想。

这里，教师通过"差越来越小""无限地加下去，永不停止"，比较准确地描述了极限，令学生基本信服，很不容易。

2. 用活教材练习

课例5-8 （1）出示教材练习二十二第5题（图5-75）。

小兰和爸爸、妈妈一起步行到离家800米远的公园健身中心，用时20分钟。妈妈到了健身中心后直接返回家里，还是用了20分钟。小兰和爸爸一起在健身中心锻炼了10分钟。然后，小兰跑步回到家中，用了5分钟，而爸爸是走回家中，用了15分钟。下面几个图哪个是描述妈妈离家的时间和离家距离的关系？哪个是描述爸爸的？哪个是描述小兰的？

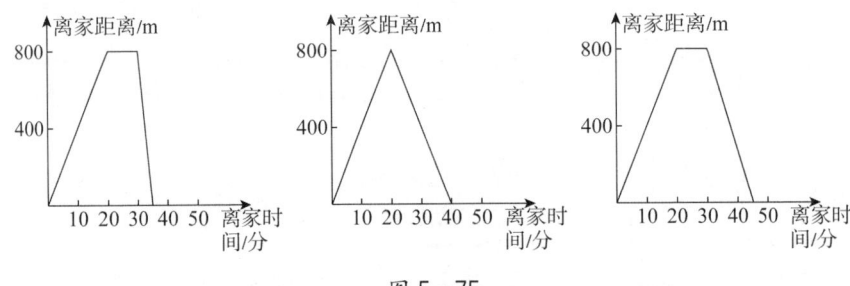

图 5-75

学生独立思考后交流，确认正确答案并说明判断理由。

（2）小组讨论，发散思维。

师：请同学们发挥想象，小兰在回家途中可能会发生什么事情？根据你们的设想，把下图（图5-76）画完。

学生非常兴奋，热烈讨论，然后各自画图，小组派代表面向全班汇报。

例如：

小兰走到全程一半捡到一个钱包,交给民警叔叔,耽搁了10分钟回到家,全程的步行速度不变(图5-77左)。

小兰跑步回到家,发现遗忘了帽子,又骑自行车返回健身中心,再立即回家,往返用了10分钟(图5-77右)。

……

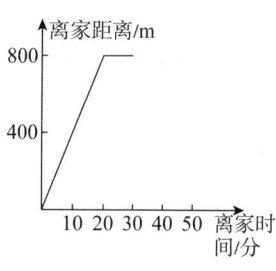

图5-76

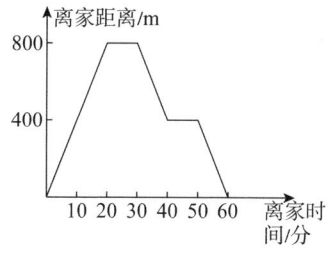 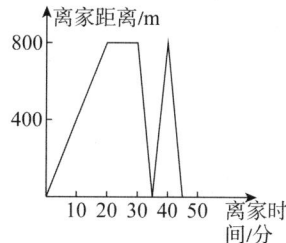

图5-77

[评析]教师将语文课续写作文的练习方式移植到数学课,不仅使教材练习一题多用,还给学生创设了一个充分发挥想象的空间。学生把自己的创意描述在图上,从中获得实际问题数学化的体验,同时也是一种教学效果较为明显的数形结合应用练习。

3. 教材练习的变化发挥

在2015年"全国小学数学(人教版)示范课观摩交流会"上,徐长青老师执教的"数与形"一课,精彩纷呈,可圈可点。这里扼要摘录其中的一个片断。

课例5-9 由教材习题引出勾股定理。

(1) 完成教材"做一做"。

做一做

1. 请你根据例1的结论算一算。

$1+3+5+7+5+3+1=(\quad)$

$1+3+5+7+9+11+13+11+9+7+5+3+1=(\quad)$

(2) 引出勾股定理。

针对第一小题： $1+3+5+7+5+3+1=(25)$

可以看成两部分：$1+3+5+7=4^2$

$5+3+1=3^2$

$4^2+3^2=(\quad)^2$

生：等于5的平方。

师：这个算式与一个图形有关。（在黑板上画出直角三角形，标上三边长，如图5-78所示）。

生：我知道，是勾股定理。

师：真了不起！现在把直角三角形的三条边长用字母表示（把3、4、5改成a、b、c），从特殊到一般要经过证明。最早证明的是古希腊数学家毕达哥拉斯（Pythagoras），至今人们找到了数百种证明方法，其中有不少是用图形来证明的（边讲边画图）。怎么证明呢？让我们走进科技馆，去领略形对数的帮助。请看。（演示微视频，如图5-79所示）

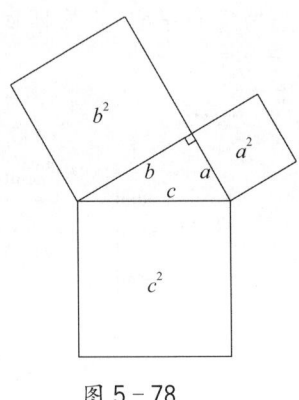

图5-78

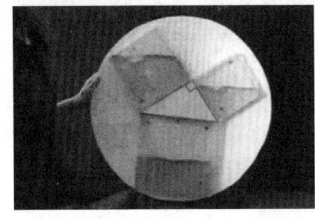 

图5-79

师：你发现了什么？

生：两个小正方形里的水都流到大正方形里去了，正好满了。

师：因为正方形容器的厚度相同，说明两个小正方形的面积之和正好等于大正方形的面积。这三个正方形的边长就是直角三角形的三条边长，所以$a^2+b^2=c^2$。

[评析] 徐老师不愧是数学教育的有心人。从教材的一道练习题里挖掘出一组勾股数，由此引申、发挥，演绎得淋漓尽致。现场学生聚精会神，听课教师拍案叫绝。虽然学生并未真正理解，但数与形的联系，数学的奇妙，深深感染了每一个人。徐老师的设计初衷"让学生感受数形结合的魅力，喜欢数形结

合"无疑达成了。

五、教学反思与发展探索

1. 基于例题的拓展

以教材例 1 为例,实践表明,以下拓展性探究问题深受学生喜欢。

例 5-39 "以形助数"。

(1) 请研究从 2 开始连续偶数的和:

$$2=(\quad)$$
$$2+4=(\quad)$$
$$2+4+6=(\quad)$$
$$2+4+6+8=(\quad)$$
......

(2) 用小正方形表示数,摆一摆,你发现了什么?

(3) 从 2 开始连续偶数的和,与从 1 开始连续奇数的和,有什么关系?你能从图形中看出来吗?

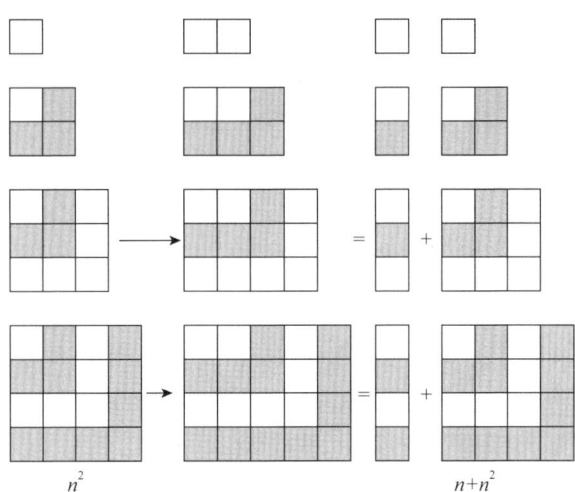

从图形看,在 1 开始的连续奇数之和图形左面加一列,就是从 2 开始的连续偶数之和。为什么呢?因为每一个加数都增加了 1。

所以，从 1 开始 n 个连续奇数的和是 n^2，则从 2 开始 n 个连续偶数的和就是 n^2+n。规律即简单，又明了！

实际教学时，每次都有学生情不自禁地赞叹呈现在眼前的数学简约美，也为自己发现其中的奥秘而欢欣鼓舞。

2. 在小学出现无穷等比数列的和是否适宜

例 2 的教学内容"$\frac{1}{2}+\frac{1}{4}+\frac{1}{8}+\frac{1}{16}+\frac{1}{32}+\frac{1}{64}+\cdots$"本质上是求无穷等比数列各项的和。尽管只是一个比较简单的特例，但要让小学生认同"总和是 1"，显然是一个教学的难点。事实上，不少文科大学生也常常认为和与 1 始终相差一点点。

作为极限思想的初步"渗透"，不妨将例题改为：

$$\frac{1}{2}+\frac{1}{4}=\frac{(\quad)}{(\quad)}=1-\frac{(\quad)}{(\quad)}$$

$$\frac{1}{2}+\frac{1}{4}+\frac{1}{8}=\frac{(\quad)}{(\quad)}=1-\frac{(\quad)}{(\quad)}$$

$$\frac{1}{2}+\frac{1}{4}+\frac{1}{8}+\frac{1}{16}=\frac{(\quad)}{(\quad)}=1-\frac{(\quad)}{(\quad)}$$

……

请根据你发现的规律，直接写出下题的计算结果。

$$\frac{1}{2}+\frac{1}{4}+\frac{1}{8}+\frac{1}{16}+\frac{1}{32}+\frac{1}{64}+\frac{1}{128}=\frac{(\quad)}{(\quad)}$$

……

这样比较适合多数小学生的理解水平（直观图示参见例 3-32），他们能够理解"差越来越小""和越来越接近 1"。这与"无穷个分数之和等于 1"看似一步之遥，却是一个不小的坎，需要积淀抽象思维的基础才能跨越。

3. 酌情补充"数使形更入微"的典型实例

目前，"数与形"单元的内容偏重"形使数更直观"。这与小学数学的教学内容主要是人类早期的数学认知不无关系。但如果能够补充"数使形更入微"的典型实例，可能效果会更理想一些。

虽说在前面的数学学习中,图形的测量,周长、面积、体积的计算,以及借助"数"描述图形的位置和运动等,也能反映"数使形更入微"的特点,但这些地方用到数与运算似乎都是天经地义的,缺乏奇异感。而且有研究表明,在总体上,学生"以数助形"能力明显弱于"以形助数"能力。

因此,有必要寻找适合小学生解决的非常规几何问题,更鲜明地体现"以数助形"解决问题的优势。上面介绍的教学片断中,徐长青老师由习题里蕴含的一组勾股数引出直角三角形的三边关系,就是"以数助形"的一种尝试。下面再试举两例。

例 5-40 "以数助形"案例一。

如图 5-80,三角形 ABC 中,点 $A(3,1)$,点 $B(\underline{\quad},\underline{\quad})$。

如果点 $C(x,5)$,那么:

(1) 当 $x=\underline{\qquad}$ 时,三角形 ABC 是直角三角形。

(2) 当 x 在什么范围时,$\angle CAB$ 是锐角?当 x 在什么范围时,$\angle CAB$ 是钝角?

图 5-80

(3) ① 以 AB 为底,$x=\underline{\qquad}$ 时,三角形 ABC 是等腰三角形。

② 以 AB 为腰,点 C 在粗线上移到哪里,使得 $AB=AC$?

如图 5-81,小胖以 A 为圆心,AB 为半径画弧,与粗线有两个交点。

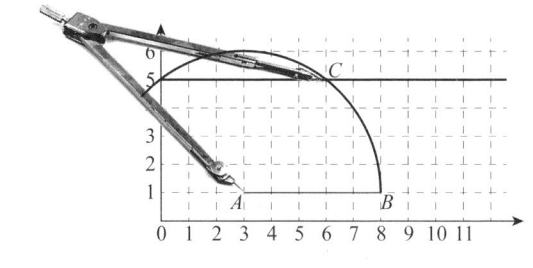

图 5-81

说明 $x=\underline{\qquad}$ 时,三角形 ABC 是等腰三角形。

③ 小丁丁以 $\underline{\qquad}$ 为圆心,还能找到 $x=\underline{\qquad}$ 时,三角形 ABC 是等腰三角形。一共有 $\underline{\qquad}$ 个答案。

学生不难找出第(1)小题的两个答案 $x=3$ 或 8。这就为回答第(2)题提高了参照:当 $x>3$ 时,$\angle CAB$ 是锐角;当 $x<3$ 时,$\angle CAB$ 是钝角。

第(3)小题颇具挑战性。一般学生大多只能发现一个答案 $x=5.5$(AB 为底)。阅读能力较强的学生按照提示,还能找出其他四个答案 $x=0$ 或 6 和 $x=5$ 或 11(AB 为腰)。

例 5-41 "以数助形"案例二。

如图 5-82,把一个边长为 8 厘米的正方形按如图尺寸分割成四块,然后拼成一个长方形。咦!原来面积为 8×8 平方厘米的正方形,变成了面积是 13×5 平方厘米的长方形,竟然多出了 1 平方厘米。什么原因呢?

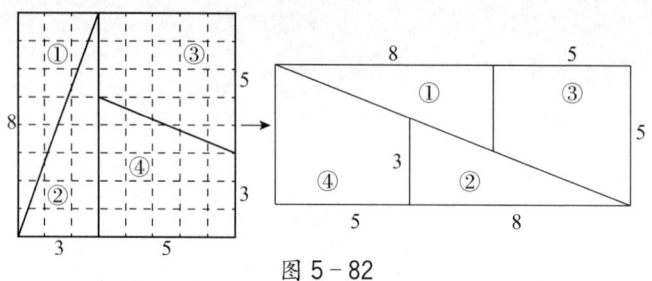

图 5-82

这个问题不妨称之为"拼图游戏"。奥秘在哪里呢?

其实,只要按原图尺寸剪下四块,一拼就能发现上右图"忽悠人",拼接处有空隙,因此多出了 1 平方厘米。

为什么尺寸都能准确对接,之间却出现空隙呢?

请看图 5-83,涂有阴影的两个直角三角形中,∠1 与∠2 不相等,所以两个直角三角形的斜边不在一条直线上。用学生的话来说,是凹的、弯的。也就是说,四块拼成的长方形中间有一条四边形的空隙。

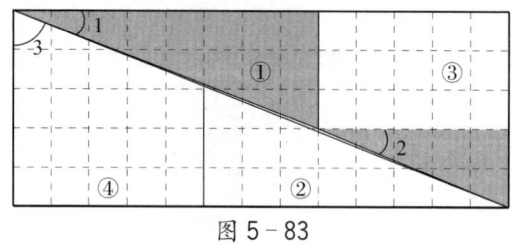

图 5-83

判断∠1 不等于∠2,学生可以用量角器量:∠1≈21°,∠2≈22°(计算表明,精确到秒,∠1 为 20 度 33 分 22 秒,∠2 为 21 度 48 分 5 秒)。

也可以启发学生利用已知的边长数据,用两条直角边的比来说明,即

$3:8\neq 2:5$。遗憾的是,由于缺乏铺垫(四年级教学角的度量时,极少有教师想到引导学生通过测量长度来比较角的开口大小),因此很少有学生想到。

教学实践表明,学生自发采用的方法还有用量角器量出$\angle 1$约$21°$、$\angle 3$约$68°$,通过$\angle 1+\angle 3<90°$说明存在空隙。

这一"拼图游戏"能使学生感到非常惊讶,从而引发探究的欲望。通过测量,$\angle 1$与$\angle 2$,$\angle 1+\angle 3$与$90°$都只相差$1°$左右,凸显了"入微"。

总之,解释原因的方法多种多样,不管用哪种方法,都离不开数。

从现有教学实践来看,小学数学中形助数的内容很多,数助形的合适内容相对难觅。愿以上两题成为引玉之砖,大家来寻找或设计、开发适合小学生探究的趣题,让学生更深切地感受"数使形更入微",进而使数形结合的认识更加丰满、全面。

第九节 抽屉原理

本节研究人教版教材"数学广角"中"抽屉原理"(鸽巢问题)的内容及其教学。

抽屉原理过去一直是竞赛数学的内容,现在进入了义务教育小学数学教材的"数学广角"中,如何有效发挥它独特的数学教育功能,还是很值得研究的。

一、数学思想方法解读

如前所述,抽屉原理是组合数学(又称离散数学)的重要原理。

组合数学主要研究离散对象的存在、计数以及构造等方面的问题。随着计算机科学的飞速发展,组合数学的重要性也日益凸显,因为计算机只能处理离散的或离散化了的数量关系。可以说,组合数学是计算机出现以后迅速发展起来的一门数学分支。此外,组合数学在社会、经济的众多领域也有重要应用。

抽屉原理有多种叙述方式,其中较为通俗且粗略的叙述是:

如果把 $kn+1$ 个或更多个苹果任意放进 n 个抽屉(k 是正整数),那么一定有一个抽屉中放进了至少 $k+1$ 个苹果。

当 $k=1$ 时,就是最简单的抽屉原理:

把 $n+1$ 个或更多个苹果任意放进 n 个抽屉,那么一定有一个抽屉中放进了至少 2 个苹果。

若变"通俗"为"抽象",则所谓的"抽屉"其实就是"集合","苹果"就是放入集合的"元素"。容易看出,这里的"通俗"与"抽象"并无实质性的区别。

若变"粗略"为"精确",则更有实质意义,因为"$kn+1$ 个或更多个"的描述过于含混,需要加以准确刻画[1]:

如果把 m 个苹果任意放进 n 个抽屉,那么至少有一个抽屉中放进了至少 k 个苹果,其中

$$k=\begin{cases}\dfrac{m}{n}, & \text{当 } n \text{ 整除 } m \text{ 时;} \\ \left[\dfrac{m}{n}\right]+1, & \text{当 } n \text{ 不能整除 } m \text{ 时。}\end{cases}$$

上式中的"[ ]"为取整符号,即 $\left[\dfrac{m}{n}\right]$ 表示一个小于或等于 $\dfrac{m}{n}$ 的最大整数,如 $\left[\dfrac{6}{3}\right]$、$\left[\dfrac{7}{3}\right]$、$\left[\dfrac{8}{3}\right]$ 都等于 2。因此,把 6、7、8 个苹果任意放进 3 个抽屉,结论都是至少有一个抽屉中放进了至少 (2+1) 个苹果。

显然,这就比较彻底解决了苹果比抽屉几倍多几的取值范围问题。

此外,将无穷多苹果放入有限个抽屉,以及从"至多"视角讨论的抽屉原理,超出了小学数学的范畴,本文不予关注。

抽屉原理蕴涵着丰富的数学思想方法。

1. 存在性

首先,就抽屉原理本身来说,它揭示了事物的一种"存在性"。

所谓的"存在性"有两层意思:一是确认"一定有",二是"不确定"具体哪种

---

[1] 周士藩,汤正谊,孙存金.抽屉原则与涂色问题[M].南京:江苏人民出版社,1981:11.

情况。

例 5-42 结论的"存在性"。

(1) 4个苹果放到3个盘子中,总有1个盘子至少放了2个苹果。

(2) 9只鸽子飞进2个笼子,总有1个笼子至少飞进5只鸽子。

(3) 任选11个人,一定至少有6个人同性别。

在这些问题中,情境具有"多样性",条件具有"任意性"。苹果不管怎么放,鸽子无论怎么进,人随便怎么选,都存在"总有""至少"这样明确的结论。但不确定的是:

(1) 3个盘子中哪个盘子放了2个还是3个、4个苹果。

(2) 2个笼子里哪个笼子飞进5只鸽子或更多只鸽子。

(3) 同性别的6个人或更多个人是男、是女。

2. 最不利原则

其次,抽屉原理还意味着考虑最不利的情况。先看一个直接运用抽屉原理的例子。

例 5-43 考虑"最不利"的情况。

袋里有同样大小和同样质地的红、黄、蓝、绿四种颜色的球各20个。问:至少摸出几个球,才能保证至少有6个球同色?

如果运气好,碰巧一次取出6个球的颜色都相同,这无疑是"最有利"的情况。为了确保至少有6个球同色,就要从"最不利"的情况入手考虑。

最不利的情况就是4种颜色的球各摸出5个,还是没有达到6个球同色的要求,这时再摸出一个球,无论是红、黄或蓝、绿,都能保证有6个球颜色相同。即至少摸出$(5 \times 4 + 1)$个球。

显然,抽屉原理所揭示的"存在性",是"最不利"情况下的存在。

像这样为了保证完成某一个任务,从"极端糟糕"的情况入手考虑问题,确保"万无一失"的思想方法,习惯上称之为解决问题的"最不利原则"。

再看一个先排除"最不利"情况再运用抽屉原理的例子。

例 5-44 两次运用"最不利原则"的实例。

袋里有同样大小和同样质地的4个红球,以及黄、蓝、绿三种颜色的球各

20个。问:至少摸出几个球,才能保证至少有6个球同色?

由于红球只有4个,而题目要求有6球同色,因此存在4个红球都被摸出这一最不希望出现的情况,应该先予以排除;然后在此基础上运用抽屉原理,即再次考虑最不利情况,得到答案:至少摸出(4+5×3+1)个球。

3. 其他数学思想方法

从一些具体的实际问题得出抽屉原理的结论,可以采用穷举法(枚举法),也可以采用反证法。当物品数与抽屉数较大时,用穷举法证实就相当繁琐、复杂。

例 5-45 难以穷举的实例。

101个苹果放入100个抽屉,靠穷举列出所有可能情况确认结论非常困难,而反证则十分简明:

假如每个抽屉放1个苹果,最多放100个苹果,还剩1个苹果也要把它放到某一个抽屉里去,所以那个抽屉就会有2个苹果了。

这样的反证(在小学,习惯上将称之为假设),实质就是考虑最不利情况的说理,容易口述,不必采用符号语言书写,一般的小学高年级学生都能胜任。

可见,抽屉原理是渗透推理思想,启发学生说理论证的良好载体。

进一步,"抽屉问题"有很多变式,应用抽屉原理解决这些问题的过程,需要识别什么相当于苹果(待分的东西)、什么相当于抽屉(分成的类别)。也就是说,抽屉原理本身就是一个通俗、浅显的数学应用模型。因此,学生经历从现实情境中提取出抽屉问题的数学化过程,对于获得数学模型的感受、体验,是十分有益的。

此外,尽管小学数学不要求用字母表示数来叙述较为一般的抽屉原理,但事实上,在概括具体问题(如4个苹果放进3个抽屉)的结论时,还是需要一定的抽象思维能力。同样,在发现某一实际问题可以运用抽屉原理,进而分辨何为苹果、何为抽屉的过程中,也离不开抽象思维。道理很简单,因为抽屉原理本身就是数学抽象思想的结晶。

总之,抽屉原理是体现数学三大基本思想(抽象、推理、模型)的非常生动而且有趣的案例。

二、教学意图剖析

教材安排了三道例题,其设计意图教参已有很清楚的说明,无需赘述。这里基于理论与教学实践相结合的视角,对以往相关讨论中存在争议或教参尚未涉及的问题,略作阐述。

1. 课题的选择

有学者指出[1]:教材"没有用'抽屉原理'作为标题,令人遗憾"。理由是"抽屉原理,或者鸽笼原理,乃是一种逻辑推理方法。它是一种普适的原理,并非单纯的个别数学问题。时至今日,它们已经成为了国际通用的名词,业已成为人们的常识。不出现'原理'二字,就将它弱化了。"

笔者以为,数学广角的课题采用"鸽巢问题"(突出"问题")或"抽屉原理"(凸显"知识"),实乃各有得失。因为在实际教学中,无论采用何种课题,教材和教师都会将"总有""至少"的理解作重点处理,并介绍"原理"的来历,而后在运用"原理"时都需要强调"问题"的模型。换句话说,"原理"与"问题"的重要性,在小学的这一课题教学中实在难分伯仲。

再说,数学广角的课题大多以"问题"命名,如"鸡兔同笼""植树问题",即便是"集合""优化",看似"知识",也能作"问题"解,即"集合问题""优化问题"。

因此,课题的两种选择都是可以的。

2."穷举法"与"反证法"

主张"反证"的观点认为[2]:"最不妥的是把穷举各种情况作为论证的基础。然而,抽屉原理并不是靠穷举各种情况再加以归纳出来的。恰恰相反,学习抽屉原理的意义在于丢开穷举检验,诉诸逻辑论证。"

从教学实际看,就是以假设、反证为主进行教学,也需要辅以穷举检验,因

---

[1] 张奠宙.按"四基"的要求编写数学教材——以"抽屉原理"为例[J].教学月刊小学版(数学),2014(10):4-6.
[2] 同[1].

为它能增强小学生的确信感,而且通过一一枚举,还能让学生经历概括的过程并体会数学的抽象。

因此,教学抽屉原理不能只有穷举没有反证;反之,只有反证没有穷举,也会影响多数学生的理解。至于是先穷举后反证,还是先反证后穷举,教师可以根据本班的学情作出自己的处理。重要的是,不管何种教学顺序,都不能忘了让学生感悟:当数量较大时,穷举非常困难,而反证则简洁明了。例如,教材"做一做"的第1题(图5-84):

图 5-84

通过让学生说一说"为什么",体会假设、推理远胜过枚举。

3. 教材的引例

在教学例1前,教材给出了一个扑克牌"魔术"(图5-85):

图 5-85

这一设计不仅"为了激发学生的学习兴趣,引出新知"[1],只要运用得当,也能有效地让学生体会抽屉原理的内涵:最差的情况是前4人各抽了一种花

---

[1] 人民教育出版社,课程教材研究所,小学数学课程教材研究开发中心.义务教育教科书教师教学用书·数学(六年级下册)[M].北京:人民教育出版社,2014:140.

色,第5人才出现重复花色;事前不知道哪种花色重复,4种花色都有可能重复;最极端的情况还有5人都抽到相同花色。从而使学生真正领会"总有……至少……"的含义。

三、教学困惑问题分析

分析以往教学中存在的问题,其原因主要源于对抽屉原理所揭示的存在性、最不利原则的理解存在盲点或不够深入。对此,阅读、理解了上面的阐述,可以消除大部分困惑。在此基础上,还有必要讨论以下几个问题。

1. 为什么学生难以自己归纳、表达出结论

抽屉原理的表述看似直白,却超出了一般人的数学敏感性和抽象概括能力。要不然,为什么如此平凡、简单的现象,直到19世纪才被狄利克雷(Dirichlet)首先明确提出呢?如同苹果往地上掉了千百年,直到落在牛顿(Isaac Newton)头上,才深究出万有引力定律。

正是基于学生数学抽象概括能力的现有水平,所以面对初次接触这一内容的学生,教师采取提出"猜想"即给出结论,让学生思考、验证和理解的方式进行教学,也是可取的。

为了帮助学生理解,我们有必要对抽屉原理的结论作进一步的分析。以教材例1为例,结论的表述有以下几种句式。

把4支铅笔放进3个笔筒中,不管怎么放:

至少有一个笔筒有2支或2支以上铅笔;

至少有一个笔筒至少有2支铅笔;

总有一个笔筒至少有2支铅笔。

比较而言,第三种表述较为简洁。然而,"总有……至少……"的句式学生比较陌生,初次阅读还会感觉拗口,特别是对"至少"的理解常有误解。

"至少"按《现代汉语词典》的解释:"副词,表示最小的限度"。习惯上理解为"最少,不能再少了"。因此,常有学生认为:"明明铅笔最少的笔筒放0支,怎么是2支呢?"这是生活用语、数学用语的差异造成的困惑。

关于抽屉原理中"至少"的理解,一位教研员总结出三个要点[1]:

(1) 苹果数不少于抽屉数,是讨论"至少"的前提。确实如此,如果苹果数少于抽屉数,就至少有一个抽屉是空的。

(2) 最多中找最少,是理解"至少"的关键。为什么我们总是从苹果数比抽屉数多1开始讨论,就是因为容易使学生理解:苹果数最多的抽屉里至少有2个。

(3) 一定没有意外,是"至少"的保证。这也是"总有"的内在含义。

教师正确理解"至少"的内涵,才能在教学中自如应对学生的各种回答。例如,一次听课,解释教材的引例时,有学生说:"最多抽5张牌,就一定有两种花色相同。"教师的即时反应是"错,应该说至少"。该生坚持己见:"是最多抽5张,再多抽就浪费了。"教师沉默,不再回应。课后才醒悟:最多抽5张,就一定出现至少2张同色。

2. 怎样把握抽屉原理的教学尺度

前面的讨论,让我们领略了抽屉原理思维的特殊性(从最不利情况入手分析)、语言的抽象性(用词精炼、含义需要准确理解),此外,它还具有应用的灵活性(问题变化多端)。

因此,对于抽屉原理的教学目标,教学参考书给出的尺度是[2]"初步了解""会运用'抽屉原理'解决一些简单的实际问题"。据此,教材自始至终没有出现抽屉原理的一般化描述,而是结合实例,用直观的方式进行"就事论事"的解释、说理。

考虑到学生初学时经常会出现各种误解,如以为"苹果数只能比抽屉数多1或比抽屉数的几倍多1",将某个抽屉至少有苹果的个数"商加1"误解为"商加余数"。因此,教材在例2中出现了苹果数比抽屉数的2倍多2的情况(8本书放进3个抽屉);在练习中出现了苹果数正好是抽屉数的3倍(正方体6个面涂2种颜色)。这些设计有助于学生摆脱认知偏差与思维定势,但也不要求

---

[1] 刘小宝.弄清"至少"不容易——浅谈对人教版"数学广角——抽屉原理"中"至少"的理解[J].小学数学教师,2010(10):33-37.
[2] 人民教育出版社,课程教材研究所,小学数学课程教材研究开发中心.义务教育教科书教师教学用书·数学(六年级下册)[M].北京:人民教育出版社,2014:136.

覆盖大于1的所有余数。

同样,抽屉原理的运用五花八门、形形色色,进入义务教育的课堂,练习设计必须控制难度。这方面,教材编写的习题值得学习,不仅题材多样、难度适当,内涵也相当丰富。这里仅举一例。

例 5-46 抽屉原理的应用(图5-86)。

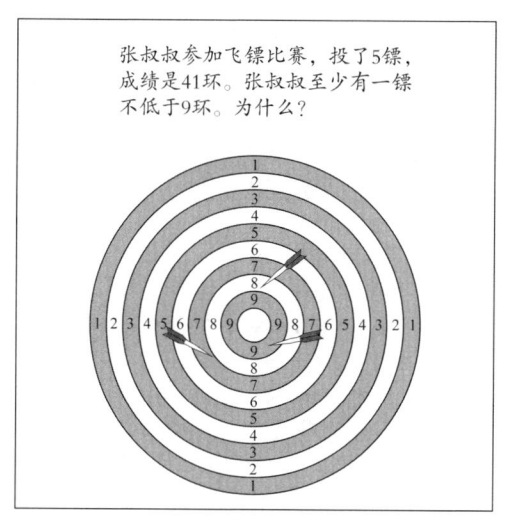

图 5-86

思考一:考虑最不利的情况,5镖都是8环,则总成绩是40环,还差1环,所以至少有一镖不低于9环。

思考二:联想到平均数,5镖41环,平均数是8.2,因为环数是整数,所以必定存在小于、大于平均数的环数。

原来,这题可以沟通抽屉原理与平均数之间的联系。

当然,不作一般化描述、控制练习难度,是指面向全体学生的教学要求。对于基础较好的班级,特别是学有余力的学生,酌情提高抽象概括的要求,让学生"跳一跳"也是可行的。

3. 苹果、抽屉是否有必要加以区分

以4个苹果放进3个抽屉(等同于教材的例1,即4支铅笔放进3个笔筒)为例。只区分抽屉,不区分苹果,就已经有15种不同放法。如果再区分苹果,要做到不重不漏地一一枚举,非常困难,一节课的时间也不够。于是,有教师

把苹果换成了乒乓球(理由是乒乓球统一规格,苹果没有两个是完全一样的),从而只区分抽屉。确实,有个别版本教材的教参是建议区分抽屉的(图 5-87)[1]。

```
2. 题2。学生小组合作:将4个苹果放入3个抽
屉,实际上是将4分拆成三个加数。通过操作,学生
发现有下列15种情况,且不管哪种情况都会发生;
至少有一个抽屉有2个或2个以上的苹果。
```

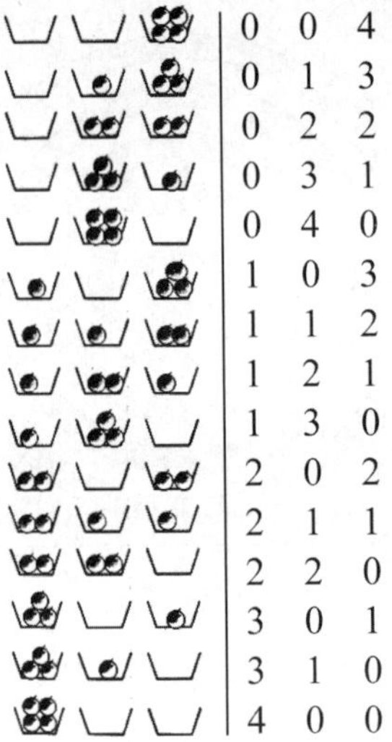

图 5-87

其实,无论是苹果还是铅笔,都无需加以区分。因为我们研究苹果的个数、铅笔的支数,而不是哪个苹果、哪支铅笔。至于抽屉不作区分,是因为我们研究的是"存在性",所以不管哪个抽屉,只确认"总有……至少"。

实践表明,学生也常有"为什么不区分抽屉"的疑问,如何消除他们的疑虑,下面再作介绍。

---

[1] 上海市中小学(幼儿园)课程改革委员会.九年义务教育·数学教学参考资料·三年级第二学期[M].上海:上海教育出版社,2015:120.

四、典型教学片断分享

1. 形式多样的导入

看似简单的抽屉原理,因其深刻的内涵与特有的表达方式,不可避免地给教学构成了一种挑战。为此,很多教师在教学导入上动足了脑筋。这里略举数例。

课例 5-10 导入抽屉原理的同课异构。

(1) 创设悬念。

师:我校六年级有 370 人,老师预言至少有 2 人在同一天过生日。对不对?为什么?这就是本节课学习的内容。

……

[评析] 这种常见的引入设计,具有明显的教学效果:一是容易触发认知冲突,激活探究欲望;二是便于因地制宜选取数据,一般小学,全校或全年级人数大多超过 366;三是还有变式可供选择,如"我班有 38 人,无论如何都至少有 4 人在同一月过生日",等等。

(2) 抢座位游戏。

师:讲台前有 2 条板凳,请 5 位同学上来抢座。必然会出现什么情况?

……

[评析] 实践表明,抢座位游戏用作例 1 的引入,效果不很理想。比如,4 人抢 3 椅,只会出现一种情况(2,1,1),不会出现空椅。因此,容易引出"总有",却很难导出"至少"。改在教学例 2 前组织该游戏,"总有……至少"的陈述已经出来了,通过游戏生成有余数除法就很自然了。

(3) 石头、剪刀、布游戏。

师:喜欢玩"石头、剪刀、布"的游戏吗?如果四人小组 4 个同学同时出拳,出现的手势会有什么必然的规律呢?

学生沉默。

师:老师断言,不管哪一组,4 人 3 种手势,总有一种手势至少 2 人出(板书)。相信吗?将信将疑?那就让事实来说话。前后四人小组配对。

学生准备。

师:听口令,出!别动!记住自己小组4人的手势,各小组汇报。

生:2人剪刀,1人石头,1人布。

师:记作(2,1,1)。

生:1人剪刀,1人石头,2人布。

师:也是2、1、1,有没有2、2、0的?

生:有,我们小组是2人剪刀,2人石头,没有人出布。

师:还可能是哪三个数?

生:还可能是3、1、0或4、0、0。

教师完成板书:

(2,1,1)

(2,2,0)

(3,1,0)

(4,0,0)

师:我的预言"4人3种手势,总有一种手势至少2人出"对吗?

……

师:为什么?

生1:因为只有3种手势,4个人出,一定会有重复。

生2:3种手势,就算一人一种,第4个人的手势只能重复。

……

[评析]教学抽屉原理的游戏,除了抢座位,还有抛硬币,如同时抛3枚硬币,至少有2枚正反面相同。但在课堂上人人动手同时抛3枚硬币,操作实施容易失控。

这一别出心裁的教学设计,与摸扑克牌的游戏异曲同工,都能较为有效地实现教学意图,但显得更为简约(只有3个抽屉,全班各四人小组同时出拳使多种情况同时呈现),因而费时更少。抽屉原理的主要内涵"存在性"及其解释呼之欲出。

2. 体会存在性与最不利原则的演示

上面的分析告诉我们,存在性和最不利原则的解释,三言两语很难说明白。因此,可行的策略是通过具体实例,让小学生获得自己的体会和感悟。

■ **课例** 5-11　身临其境的演示。

师:有3种花色不分左右手的手套(出示),每种花色都有很多只,黑暗中至少摸几只,就一定有2只相同花色。

生:至少摸2只。

师:运气好,有可能。最糟糕的情况,至少要摸几只,才一定有2只相同花色呢?

生:至少摸4只。

师:为什么?

生:假如前面3只手套不巧是3种花色的话,再摸1只就一定有一副了。

师:让我们来验证一下。最糟糕的情况是摸了3只各不相同(演示),再摸第4只,可能是哪种花色?

生:3种花色都有可能。

师:对呀,不确定是哪种花色,但肯定有2只相同花色了。这里的3种花色、4只手套,什么相当于抽屉,什么看作苹果?

生:3种花色相当于3个抽屉,4只手套相当于4个苹果。

师:同意吗?

生:同意。

师:对,4只手套放进3个抽屉,总有一个抽屉也就是总有一种花色至少有2只手套,但不确定相同花色是哪一种,这也是我们前面研究苹果放抽屉时不区分抽屉的道理。

[评析]这一设计符合小学生的认知特点,能有效调动学生的生活经验,真切感受存在性的内涵要点"一定有"与"不确定"。同时,也相当自然地让学生体会到了"最不利"原则的思考方法在日常生活中的应用。

3. 由名称的介绍引出应用

■ **课例** 5-12　由数学史的介绍引出抽屉原理的应用。

师:读了教材的"你知道吗?",我们知道了狄利克雷原理还有哪些名称?

生:抽屉原理,鸽巢原理。

师:这么多名称说明什么呢?

生:鸽巢原理可以应用到很多地方。

师:说得真好。下面就让我们来应用鸽巢原理解决问题,感受它的魅力。

……

[评析]简短的过渡对话,着眼于数学的应用意识,又非常自然地由阅读教材转向练习。

4. 练习题的验证

课例5-13 联系本班实际验证结论。

完成教材"做一做"(图5-84)后,教师问:我们班43人至少有几人在同一个月里过生日?说说你是怎么算的。

生:$43÷12=3……7$,我们班至少有4人在同一个月里过生日。

师:果真至少4人吗?请1月份过生日的同学举手。

……

师:我们班同学有属羊、猴、鸡3种生肖,至少有几人属相相同?

生:$43÷3=14……1$,我们班至少有15人属相相同。

师:还需要验证吗?

……

[评析]教师充分利用教材提供的练习资源,联系本班学生实际,进一步展开抽屉原理的应用。通过验证,活跃了课堂练习的气氛,更重要的是增强了学生的确信感,增进了知识的理解。

五、教学反思与发展探索

从上面介绍的教学片断不难获得启示,几乎所有例子都能让学生感悟存在性与最不利原则。由此反思:关键不在于例子的新颖,哪怕是对教师来说司空见惯的例子,对首次遇见的学生来说都是新鲜的;关键在于例子的诠释,在于教师的精心设计与提出得当的问题,进而通过运用原理解决问题,巩固、加深理解。

抽屉原理的应用广泛且多变,这对于开拓学生的数学眼光、数学思维具有独特的功效,有条件的班级可以适当作些拓展。

1. 抽屉的构造

应用抽屉原理解决实际问题的难点在于一些问题情境没有现成的抽屉,这时,如何造出"抽屉"就成为解题的关键。

例 5-47 抽屉原理的应用。

问题1:在1,2,3,4,5,6,7,8,9,10这十个数中任选6个数,一定有2个数连续。为什么?

学生不难发现,6个数相当于6个苹果,怎样制造5个抽屉呢?要使"两个数连续",把十个数按顺序分成5组。

解:把这十个数组成5个抽屉(1,2)、(3,4)、(5,6)、(7,8)、(9,10)。根据抽屉原理,任选6个数,总有2个数在一个抽屉里,不管哪个抽屉里的2个数都连续。

本题的数学史背景是匈牙利数学家厄多斯(Paul Erdous)向年仅11岁的波萨(Pósa)提出的问题:

已知 $n+1$ 个正整数,它们全都小于或等于 $2n$,证明当中一定有两个数互质。

据说小波萨思考了不足半分钟便给出了正确的答案:

取 n 个盒子,在第一盒子放1和2,第二个盒子放3和4,第三个盒子放5和6,依此类推,直到第 n 个盒子放 $2n-1$ 和 $2n$ 这两个数。如果从 n 个盒子里任意抽出 $n+1$ 个数,就一定有一个盒子被抽空。因此,这 $n+1$ 个数中必有两个数是连续整数,而连续的两个整数互质。原来,小波萨自发地运用了抽屉原理。

考虑到小学有关"倍数与因数"的知识做了精简,且连续的两个整数互质,学生虽能发现,但难以说明为什么,所以改编并简化成上题。

2. 渗透涂色法

构造抽屉有时可以采用涂色的手段。

例 5-48 一个著名的问题。

平面上有6个点(没有三点在一条直线上),每两点用红色或蓝色的线段连接起来,其中至少有一个三角形的三条边同色。为什么?

为证明"至少有一个三角形的三条边同色",显然不需要求出6个点两两连接,能够组成多少条线段、组成多少个三角形。

解:用 A、B、C、D、E、F 表示平面6个点。先考虑 A 与其他各点的连线 AB、AC、AD、AE、AF。根据抽屉原理,5条线段2种颜色,至少有三条同色。不妨设 AB、AC、AD 同为红色(图5-88)。再考虑 BC、BD、CD。这三条线段中只要有一条红色,不管哪一条,就已经组成一个红色三角形;相反,如果这三条线段没有一条红色,也就是这三条都是蓝色,那么它们组成一个蓝色三角形(如图5-89中的三角形 BCD)。不论哪种情况,都证明结论成立。

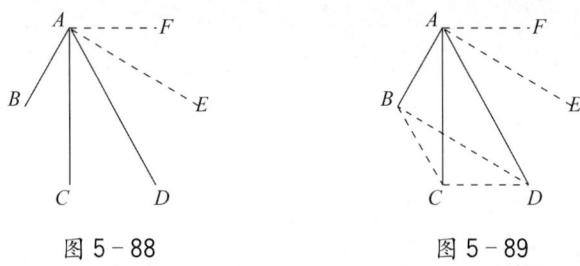

图 5-88　　　　　图 5-89

本题难度较大,可以作为课外数学兴趣小组的讲解内容。待学生理解后,教师再将6点连线问题赋以情境:

在任意6人的集会上,或者3个人以前互相认识,或者3个人以前互相不认识。为什么?

这是1958年《美国数学月刊》上的一道题,被称作6人集会问题。它是组合数学中拉姆齐(Frank P. Ramsey)定理的一个最简单的特例,运用这个简单问题的证明思想可以得出另外一些深入的结论,从而构成组合数学的重要内容——拉姆齐理论。

向学生介绍这类背景,有助于激发数学爱好者的研究志向。这虽然不是教材设置"数学广角"的主要目的,但无疑有助于因材施教,更重要的是为培育拔尖人才奠基也是义务教育的题中之义。

第六章
问题提出的教学研究

问题提出历来是我国数学教育的短板,也是落实"四能"目标必须突破的难点。

综观国内外的问题提出研究,大多指向了问题解决,学习过程中的质疑问难研究相对缺失。

鉴于此,我们提出了自己的分类:教师设计的问题提出与学生自为的问题提出。

教师设计的问题提出,怎样与时俱进?学生的质疑问难即自为的问题提出,现状如何?发展空间有多大?

本章在探讨、回答了这些问题的基础上,重点研究学生自为的问题提出,提炼了培养学生问题提出能力八个方面的策略。最后,对教师提升自身能力,应对新的挑战提出建议。

第一节 历史回顾与研究意义

一、历史的回顾

历史地看,对"问题提出"的关注由来已久。在我国,历来有"学问"之说,即"学"必须紧密联系"问"。早在两千多年前,孔子就提出"疑是思之始,学之端"。在西方,"问题提出"至少可以追溯到古希腊著名哲学家苏格拉底(Socrates)的"谈话法"。苏格拉底将"问题"比喻为"接生婆",催生新思想。

综观"问题提出"的中外源头及其随后的探索,基本上是将其视为学与教的一种方法,大多缺乏对"问题提出"本身的研究。

真正对"问题提出"展开实证研究源于近几十年心理学家对创造力的研究,将发现问题、提出问题作为创造的重要成分。

就数学教育领域的问题提出而言,一些著名数学教育家如波利亚、弗赖登塔尔(H. Freudenthal)等,较早就提出让学生自主提出数学问题应成为数学教育的一个重要方面。至20世纪90年代初,全美数学教师理事会在《学校数学课程与评价标准》(1989)与《数学教学的专业标准》(1991)等文件中明确提出了增加"问题提出"活动的教学要求,标志着问题提出开始进入课堂。

我国《全日制义务教育数学课程标准(实验稿)》,在总体目标的"解决问题"方面,首次提出"初步学会从数学的角度提出问题"的要求。《义务教育数学课程标准(2011年版)》则进一步纳入总目标的陈述中"增强发现和提出问题的能力、分析和解决问题的能力"。教师们将其概括为"四能"目标,问题提出已然成为数学教学改革关注的新焦点。

在为民族复兴实现中国梦培养下一代的大背景下,对问题提出的专题研究具有重要意义。

二、研究的意义

在数学教育领域,问题提出的研究相对较新、较弱,特别是至今尚无公认的理论框架。因此,立足小学数学的问题提出教学研究,必然会给理论提炼提供实践基础与经验支撑。

这里仅从培养学生问题意识、提出问题能力的育人价值与教学功能层面阐述其主要意义。

1. 有助于培养创新精神

没有问题就没有创新,创新始于问题是公认的事实。在相关文献中,被引用最多的可能是爱因斯坦(Albert Einstein)的一段话,"提出一个问题比解决问题更重要,问题的解决可能只是涉及数学或实验技能,但提出新问题、新的可能性或从新角度来关注旧问题,则需要创造性的想象,常常标志着科学的真正进步。"类似地,小学生的问题提出,常常标志着学习的真正进步。

例 6-1 教学角的度量。

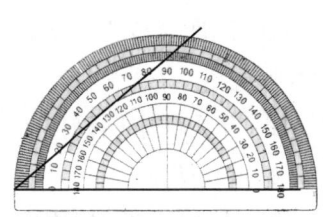

图 6-1

教师针对学生的错误量法(图 6-1),指出量角不能像量线段那样一端对齐。没想到,由此引发了学生的争论。

生 1:为什么量角器不做成半个?如果是半个的量角器,就可以一端对齐来量了。

生 2:你的半个叫扇形,如果用扇形的量角器,那只能量锐角,最多直角,不能量钝角。

生 1 反驳:可以的,量旁边的角(学生不知道互为补角的概念),然后用 180 度减一下。

该生还在实物投影仪上演示了假想的扇形量角器(用纸遮住量角器的一半)量钝角的方法(图 6-2)。

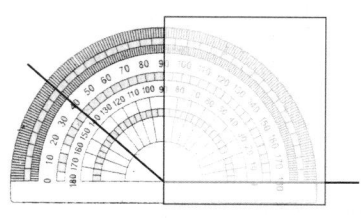

$$180°-40°=140°$$

图 6-2

生 3：不用做减法，看内圈刻度，这个钝角的度数是 140 度。

多么精彩的一幕。大胆质疑，由不乏创意的提问"为什么量角器不做成半个"生成个性化的拓展性学习，无形中与中学数学产生衔接（涉及互补的角），还发现了量角器使用的新方法。

与此同时，问题提出也对教师提出了新的挑战。

事实上，如图 6-1 那样摆放量角器，依据"同弧所对的圆周角是圆心角的一半"，也能量出角的度数。

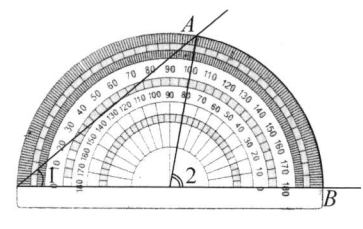

$$\angle 1 = \angle 2 \div 2 = 80° \div 2 = 40°$$

图 6-3

如图 6-3，同一段弧 AB 所对的两个角，$\angle 1$ 是圆周角，$\angle 2$ 是圆心角，要量的角是 $\angle 1$，读数 80° 是 $\angle 2$ 的度数，$\angle 1$ 的度数是它的一半，即 40°。

因此，由学生自发生成的量法，可以引出一个课后探究问题：[1]

用下面图示（图 6-4）的两种方法量同一个角，比较量出的度数，你发现了什么？

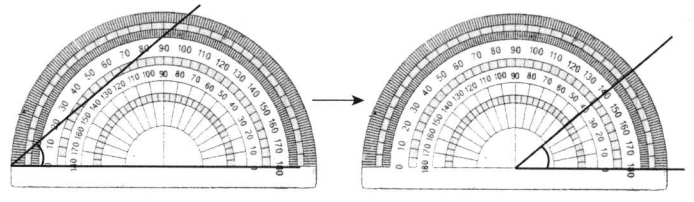

图 6-4

---

[1] 曹培英.返璞归真："角的度量"教学新探索——兼评朱晓晨老师"角的度量"一课[J].小学数学教师，2016(05):22-29.

自己再画一个角,用两种方法量,验证你的发现。

在这里,"教学相长"得到了新的印证。

2. 有助于促进问题解决

问题提出与问题解决的联系是中外众多学者关注的一个研究点。研究表明,解决问题与提出问题之间呈现正相关。[1]

针对中学生的研究表明[2]:

解决问题前提出问题:对问题解决有一定的指引作用。学生有信心解决其提出的问题,且能解决自己提出的大部分问题。

解决问题中提出问题:对探究起到很大的促进作用。提供适当的支架能够提高学生的问题解决效能。

解决问题后提出问题:对拓展学生思维具有积极意义。不同类型的数学问题反映出学生对问题的理解水平。

我们针对小学生的研究同样有类似表现。

例 6-2 商店促销,甲店每满 100 元减 20 元,乙店打 8 折。如果同样商品两店原售价相同,那么:

(1) 买 200 元商品,进哪家商店购买?

(2) 买 250 元商品呢?

问题解决前让学生提出问题,多数学生的问题可归纳为:买 200 元、250 元商品甲店、乙店各要多少元?提出这类"中间问题"对完成解答起到了有效的引导作用。也有个别学生提问:满 100 减 20 也是打 8 折,还要比较吗?这一问题对解答似乎帮助不大,但能促进反思与理解。

问题解决过程中,解答第(2)问时多数学生提出问题:到甲店买 250 元商品减多少元?(20×2 元)显然,这是解答第(2)问的难点,正确回答了这个问题,第(2)问也就迎刃而解了:250−20×2>250×80%。

问题解决后让学生提出问题,很自然地引出深化思考,如总价是多少时两店付款相等,总价是多少时乙店更便宜。(总价整百元时两店付款相等,不是

---

[1] 夏小刚,吕传汉.美国数学教育中的提出问题研究综述[J].比较教育研究,2006(02):18-22.

[2] 李祥兆.基于问题提出的数学学习[D].上海:华东师范大学,2006.

整百元时乙店便宜）

3. 有助于增进教学效能

首先,教学进程中学生发现问题、提出问题,是观察、思考的结果,内含他们的经验与困惑,由此发生的讨论、争辩,有助于促进数学理解。

例 6-3 教学小数乘法。

例题是:"风筝单价 3.5 元,买 3 个要多少元?"有学生提问:教材中的竖式,为什么因数末位对齐,不是数位对齐?

$$\begin{array}{r}3.5\\ \times3\\ \hline \text{末位对齐}\end{array} \qquad \begin{array}{r}3.5\\ \times3\\ \hline \text{数位对齐}\end{array}$$

经过讨论,学生自己得出两种解释:其一,计算结果都一样,对不对齐无所谓;其二,3.5 的单位是"元",3 是"个",数位对齐没有意义。教师进一步说明,后面学了小数乘小数就会更加清楚,简便的方法是都看作整数来乘,所以像整数乘法那样末位对齐是合理的。

其次,课堂上为学生提供发表自己疑问的机会,引导学生提出问题,在诱发全班同学投入学习活动、活跃思维的同时,也有助于学生减少对教师、教材的依赖,从而使学生真正成为学习的主体。

再次,从教师角度看,教学中学生提出的问题常常能够从不同侧面反映出他们对所学内容的理解程度,以及掌握情况,因而问题提出作为一个窗口、一面镜子,可以用来探测学生的数学理解,使之成为课堂教学中可选用的一种有效教学评价工具。

第二节 问题提出的内涵与分类

一、问题提出的内涵

什么是问题提出？目前国际数学教育界比较广泛认同的一个界定是：包括从一个给定情境或经验中创造新问题，或者对给定问题的重新阐述。[1]

在这个定义里，问题提出主要涉及两类活动。

一类是相对独立的数学活动，目标不是解决问题，而是利用给定的情境或自己的经验创造新问题。这样的问题提出可以先于任何问题解决而发生，如在一个人为的或自然的学习情境中产生问题。

对于小学生来说，其过程可大致图示如下（图6-5）：

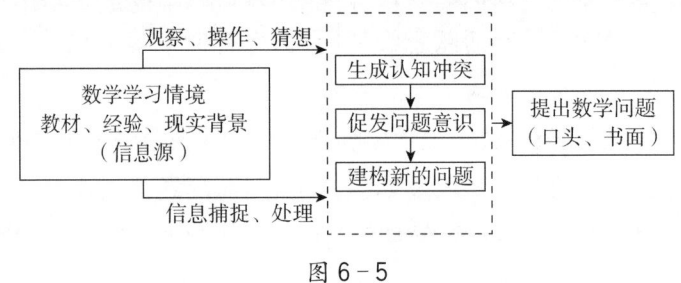

图6-5

另一类是针对给定问题来提出新问题。包括解决问题过程中对问题的分解、变换（如特殊化）来发现新问题，以有利于原问题的解决；也包括在解决问题后对原问题的拓展，提出相关的新问题，以获得更深入或更普遍的理解。

然而，众多研究几乎都指向了问题解决。由此，问题提出既是问题解决的起点，又是问题解决的延续与发展，似乎成为了共识。

进而有学者认为：数学问题提出是指基于某个问题情境，通过接受已知或

---

[1] Silver E A. On Mathematical problem posing[J]. For the Learning of Mathematics, 1994, 14(1): 19-27.

改变已知的方式来提出新的数学问题,然后将其以问题的形式表达出来[1]。

按此界定不妨略加细化并给出图示(图6-6):

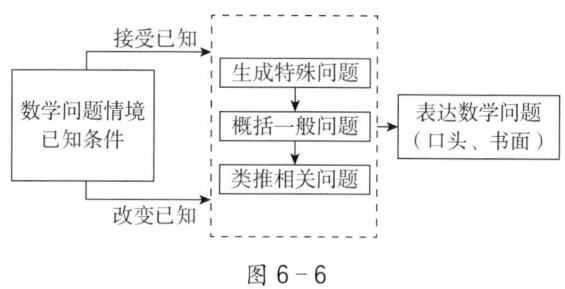

图6-6

自然,无论是接受已知,还是改变已知,也是信息的加工过程,同样伴随观察辨析、实验操作及分析猜想等活动。

二、问题提出的分类

1. 已有研究的分类

很多研究从问题提出的发生时段加以划分,即问题解决之前、问题解决过程之中、问题解决之后的问题提出。

也有从问题情境入手作出分类,如游戏情境、故事情境、操作情境等。还有从情境表达方式分类,如文字语言表述方式、符号语言表述方式与图表语言表述方式。比较完备且适合小学数学的分类,如基于现实情境(文字、图表)、数学情境(关系式、图形、图表、模式)提出问题。[2]

综观这些分类及相关的研究,实际上以问题解决为目的,基本没有涵盖课堂教学过程中的质疑问难,即学生在学习过程中源于求知欲或困惑不解而提出问题。因为这类更为常态的生成性问题提出,并无给定情境或给定问题。如同作文,针对情境的问题提出与针对问题的重新阐述,相当于"命题作文"(至多自定副标题)、"材料作文"(自定主题),而学习过程中的问题提出则近似于自由作文,写什么、怎么写都是自己做主。

---

[1] 蔡金法,许天来.数学问题提出的例子、类型和内涵[J].小学教学(数学版),2019(7/8):34—40.

[2] 同[1].

毫无疑问,学习过程中的问题提出是培养学生发现问题、提出问题能力的主要渠道、主攻方向。因此,还有必要回到源头,作更为一般的探讨。

2. 我们的分类

在心理学看来,当人们面临一项任务而又没有直接手段去完成时,于是就有了"问题"。代表性的界定是指给定信息与目标指向之间存在障碍的情境[1]。信息、目标、障碍是问题的三要素。

举例来说,一道小学数学题或一页数学课文(信息),你想解答或理解它(目标),中学生无需思索,小学生则要动番脑筋(障碍)。

基于此,我们将问题提出分为教师创设情境即教师设计的问题提出、学生基于内容或经验即学生自为的问题提出两大类。

教师设计的问题提出,无论情境是结构化的、半结构化的还是自由的,信息、目标都是教师给定的,区别只是信息的结构化程度与目标的开放性程度存在差异。因而,本质上是一种人为的"应答"训练。

迄今为止的大量研究,之所以聚焦这一类问题提出,恐怕主要原因是它的可设计性,实验条件便于控制,学生反应容易采集、统计,能趋近定量实证研究的规范。

学生自为的问题提出,以理解、获取知识为目的,信息是学生自己从学习内容或过往经验中搜索、提取的,目标源自个体元认知的驱动。因而本质上是一种自发或自觉的"批判性"学习,是真正的于无疑处生疑,能更广泛地迁移,有更长远的价值。也正是由于这类问题提出是原生态的,大多可遇不可求,因而难以设计实验、统计分析,比较适合采用质性的经验总结法加以研究。

下面分别展开探讨。鉴于针对小学数学的已有研究大多侧重算术与代数,较少涉及几何,而几何的直观性、实验性,看得见、摸得着,恰恰有利于发现问题、提出问题,因此案例的选择力求数与形兼而有之。

---

[1] 汪安圣.思维心理学[M].上海:华东师范大学出版社,1992:99.

第三节　教师设计的问题提出

一、原有相关练习的与时俱进

在以往的小学数学应用题教学中,教师给出条件,让学生提出问题是一种常规的练习。

例 6-4　根据条件提出问题。

学校舞蹈队有男生 20 人,女生 60 人。_____?

学生可以提出求和、求差、求倍等问题。

随着学习的进展逐步提高提出问题的要求,如让学生提出需要两步运算的问题。

例 6-5　根据条件提出两步运算的问题。

(1) 学校舞蹈队有男生 20 人,女生分成 6 组,每组 10 人。_____?

学生同样可以提出求和、求差、求倍的问题。

(2) 学校舞蹈队有男生 20 人,女生人数是男生的 3 倍。_____?

学生可以提出求和、求差的问题。

设置这类练习的主要目的,原来并不是为了培养提出问题的能力,而是着眼于应用题教学的需要:

一是帮助学生理解数量关系。例如,例 6-4 和例 6-5(2) 针对两个量的和、差、倍关系,例 6-5(1) 针对乘、加的合并关系。

二是促进学生掌握看条件想问题即综合法的思考方法。对于两步运算的问题而言,还能促进学生理清解题思路,即先算什么、再算什么。

根据需要也会将补充条件与提出问题结合。

例 6-6　六年级分数应用题练习课片断。

花圃面积的 $\frac{1}{3}$ 种玫瑰,$\frac{1}{4}$ 种百合,其他种蝴蝶兰。

(1) 根据已知条件按下面的要求各提出一个问题。

① 一步运算的问题：_____。

② 两步运算的问题：_____。

③ 三步运算的问题：_____。

(2) 根据算式补充条件，并提出问题。

① $600 \times \dfrac{1}{3} = 200$(平方米)是已知_____，求_____。

② $150 \div \dfrac{1}{4} = 600$(平方米)是已知_____，求_____。

③ $200 \div \dfrac{1}{3} \times \left(1 - \dfrac{1}{4}\right) = 450$(平方米)是已知_____，求_____。

(3) 再补一个关于面积的条件，并提出问题。

已知_____，求_____。

第(1)题的三小题，各有多种答案。一步运算，除了求两个已知分数之和、差、商的问题(如求商：百合面积相当于玫瑰的几分之几)，还有 $1-\dfrac{1}{3}$、$1-\dfrac{1}{4}$ 的问题，即蝴蝶兰与百合(玫瑰)共占花圃的几分之几。

二步运算，除了求蝴蝶兰占花圃的几分之几，还有玫瑰与百合的相互比较，如玫瑰面积比百合多百合的几分之几，即 $\left(\dfrac{1}{3}-\dfrac{1}{4}\right) \div \dfrac{1}{4}$，以及蝴蝶兰与百合(或玫瑰)面积之和与玫瑰(或百合)的倍数关系等问题。

三步运算，也能提出不少问题，如蝴蝶兰面积比玫瑰(或百合)多种了花圃的几分之几，玫瑰(或百合)面积相当于蝴蝶兰的几分之几等。

前两个问题的算式是 $1-\dfrac{1}{3}-\dfrac{1}{4}-\dfrac{1}{3}$，$1-\dfrac{1}{3}-\dfrac{1}{4}-\dfrac{1}{4}$；

后两个问题的算式是 $\dfrac{1}{3} \div \left(1-\dfrac{1}{3}-\dfrac{1}{4}\right)$，$\dfrac{1}{4} \div \left(1-\dfrac{1}{3}-\dfrac{1}{4}\right)$。

每个学生各提出三个问题，自然涉及三种花相互之间的关系，必然需要辨别是以花圃的面积为单位"1"，还是以某种花的面积为单位"1"。例如：

$\dfrac{1}{3}-\dfrac{1}{4}$ 的差是以花圃面积为单位"1"；

$\left(\frac{1}{3}-\frac{1}{4}\right)\div\frac{1}{4}$ 或 $\left(1-\frac{1}{3}-\frac{1}{4}\right)\div\frac{1}{3}$ 的商是以百合(或玫瑰)的面积为单位"1"。

第(2)题三小题的意图比较直白,旨在辨析分数乘法、除法两类实际问题及其综合应用。

第(3)题可以让学生尽情发挥,也便于教师视教学的实际情况作出调控。

前来观摩这节课的教师,共同的感慨是"没想到两个分数就能上一节课,而且收放自如,几乎覆盖分数运算的各种实际应用与综合应用"。

应该说,这些指向分析问题、解决问题能力的意图如今仍然是需要的、适宜的,有必要与时俱进的是还应明确赋予培养提出问题能力的要求。事实上,作为提出问题能力的基础训练,这类练习也是可取的、有益的。

因此,应当在原有的基础上,进一步形成提出问题的练习系列,低、中、高年级逐步递进,逐步扩展内容领域,从数与代数向图形与几何、统计与概率延伸。例如,华东理工大学附属小学数学教研组构建的提出问题练习系列:

一年级:给两个条件,要求提出加、减一步运算的问题;

二年级:给两个条件,要求提出乘、除一步运算的问题;

三年级:给两个、三个条件,要求提出两步运算的问题(包含速度、时间与路程,单价、数量与总价等常见数量关系),以及求长方形周长、面积的问题;

四年级:要求提出两、三步运算的问题(包含归一、归总等思路与两积之和或差等数量关系);

五年级:提出用字母表示数、列方程解决的问题(包含相向、同向运动等情境),有关平均数以及求多边形面积、长方体表面积或体积的问题。

这就从根本上改变了目前较为普遍的现象:三年级学生提出的问题与一年级提的问题几乎同等层次;师生都逐渐丧失不断跟进的兴趣;高年级学生提问的机会少于低年级。

实践表明,这些系列练习与各学年的教学内容紧密相关,既有利于学生加深理解、灵活应用所学知识,又有助于促进学生问题意识的形成。

例 6-7 根据条件提出至少三个问题。

已知一个长方体的长为30厘米,宽为10厘米,高为10厘米。

(1) _____?
(2) _____?
(3) _____?
其他：_____?

通常学生提出的前两个问题是求长方体的表面积、体积，后面的问题多数是求长方体的棱长和，求切出一个最大正方体的体积、表面积以及剩余图形的体积、表面积。

个别学生提出的问题是：

"切出一个最大的正方体，表面积最多增加多少？"（指正方体和剩余图形的表面积总和与原长方体表面积相比）

这一问题引起了全班学生的兴趣与讨论。

生1："最多"是什么意思？

生2：题目没有限制只切一次，如果切两次，剩余部分是两个长方体，表面积还会增加呀。

生3：是的，切两次，变成三个立体图形，表面积增加最多，比原来一共多了400平方厘米。

提出该问题的生2起初以为，剩余的两个长方体可以相等也可以不等，它们的体积之和不变，表面积之和可能会有变化。经自己研究发现，剩余图形的表面积切两次比切一次始终增加两个10×10的长方形。

学生由此还联想到三年级曾经提出的一个问题：

从一个长30厘米、宽20厘米的长方形纸片中剪去一个最大的正方形，求剩余部分的周长。

当时只给出一个答案，现在发现应该有两个答案。

可见，形成系列不仅使能力培养能够持续，同时还具有前后学习、相关知识融会贯通的功效。

二、着眼于问题提出能力的练习

国外学者设计的提问题目，着重提出问题能力的考查，大多呈现更大的开放性。例如，美国特拉华大学蔡金法教授为比较研究中美学生数学问题提出

认知差异设计的题目:[1]

例 6-8 王老师根据某一规则画出了下图(图 6-7):

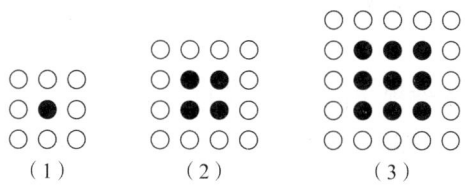

图 6-7

王老师希望根据上面的情境提出 3 个问题作为学生的家庭作业:1 个简单的,1 个中等难度的,1 个较难的,这些问题可以根据图中所提供的信息解决。请帮王老师提出这 3 个问题。

评价标准将答案分为扩展性问题、非扩展性问题和其他三大类。统计结果表明,美国学生提出的扩展性问题的平均个数(1.31)比中国学生(0.98)多,且差异具有显著性。美国学生提出的扩展性问题,如"这些图是怎么越来越大的""黑点数的模式是什么""白点的个数是怎样增加的",国内有经验的教师一看这些答案就知道这是中国学生的短板,即较少提出计算以外的概括性问题。

类似地,"使用问题提出任务评估学生对数量关系的理解",同样具有较大的开放性。

例 6-9 依据以下给定信息提出三个问题,要求这三个问题能够使用以下的信息解决。

"小明、小红和小花三人一同开车回家。其中,小花比小红多开了 80 千米,小红开的千米数是小明的 2 倍,小明开了 50 千米。"[2]

显然,三个条件信息若按数量关系依次出示"小明开了 50 千米,小红开的千米数是小明的 2 倍,小花比小红多开了 80 千米",则思维难度会大大降低。

我们采用原题的试测结果表明,按照研究者对学生提问结果的编码分类,

---

[1] 蔡金法.中美学生数学学习的系列实证研究——他山之石,何以攻玉[M].北京:教育科学出版社,2007:128.

[2] 蔡金法,刘启蒙.课堂评估:作为有效教学的重要组成部分[J].小学数学教师,2017(05):5-11.

学生容易想到:"链式问题",如"小红开了多少千米""小明和小红一共开了多少千米";"相关类问题",如"小花比小明多开了多少千米"。较少想到的是"对称问题",如"谁开的千米数最多、最少、处在中间位置"。这可能与我们平时的练习题中,这类问题较少有关。

确实,学生基于条件提出问题时,最自然的本能反应是联想、检索已有的解题经验,回想做过的习题。例如,多年前在单元复习时,针对梯形面积计算设计如下的提出问题能力训练。

例 6-10 一个梯形的面积是 120 平方厘米。

(1) 如果上、下底不变,高增加 5 厘米,那么面积是 180 平方厘米。可以求出原梯形哪些量?

(2) 如果上底_____,高增加 5 厘米,那么面积是 180 平方厘米。可以求出原梯形哪些量?

第(1)题学生想到的图示有一般情况、特殊情况(看作直角梯形),但都未成功:

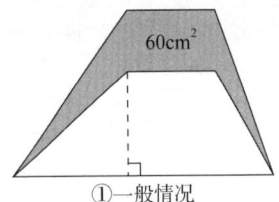
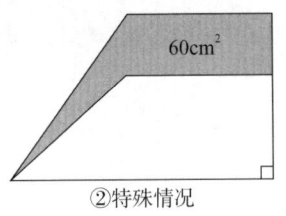

也有学生运用等积变换,如三角形等底等高的形状变化、梯形割补成长方形的形状变化:

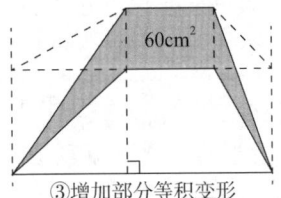
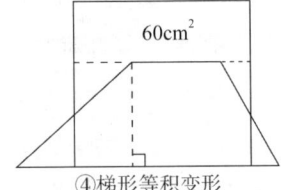

从而得到原梯形上下底的和:60×2÷5=24(厘米)(图③);梯形上下底的平均数:60÷5=12(厘米)(图④)。

进而求得原梯形的高:120×2÷24=10(厘米)。

那些课外已经超前学习了解方程的学生之所以都没用方程解,主要原因一是小学没有讲"中位线×高"的梯形面积算法,因此列方程将出现三个未知数;二是他们还缺乏用 120 代换 $(a+b) \times h \div 2$ 的经验。

第(2)题学生补充的条件除了"上底××厘米",还有上下底的关系,如"下底比上底长××厘米""上底是下底的一半"等,以及"上底延长到和下底一样长""上底缩短为 0"。

原来,他们联想到了"和差问题""和倍问题",以及做过的综合练习题:

一个梯形上、下底的和是 10 厘米,高是 6 厘米。

(1) 求这个梯形的面积。

(2) 如果高、面积不变,它的上、下底分别可能是多少? 画一画,你能够发现什么?

(3) 梯形、平行四边形、三角形的面积公式有联系吗?

就提出问题而言,两题的实质是期望学生通过推理,发现由条件可以求出哪些未知量。

又如,五年级长方体、正方体的单元复习课,设计如下的练习。

例 6-11 一个长方体纸盒长 20 厘米,宽 10 厘米,高 5 厘米。_____?

与例 6-7 相比,还是已知长方体的长、宽、高,但增加了"纸盒"的情境规定。学生提出的问题大多是:求纸盒的体积(容积,纸厚不计),求纸盒(有盖)的用纸面积,求无盖纸盒的用纸面积(接缝不计)。可能是"纸盒"情境的缘故,不见了"求棱长和"的问题,但出现了带附加条件的问题,如"最多可以装入多少个棱长为 3 厘米的正方体木块"等。这些问题都能在本单元先前的练习题中找到似曾相识的影子。

当然,在解答自己提出的问题过程中,也会有认知的发展。例如,在求"无盖纸盒的用纸面积"的过程中,学生发现有三种答案,开口为 10×5 时,用纸面积最大。个别学生也会提出与众不同的问题,如改成正方体纸盒容积是多少、用纸面积浪费多少,等等。

可见,尽管教学中并未有意识教学布朗和沃尔特(Brown & Walter)提出的"否定假设法"(what-if-not,如果它不是这样,那又可能是什么呢),小学生也能自发想到增加条件、改变条件(包括改变数据、改变原问题等),再提出问题。

"否定假设法"是广受推崇的提高学生问题提出能力的有效策略。它的主要功能在于提醒学生开拓思路，变换条件提出问题，因而有利于训练发散思维。但毕竟只是提升面对问题情境的"应答"广度或深度，对于培养学习过程中的批判性思维，提升"质疑"的深广度，作用有限。

"发散思维"被不少心理学家认为是创造性思维最主要的特点。发散思维与聚合思维相对，又称"辐射思维""求异思维"等，是指从一个目标出发，沿着不同途径去思考、去探求多种答案的思维。一般认为，测定发散思维的三个主要指标是流畅性、变通性、独特性。但独特性明显的答案是否对学习、探究有意义呢？例如，一项发散性思维测试的其中一题：看到圆你想到了什么？一个被认为极其独特的回答"老鼠洞"，很可能是一个贫民窟孩子才有的联想。因此，我们的问题提出研究更关注质疑问难的批判性学习意义。

第四节 学生自为的问题提出

一、学生提出问题的现状分析

1. 相关调研的统计分析

早就有"上课主动举手发言与年龄成反比"的调查研究结论。新一轮课程改革以来，课堂的变化有目共睹，学生学习的主体性更加凸显，师生对话、生生对话用时大幅增加。但学生的话语权还是以回答教师提问为主，以解决问题为主。近年来，一些针对课堂教学的定量研究，从不同侧面印证了课堂上学生主动提问一如既往，仍然是稀缺现象。

例如，一项教学现场样态研究，从全国性竞赛课、观摩课中选择86节（含16节小学数学课）为对象统计分析结果表明，"对大多数学生来说，他们的绝大部分课堂时间(68%到90%)是用于听别人讲(教师独白或师生一对一问答)"[1]。又如,从国家级小学数学优秀课例中选取13节课,对师生话语做定量分析的研究发现:教师话语量多于学生话语量;教师的长话语机会明显多于学生,学生的发言大多属于短话语;学生齐言现象明显,齐言内容大多为5字以内的短话语[2]。这些旨在示范辐射的"标杆课"尚且如此,常态下的课堂教学也就更难奢望了。

有一线教师问卷调查两所普通小学三年级4个班的学生,发现20%的学生甚至不知道"提出数学问题"是什么意思,在回答"请提出一个数学问题"时,85%的学生不会提[3]。

2. 我们的归因分析

在此基础上,还有必要根据课堂观察与访谈交流,进一步筛选、归纳学生的典型现象,作出定性归因分析。

(1) 学生没有自己的问题。

客观原因是思考时间不足,课堂上学生对新学内容的短暂性接触使其难以立即提出问题;主观原因是习惯于被动学习,以为接受、记住教师的讲解就能掌握新知识,因而思维活动浮于表面,缺乏主动的深入思考。

(2) 学生怯于提出问题。

主要原因是课堂氛围不够宽松。主要表现如学生看到教师心里比较紧张,或者担心自己提出的问题过于简单,受到教师嫌弃或同学嘲笑,有问题而不敢提。这些学生往往会显示出矛盾的心理,既想要提问,又害怕提问,结果常常成为教学活动的旁观者。久而久之,不敢问就可能沦为不会问。

调研中部分家长反映,孩子回家后经常会问一些与课堂学习内容相关的问题。例如,学了"几分之一",看到快递送来一箱苹果(12个),说:平均分成2份是6个,平均分成3份是4个……分数$\left(指\frac{1}{2}、\frac{1}{3}\right)$怎么是个没用的东西呀?

---

[1] 丁朝蓬,刘亚萍,李洁.新课程改革优质课的教学现场样态:教与学的行为分析视角[J].课程·教材·教法,2013,33(05):52-62.

[2] 赵冬臣,马云鹏,张玉敏,韩玉婷.小学数学课堂师生话语的定量研究——以13节优秀课例为例[J].上海教育科研,2014(12):46-49+30.

[3] 颜淑兰.小学生数学问题提出的现状与对策[J].亚太教育,2015(25):13-14.

又如,指着教材的韦恩图(图6-8)问:菱形应该画在哪里呢?

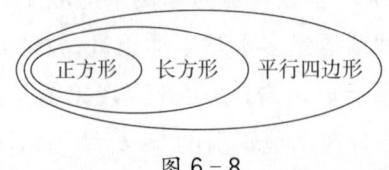

图 6-8

这类有问题但在课堂上不敢问或没机会问的学生绝非个别。

很明显,这里列举的两个学生的疑问都富有教学价值。

例 6-12 学生回家提出问题的释疑。

6个、4个是每一等份苹果的具体数量,$\frac{1}{2}$、$\frac{1}{3}$是每一等份苹果数量与整箱苹果数量的关系。"量"与"率"的初步辨析已经触及分数的本质意义。

菱形也是特殊的平行四边形,韦恩图稍加修改(图6-9):

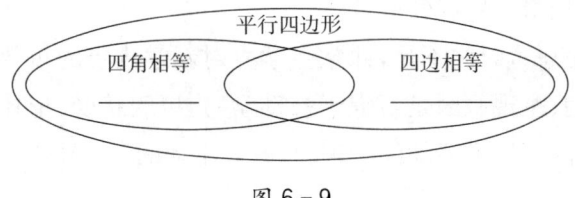

图 6-9

让学生在三条横线上填写长方形、菱形、正方形,则平行四边形由一般到特殊的变化关系就跃然眼前了。

(3) 学生提出无效问题。

这里的"无效",指当前教学难以讨论或"无关"。例如,上面学生回家问家长的两个问题涉及后续学习的内容,常常被教师归入当前教学无效问题,而不予理睬或回应失当。

还有不少学生在课堂活动中能主动学习,积极思考,也敢于提出问题,但是往往提出的问题没有涉及本课知识的内涵,或者表达不够清晰,使得教师和同学都无法理解问题的指向。

更多的是提出无关的幼稚问题。例如,教师给出两个已知条件:小兔昨天采了6个蘑菇,今天又采了8个蘑菇。请学生根据这两个条件提一个问题,有学生提出的问题是:小兔明天采了几个蘑菇?小兔吃了几个蘑菇?等等。

从学生角度入手,透过现象剖析原因,能为探讨如何提升学生的提问能力提供学情依据。

二、小学生的问题域不容低估

儿童天性好问。教师若能创造条件并鼓励发问,小学生的问题域其实是相当大的。试举两例。

例 6-13 教学"认识人民币",课前布置学生每人提出一个有关人民币的问题,借用家长的手机发语音微信给老师。新颖的作业形式令学生非常兴奋,提出的问题五花八门:

- 钱是怎么印的?
- 人民币是谁发明的?
- 纸币背面的右上角是些什么文字?
- 为什么硬币是圆的,纸钱(币)是方的?
- 为什么人民币后面还有一条一条银色的东西?
- 为什么美元比人民币贵?
- 人民币和美元是怎么(兑)换的呀?
- 其他国家的钱跟我们的人民币一样吗?
- 为什么人民币没有30、40、60元的?
- 为什么人民币是1、2、5、10、20、50上去的?

……

其中,既有与数学课关系不大且教师很难回答的问题,也有一年级第二学期学生能够探讨的问题,如最后两个问题,可以启发学生应用数的组成或加减法,理解其他面值都能被简单替代。

例如,怎样付钱、找钱?

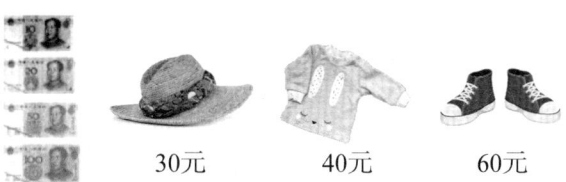

30元　　40元　　60元

帽子:10+20,50-20;衣服:20+20,50-10;鞋子:10+50。所以,只用两张纸币就行。

如果用三张纸币,帽子:100-50-20,20+20-10;衣服:100-50-10,50+10-20;鞋子:100-20-20,50+20-10。

通过游戏,在玩中悟,一年级小学生也能初步感知币值设计的合理性。

例6-14 教学"角的度量",课后收集学生提出的问题:

- 1度是谁定的?
- 量角器是谁发明的?
- 为什么1度是圆的360分之一?
- 量角器只有一圈刻度可以吗?
- 大于180度小于360度的叫什么角?
- 一个角外面的那个角叫什么角?
- 平角和直线有什么区别?
- 周角和射线有什么区别?
- 0度角和周角有什么区别?
- 有没有大于360度的角?

……

其中,前两个问题无从考证,后面的问题都能引出一系列相关的新认知。而且除了第三个问题宜留待学习"因数与倍数"时解答,其他问题都能启发学生根据已有知识初步释疑。以最后两个问题为例:

不妨请提问学生起立,向前伸直一条手臂表示0度,连续两次向后转,问:旋转了多少度? 有区别吗?

由此,"有没有大于360度的角"也有了答案,如有学生获得启发说"体操运动员还有旋转一千多度的"。

儿童除了好问,也好奇,这使他们偶然也会有一些数学发现。例如,一位学生发现[1]:

4+5+6的和能被3整除,

---

[1] 曹培英.小学数学教学改革探析——在规矩方圆中求索[M].北京:人民教育出版社,2004:202.

$6+7+8+9+10$ 的和能被 5 整除，

……

归纳、概括：奇数个连续自然数的和能被该奇数整除。

更多的小学生常常发现一些计算规律。例如，一个数乘 5，给这个数添一个 0 除以 2，便于口算。进而推出：

一个数乘 25 等于这个数添两个 0 除以 4，

一个数乘 125 等于这个数添三个 0 除以 8，

一个数乘 15 等于这个数加上它的一半再添一个 0，

……

这些发现以结论（命题）的形式陈述，其实也是问题。如同数学家的发现，在被证明之前一概称为"问题"，证明之后便是结论。

上面这些小学生发现的数学问题，都能启发他们利用小学数学的知识解释其算理。例如，奇数个连续自然数的和等于居中那个数乘该奇数，所以一定是该奇数的倍数。

$4+5+6=5\times3$，是 3 的倍数，

$6+7+8+9+10=8\times5$，是 5 的倍数，

……

第五节　学生问题提出能力的培养策略

如前所述，根据问题情境、条件提出问题，其思维活动主要是理解、推理，即领悟情境、条件的数学意义，由因导果地推出结论。本质上还是解题思维训练。最多是从"命题作文"发展为"材料作文"，因而还很难从根本上激活学生的问题意识。

事实上，发现问题、提出问题，是创新思维的结果。既然是创新思维，就别

指望有一种行之有效的、简便易行的训练方式。

基于上面的学情分析,培养学生问题意识和提出问题能力的首要策略,当推创设和谐、宽松、民主的课堂教学氛围,尽可能降低学生的学习焦虑,并给学生留出提问的时空。这其实是人所共知的两项前提条件。

更具技术性的策略主要有以下几条。

一、拓展情境的问题空间

一般来说,教材的设计要考虑各地学校、教师、学生的普适性,因而问题空间受到了控制。这也给教师因生制宜留下了发挥的余地。

拓展情境的问题空间,必须同时考虑情境与问题的设计要兼顾开放性、挑战性、探索性、启发性与适切性。

例 6-15 教学等底等高的三角形,试分析下面两种教材设计的得失。

教材一(图6-10):看似开放的问题"你发现了什么",因"分别计算面积"的明确指示,探索性有限,也就无所谓挑战性、启发性。因为正确计算之后,结论显而易见,无非是等底等高的三角形面积相等。

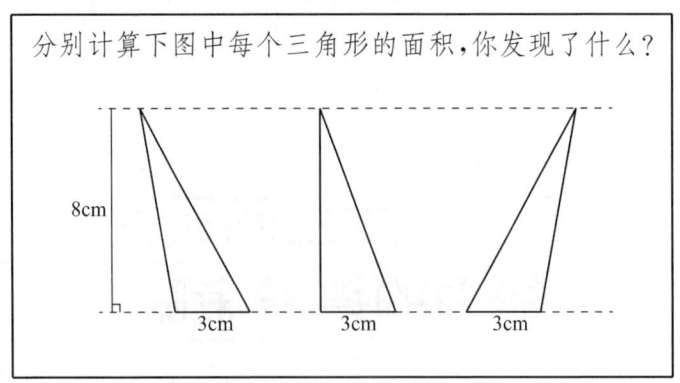

图 6-10

教材二(图6-11)[1]:摒弃了"你发现什么"的提问方式,不但第二问开放性明显,第一问也同样具有开放性。

---

[1] 人民教育出版社,课程教材研究所,小学数学课程教材研究开发中心.义务教育教科书·数学(五年级上册)[M].北京:人民教育出版社,2014:94.

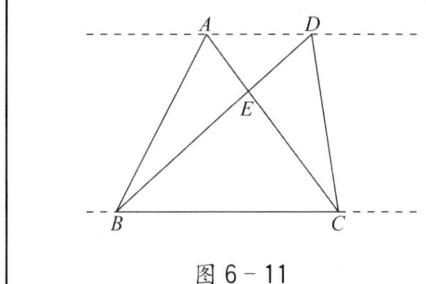

图中哪几对三角形的面积相等？（两条虚线互相平行）

你还能画出和三角形 ABC 面积相等的三角形吗？

图 6-11

除了同底等高的一对三角形，由图还能推出三角形 ABE 与三角形 DCE 面积相等。如果连接 AD，则还有第二对同底等高的三角形。挑战性、探索性适切一般水平的学生。

教材二尽管指导语没有陈述结论的要求，但三角形 ABC 与三角形 DBC 为什么相等能自然引出结论，再应用结论画图。

教学至此，发现结论、应用结论的过程趋于完整，通常就画句号了。

其实，这一常规课题还蕴含继续探索的空间。一次，概括结论时教师问：发现了什么？有学生回答面积不变，两条边长变了，周长跟着在变化，三个角也在变化。教师受到启发，再次教学时有意识予以引导：等底等高的三角形面积不变，其他呢？果然有学生呼应。

生 1：周长可能变大、也可能变小。

生 2：三角形越往两边画，周长越大。

生 3：三角形越往中间画，周长越小。

师：会一直小下去吗？

生 3：不会，好像等腰三角形周长最小？

师：能验证你的猜想吗？

……

可见，教师利用学生画图的感受（面积相等的三角形边长在变化），拓展问题空间，引出一个新的数学发现：BC 为底的等腰三角形周长最小。这种发现（猜想），恰恰是最有价值的数学问题。

学生可以通过度量比较加以验证，然后教师运用几何画板演示（同时显示周长的数值变化）予以确认。

作为教师,可以将边集中到一个三角形中来,根据三角形三边关系的结论证实猜想(图6-12)。

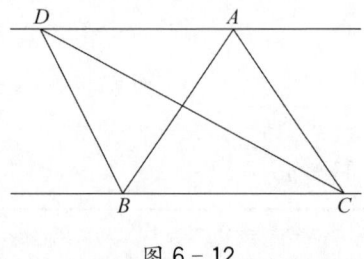

图 6-12

要比较等腰三角形 ABC 与三角形 DBC 的周长,只要比较 $BA+AC$ 与 $BD+DC$。

如图 6-13,先延长 BA,使 $BA=AF$,则三角形 ACF 是以 CF 为底的等腰三角形;再连接 DF,则三角形 DCF 也是以 CF 为底的等腰三角形,所以 $DC=DF$。

在三角形 BDF 中,$BD+DF>BF$,即 $BD+DC>BA+AC$。

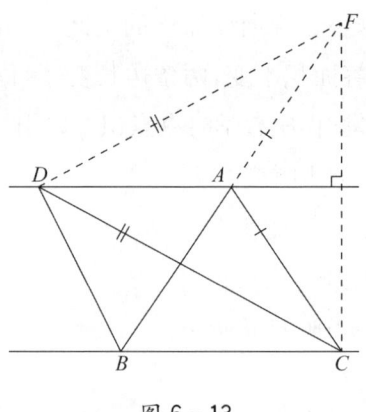

图 6-13

小学生能够根据等腰三角形与轴对称的已学知识理解证明过程,但添辅助线的过程对他们来说有点突兀,为什么 DA 所在直线垂直于 CF 也难以用小学数学的知识说理。

此外,这一常规课题还蕴含着另一个猜想:以 BC 为底的等腰三角形顶角最大。学生同样可以度量比较验证。若证明,也要用到初中的几何知识。

类似地,算术知识也有能够拓展问题空间的情境。

例 6-16 教学"2、5、3 的倍数的特征"。

目前多数教材设计的情境是"百数表",让学生分别圈出 2、5、3 的倍数,再找规律。事实上,很多学生并不满足于发现"特征",他们还会提出问题:为什么判断 2、5 的倍数只要看个位,而判断 3 的倍数要看各位上数的和?

只要适当拓宽问题空间,不但能使学生知其所以然,还能启迪学生获得一系列新的发现。

(1) 2、5 倍数特征的理解与类推。

让学生完成学习单:

$$35 = 30 + (\quad)$$
$$316 = 310 + (\quad)$$

因为整十数如 30、310 都是 2、5 的(　　),所以:

① 判断一个数是否为 2、5 的倍数只要看(　　)位。

② 判断一个数除以 2、5 的余数只要看(　　)位数。

例如,316 除以 2 的余数是(　　),除以 5 的余数是(　　)。

③ 想一想,判断一个数是否为 2、5 的倍数只要看末位,那么判断一个数是不是 4、25 的倍数呢? 验证你的猜想。

_____

④ 继续类推,还有其他猜想吗?

_____

在独立思考、填空的基础上小组合作探究,一般学生都能由 2、5 类推 4、25,进而类推 8、125。因为毁誉参半的简便运算,使得学生对这三组数有着特别的敏感。

(2) 3 的倍数特征的理解与类推。

师:一个多位数,去掉各位上数的和,剩下部分有什么特点?

教师演示:

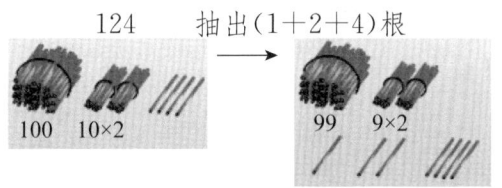

$$124 = 100 + 10 \times 2 + 4 = \underline{99 + 9 \times 2} + \underline{(1 + 2 + 4)}$$
剩下部分　　各位数的和

生:剩下部分是3的倍数。

师:这就和判断一个数是否为2、5倍数的道理一样,谁来说说看?

生:一个多位数可以分成3的倍数与各位数的和两部分,所以只要各位数的和是3的倍数,这个数就一定是3的倍数了。

……

师:看图还有什么猜想?根据各位上数的和还能判断哪个数的倍数?

生:还能判断9的倍数。

师:能判断除以3、9的余数吗?以124为例说说看。

……

上述教学片断,从2、5、3的倍数特征到4、25、8、125、9的倍数特征,从判断倍数到判断余数,问题空间的拓展启发学生提出了一系列以猜想(结论)句式表达的问题。

二、教师设问诱导学生提问

研究教师的设问,历来受到重视。目前大家都比较热衷于"大问题""核心问题""关键问题"的探讨。这些指向知识结构、内涵的问题,是教师反复钻研所教内容,自己醒悟、参透之后的提炼,并不都能诱发学生提出问题。当然,问题设计得好,能成为学生思考的路标,促进学生理解所学知识,不同程度地领悟知识的本质。但要激活学生的问题意识,还必须关注问题的启发性,特别是有意识地留白。

为简化叙述,选择一个对话比较简短的案例。

例 6-17 教学"平行四边形的面积"。

学生看书、自学、汇报后,教师问:还能怎样剪拼?让学生在点子图上画出自己的方法并交流(图6-14)。

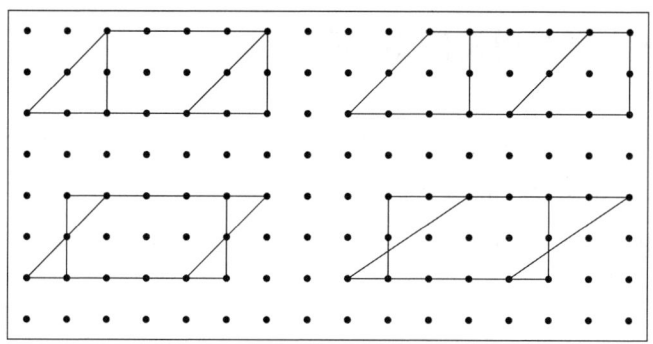

图 6-14

师：看了这些不同的剪拼方法，你有什么问题想问？

生：不同的剪拼方法有什么共同点？

生：都是沿着高剪开。

生：为什么要沿着高剪？

生：为了转化为长方形。

生：为什么不拉成长方形？（拿出平行四边形的活动学具，边拉边问）

生：因为拉成长方形面积变了。

生：我们要找出平行四边形的面积公式，面积不能变。

生：拉动平行四边形，什么不变？

生：周长不变。

生：拉动平行四边形，面积会怎样变化？

生：面积会变大。

生：什么时候面积最大？

生：拉成长方形时面积最大。

生：面积会变小吗？

生：会的，最小变成一条线段，面积是 0 了。

……

教师的一个引导性问题，兼具启发与留白，引出学生的一连串问题。学生问，同学答，促进了认识的深化，也令听课教师叹为观止。

三、学生疑惑引发同学提问

为了让学生成为提问者,教师除了自己提出引导性问题,还可以把"球"抛给学生,在生生互动中生成问题。

例 6-18 如图 6-15,两个相同的直角梯形部分重叠,求阴影部分面积。(单位:厘米)

师:有困难的请说出你的困惑。

生1:上底怎么求?

师:能求出梯形上底吗?谁来帮助他?

生2:上底求不出来的,你想怎么求阴影部分面积?

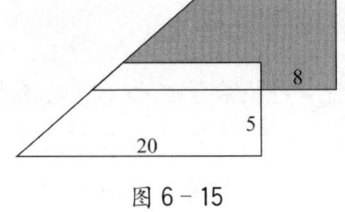

图 6-15

生1:我想用梯形的面积减中间空白部分面积。

生2:就算知道上底,能求梯形面积吗?

生1:梯形的高也不知道。

师:说明梯形面积减中间空白部分的思路行吗?

生1:不行。

师:谁来启发他一下?

生3:你能找到与阴影部分面积相等的部分吗?

生1:我找到了,是最下面的梯形。

师:这个问题问得好!通过提问启发同学自己想明白是最好的帮助。

教师两次将球抛给学生,第一次,学生的对话使大家明确了"梯形面积减中间空白部分"的想法行不通,必须改变思路;第二次,生3提出的问题使受困同学得到了点拨。看来,"谁来启发他"比"谁来帮助他"的效果似乎更好一些。

在问题解决过程中,让学生相互启发是一种常规手段。鼓励学生"通过提问启发同学"值得提倡。因为受益的不仅是受教学生,发问学生的提高更大。能够用疑问句点出解题关键,获得理解、表达两方面的锻炼,也是一种难能可贵的学习体验。

四、从课始(前)、课末(后)入手

课始(前)、课末(后)本是让学生提出问题的常规时段。这两个时段让学生提问,对教学预设的影响相对较小,无需超人的应变技巧,一般教师也能调控。因此,不妨从这两个时段入手尝试开展提问教学,积累经验逐步扩展。

从目前的实践状况来看,课始由学生提出问题尚处在初级阶段。例如,让学生看着课题说"想知道(学习)什么",极易落入套路,说来说去无非是"是什么?为什么?怎么做?怎么用"这几个几乎每节新授课都能套用的问题。尽管这些问题能启发探究、思考,也能促进理解,但容易形成定势,不用多久,师生都会索然无味。

对此,可以改为课前先预习或在当堂看书自学的基础上,再让学生就自己不理解的地方或还想知道的提出问题,效果会更好。

根本性的改进在于加强课前的学情调研,真正了解学生已经知道了什么,有哪些迷思概念、困惑,还想知道什么。我们将其概括为把握学生的"四知"(已知、未知、想知、能知)[1]。只有暴露学生头脑中的真问题,才能有效激活学习需求,真正触动学生的问题意识,增强发现问题的能力。

课末让学生提问题也容易流于形式,往往出现下课前见惯不怪的对话。

常见现象一(以没有问题结束):

师:还有什么问题?

生(齐):没有。

师:好。下课!

常见现象二(敷衍了事):

生:我还想知道……

师:真好,铃声响了,你们还有这么多问题,那就带着自己的问题继续思考吧。下课!

如何扭转这些状况:其一,教师应改变泛泛而问,根据本课具体内容,从归纳、类比、追根溯源、拓展应用等视角引导学生提出问题;其二,针对问题给予

---

[1] 徐梦杰,曹培英.精准针对学生差异的学情分析研究[J].课程·教材·教法,2016(06):62-67.

简要指点,布置任务或提出希望,让学生的问题落地。

例 6-19 教学"商不变性质"的课末对话。

师:今天我们用举例验证的方法探究、总结了被除数、除数怎样变化商不变的规律,课后你们还想运用这种方法研究什么问题呀?

生1:我想探究因数怎样变化,积不变。

生2:我想探究加数怎样变化,和不变。

生3:我想发现差不变的规律。

师:真好!这些问题可以自己独立研究,也可以小伙伴分工一人研究一个,互相交流,最好能举出实际例子。下课!

次日,学生纷纷交出了自己的研究成果。探究差不变规律的学生还找到了一个生活中的实例,令人拍案叫绝:我爸爸今年比妈妈大3岁,明年、后年爸爸还是比妈妈大3岁,因为他们的年龄都加上了相同的岁数。

课末提问引发的课后自主学习,一旦进入学生的最近发展区,问题意识、探究经验就自然相伴而生。

五、让课堂静下来

课堂"静悄悄"应该是常识。然而,现在的课堂,特别是一些"展示课",安静大多恍如"奢侈"。笔者曾经组织团队,对2018年、2019年某一区域性教学观摩研讨活动与会各省市的15节课,统计教学用时分布,两次的结果如下(图6-16)。

图 6-16

数据表明,2018年的总评指出问题后,2019年情况有所好转,但一节课40分钟内不到8%的非语言时段,依然难以给学生提供足够的思考时间。由此,学生提问表现稀少也就不足为奇了。

大家都赞同学生是课堂学习的主体,问题是主体的学习行为方式以何为主?数学课当然用耳、用口与用脑、用手应当结合,但数学无可争议是思维学科,而不是语言学科,"听说"式数学教学盛行的现象必须引起我们的高度警醒与深刻反思。导致学习行为失衡的原因何在?不可否认的重要原因之一:观课者的观赏性品味与执教者的表演性追求,两者相辅相成。

如何让数学课静下来,从转变观念到付诸行动,从备课到上课,从设计到实施,需要另文专论。就学生提问简说,首先是让学生有较充裕的时间独立思考,其次是让学生有较充裕的时间自主尝试。这是通则通法,其他策略大多只能偶尔为之。

以教学平行四边形面积为例,多样化的设计不胜枚举,如设计导学单、编制绘本,甚至故意设置陷阱,让学生掉下去,再救上来。其实,让学生看教材自学,就是一种简易、有效的独立思考方式。有教师担心学生初次接触图形的剪拼,怕学生想不到,给出如下铺垫(图6-17):

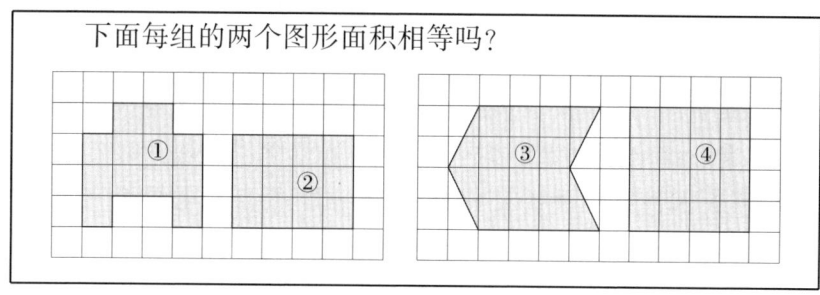

图 6-17

教学对比实验表明,铺垫之后,让学生自行操作,剪拼的成功率有一定提高,但对看书来讲,作用不大。因为教材上平行四边形的剪拼图示与铺垫相似,学生同样一看就懂。由此省下时间采用前面例6-17介绍的教法,学生有了看书理解、尝试画图两段可观的独立思考时间,再让他们自己提出问题展开深度学习,效果更佳。

六、让思维活起来

思维活跃,才能发现问题、提出问题。如何活跃学生的思维,小学数学教师首先想到的也是最擅长的策略是激发兴趣。除此之外,还有观察、实验、小组合作学习等,也是比较常用的手段。

前面已有多个凭借观察、实验(包括画图)提出问题的实例。这里再举一个综合运用这些手段与策略促进提出问题的例子。

例 6-20 教学"平行与垂直"。

有教师让学生用红、蓝两根小棒(代替直线)在纸上(表示平面)摆出两条直线在平面上的不同位置关系。先各自操作,再小组交流。全班交流总结后,教师问:还有什么问题?一位学生说:我们小组有人把两根小棒接起来,这算平行,还是相交?教师表扬了学生的创意,说这叫重合。

不料,教师的表扬引起学生课后的争论:一种认为重合是相交,理由是转动一根小棒使夹角转到0度;一种认为重合是平行,理由是移动两根平行小棒使距离缩小为0。教研组全体教师同样争论不下,出现了四种答案:特殊的相交,特殊的平行,两者皆是,两者皆不是。

听了教师的陈述,笔者被学生的质疑深深打动:没想到小学数学还有如此生动的"量变引起质变"的实例。

学生的实验操作,旋转、平移使夹角、距离趋于0,在重合的一刹那间,量变出现了质变,一个交点、没有交点都变成了无数个交点。

所以,两条直线重合既不是相交(只有一个交点),也不是平行(没有交点),是平面上两条直线位置关系的第三种情况[1]。

实验、观察激活了学生的几何直观与空间想象,小组合作学习过程中的头脑风暴促发了质疑、争论,这些都能成为学生发现问题、提出问题的沃土与催化剂。

七、捕捉生成资源,帮助学生表达

学生学习过程中的问题提出,常常需要教师敏锐捕捉。这有赖于教师的细心观察、耐心倾听,或者全面巡视、重点了解,进而揣摩心思、准确判断、即时

---

[1] 曹培英.跨越断层,走出误区:"数学课程标准"核心词的解读与实践研究[M].上海:上海教育出版社,2017:69-70.

点拨,使学生处在朦胧状态的问题成为教学可加以利用的生成性资源。

例 6-21 教学"梯形面积"。

一位教师在巡视过程中发现,有学生将梯形纸片折成了长方形,立即反应这是一种别出心裁的转化方式。于是对他说"等下你最后来交流",学生回答"我不知道这个长方形怎么算"。"没关系,会有同学帮助你。"教师的准确判断,使推导方法的交流出现了不可预约的精彩。

学生在黑板上贴出自己的折纸,教师用虚线勾勒出原梯形。学生看出长方形的宽是梯形高的一半,长方形的长只有个别学生发现是梯形上、下底的平均数。为使大家理解,教师又标注上、下底和移多补少(图6-18)。

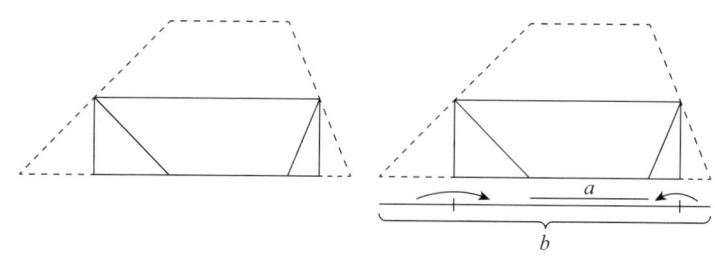

图 6-18

从而使大家都理解了这一转化猜想及其算理与推导:
$$S=(a+b)\div 2\times(h\div 2)\times 2=(a+b)\div 2\times h。$$

另一位教师看到有学生把学习单上的梯形补成了三角形,没有反应,过去了。虽然延长梯形两腰成大三角形,导出三角形面积公式有较大难度,但不失为未知转化为已知的可行方法。因此,可以帮助学生提出问题。例如,有同学想把梯形转化为三角形(画出图示,如图6-19),这是一个不错的创意,能不能推出梯形面积公式呢?感兴趣的同学课后可以去试一试。

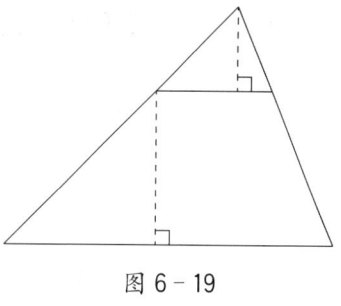

图 6-19

这样处理,既能鼓励发现、启迪思考,又避免了教学节外生枝,影响预设任务的完成。

可见,发现、识别学生的潜在猜想,妥善处置,对教师提出了新的挑战与更高的学科专业素养要求。

例 6-22 教学"等式基本性质"。

教师总结时指出学习等式性质的目的是为了解方程,未曾想引发学生的疑问。

生:等式基本性质和方程基本性质有什么区别?

师:方程也是等式,等式性质容易理解,中小学都用它来解方程。不过,运用时还是要注意区别。比如,$3×4=12$,等式两边可以都乘0,变成了?

生:$0=0$。

师:对,还是等式。但是方程不行。比如,$3x=12$,能两边都乘0吗?为什么?

生:不能,因为两边都乘0,变成$0=0$,不是方程了。

这不是预设的教学内容,既然学生提出了问题,不费多少时间就能举例说明,显然是可取的随机应变。

其实,学生并不知道方程也有基本性质(叫做方程的同解原理或同解定理)。揣测该生提问背后的思考是:为了解方程,怎么不学方程基本性质,而学等式基本性质呢?在教师的头脑中,等式基本性质就是为解方程提供依据,习以为常,但学生感觉有些"别扭"。教师理解了学生的意思,才能恰如其分地作出解释或因势利导。

八、设置问题口袋,记录、积累问题

这方面,青岛版小学数学教材走在了前列。该套教材从它诞生之日(2001年)起,就引进了"提问教学"。几乎每道例题都给出情境,并专门设置"卡通问号"栏目,要求教学时先让学生提出问题。编者建议问题可以分为三类:已经学过的、当下要学习的、将来要学习的。更富创意的是每个单元都设置一个"问题口袋",让学生将自己提出的问题记录在教材上。一次,蔡金法教授回国讲学涉及问题提出,笔者向他推介青岛版教材已就问题提出成系统地实践了近二十年,蔡教授听了非常惊讶:"我怎么一点都不知道,太好了。"

确实,学生记录自己提出的问题,益处颇多,尤其有利于温故知新,使他们看到自己在学习上有进步。试举一例。

例 6-23 学习"除数是一位数的除法",一名学生记录下自己的问题。

我的问题:

1. 除法为什么要从十位开始除?

学习例 2 时我知道了,52÷2 如果从个位开始算,要除 3 次,从十位开始算,只要除两次,更简便。

2. 如果有余数,还能除下去吗?

老师说,以后学了小数除法,还能除下去。我好想知道小数除法怎么做,是不是像余下 1 元,变成角、分,再除下去?

3. 检查有余数除法,为什么要先看余数是不是比除数小,再验算?

如果余数比除数大,商×除数+余数,算出来也会等于被除数。

鉴于教材上"问题口袋"的书写空位有限,教师让学生把自己的问题记在本子上,并要求写下解答。

该生的前两个问题,恰是学习的承前与启后。其中,问题 1 是很多学生的困惑,因为前面学的加法、减法、乘法竖式都是从个位算起,为什么除法要"反过来"呢? 遗憾的是,迄今还没有一套教材的例题针对学生这一疑问设计解答。

问题 2 由自己的问题提出了个人的猜想。

问题 3 其实是验算教学较为常见的盲点,很少见到强调检查步骤的教学(图 6-20):

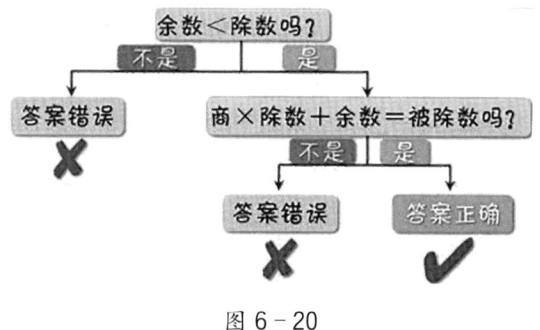

图 6-20

很明显,学生能坚持这样的记录、整理,对于培养问题意识,提高学习能力,也都是极为有益的。

如今,"问题口袋"成了国内多数教材的"标配"。相信随着实践的深入,会有更多、更好用活"问题口袋"的经验与做法。

第六节　教师的挑战

教师作为课堂教学的组织者、引导者、合作者,对学生的数学学习具有举足轻重的影响。有研究指出,教师本身是否具有问题提出的能力是学生能否有机会参与问题提出活动的关键,教师自身的问题提出表现与预测学生的问题提出表现之间正相关[1]。这就从一个侧面说明,开展提问教学,培养学生的问题意识与提出问题的能力,对教师的专业能力提出了新的挑战。

前面的相关阐述侧重教学的设计与实施,本节再就教师的学科功底与教学智慧给出建议。

一、夯实数学功底,提升学科素养

教师的数学知识功底与数学思维素养,在很大程度上决定了教师自己提出问题、启发学生提出问题和应对学生提问的水平。

以"等底等高的三角形"这一教学内容为例。

首先,只有当教师自己发现了其中蕴含着可供拓展的问题空间,才会有意识地作出启发(例6-15):等底等高的三角形面积不变,其他呢?才会有学生的反应,进而思考、探索等底等高三角形周长(边长的总和)以及角度的变化,发现可能存在的最值。

其次,也只有当教师对问题有足够的理解、把握,才能作出适当的引导决策。例如,是提醒学生测量验证,还是启发他们说理。

前面例6-15探讨了周长的最小值,这里讨论角的变化。

学生容易发现,随着顶部的角往两端移动越来越小,引起底部的两个角一个越来越接近平角,一个越来越趋近0度,进而猜想,顶部的角移动到中间,应

---

[1] 李欣莲,宋乃庆,陈婷,蔡金法.小学数学教师"问题提出"表现研究[J].数学教育学报,2019,28(02):1-6.

该最大。如果教师使用几何画板进行演示，那么学生在观察过程中很快就能发现，顶部角的顶点居中时该角取得最大值。这一发现能否确认？简要证明如下：

如图 6-21，为比较 $\angle BAC$ 与 $\angle BDC$ 的大小，作三角形 ABC 的外接圆，E 是外接圆与 DC 的交点，连接 BE，则 $\angle CEB$ 是三角形 DEB 的外角，且 $\angle CEB = \angle BAC$（同弧所对的圆周角相等）。因为 $\angle CEB > \angle D$（三角形的一个外角大于与它不相邻的任一内角），所以 $\angle BAC > \angle BDC$。

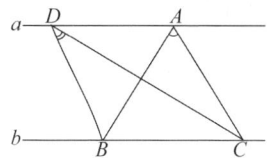 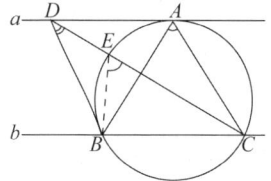

图 6-21

同样，数与代数领域的问题提出，也需要教师具备小学教材之外的相关数学知识与数学素养。

例如，前面的例 6-16 解释倍数特征的算理，之所以启发学生将一个多位数拆成两部分，是因为两数和的整除性质：如果两个数中的一个是某自然数的倍数，那么两数和是该自然数倍数的充分必要条件是另一个数也是该自然数的倍数。

通常教学中不会提及这条定理，作为教师应当清醒认知它是潜在的理论依据，我们"用而不宣"，是因为显而易见，权作数学基本事实，将它归入学生的"数学经验"。

如果说这两个案例也可以视为教师设计的问题提出，那么学生自发的问题提出，更需要教师储备足够的学科知识。

例 6-24 学习角的认识，常有学生发问：为什么放大镜不能放大角？

有教师引导学生用放大镜看三角尺，学生发现刻度放大了，直角还是直角，锐角还是锐角。可是，学生仍然困惑不解。

生：为什么角不放大呢？

师：角当然不放大，放大了直角变成钝角，还是三角尺吗？

学生无语。

如果教师清楚放大、缩小是形状不变的相似变换，相似变换的本质是"保角变换"，就可能解释得更加明白一些。例如，放大镜只改变图形的大小，不改变图形的形状，方的还是方的，圆的还是圆的。

显然，深入才能浅出。

同样的问题，有时也会出现在六年级比例尺的教学中。很少见到教师启发学生通过放大、缩小的画图，感悟角度不变保证了图形的现状不变，反之亦然。

教师的学科素养也是根据教学需要与学生的不同层次提出不同难度水平问题的基础性条件。

二、积累敏锐判断、灵活应对的经验

除了数学功底，同样不可或缺的还有敏锐判断、审时度势的应对智慧。这种智慧主要基于经验的积累，而经验的有效性，既有赖于教师的学科素养，又离不开对学生的了解。如前面例 6-21 引出的问题：学生将梯形两腰延长相交成大三角形，能推导出梯形面积公式吗？

师生都能想到推导思路，即大、小三角形面积相减，且都能发现小三角形的高未知。

例 6-25 教师还应有的判断是：

大、小三角形相似，由相似比即可用梯形的高来表示小三角形的高，该思路可行。但比例线段的知识超出了小学数学的内容范畴，能否另辟蹊径一时可能没把握。因此，除了鼓励学生课后试一试，还可坦率承认，老师从没想到这样推导，课后也会试试。

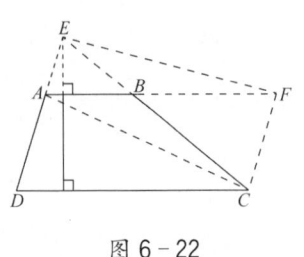

图 6-22

这里给出一种回避比例线段，用"平行线之间的距离处处相等"与"等底等高的三角形面积相等"等学生已有知识来说理的证法：

如图 6-22，设梯形 $ABCD$ 的上底、下底、高分别为 b, a, h，DA 与 CB 的延长线交于 E，三角形 EAB 的高为 x，则

$$S_{梯形ABCD} = S_{\triangle EDC} - S_{\triangle EAB} = \frac{1}{2}a(h+x) - \frac{1}{2}bx$$

$$= \frac{1}{2}ah + \frac{1}{2}ax - \frac{1}{2}bx = \frac{1}{2}ah + \frac{1}{2}(a-b)x。$$

由此发现,关键在于找出底为$(a-b)$,高为x的三角形。作$CF /\!/ DA$,交AB的延长线于F,则$AFCD$为平行四边形,BF为梯形$ABCD$上、下底的差。连接EF,则三角形EBF的面积为$\frac{1}{2}(a-b)x$。连接AC,则三角形ECF与三角形ACF同底、等高($CF /\!/ DE$),面积相等,它们都减去三角形BCF的面积,差相等,于是三角形EBF与三角形ABC的面积相等,即$\frac{1}{2}(a-b)x = \frac{1}{2}bh$。所以,

$$S_{梯形ABCD} = S_{\triangle EDC} - S_{\triangle EAB} = \frac{1}{2}ah + \frac{1}{2}(a-b)x = \frac{1}{2}ah + \frac{1}{2}bh = \frac{1}{2}(a+b)h。$$

显然,是否提议学生尝试,向哪些学生建议,需要教师根据对学生的了解酌情处理。有研究指出,教师对学生的思维了解越多,为学生提供的学习机会也越多[1]。

如本章第四节所指出的,小学生的问题域不容小觑。他们通过课后练习,有时也会有出其不意的发现。

例 6-26 一位学生计算$31 \times 29 = 899$,偶然联想:不正好是$30 \times 30 - 1$。于是试探$21 \times 19, 11 \times 9, 41 \times 39$,都是整十数(两个因数中间值)的平方减1。

第二天,学生在班上发布自己的发现,教师当即反应:这是平方差公式的特例。进而启发:只要两个因数相差2,都是这个规律。学生将信将疑,纷纷尝试:

$$13 \times 11 = 12 \times 12 - 1,$$
$$14 \times 12 = 13 \times 13 - 1,$$
$$15 \times 13 = 14 \times 14 - 1,$$
$$\cdots\cdots$$

---

[1] 李欣莲,宋乃庆,陈婷,蔡金法.小学数学教师"问题提出"表现研究[J].数学教育学报,2019,28(02):1-6.

这是什么原因呢？教师利用方格纸,通过图示使学生获得理解(图 6-23)。

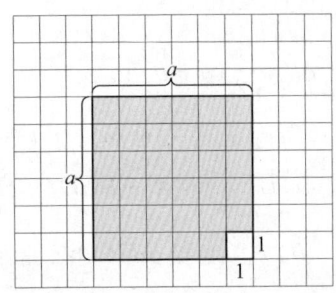 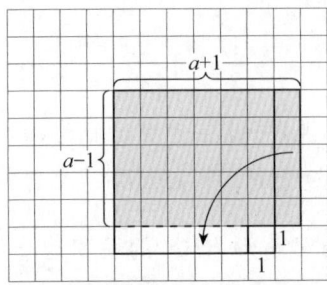

图 6-23

学生的探究欲望鼓舞了教师,进一步还开发了供六年级学生使用的如下探究学习单：

(1) 计算并观察下列每组算式：

① $9 \times 9 - 7 \times 7 =$　　② $15 \times 15 - 5 \times 5 =$　　③ $21 \times 21 - 9 \times 9 =$

　$16 \times 2 =$　　　　　　　$20 \times 10 =$　　　　　　　$30 \times 12 =$

(2) 已知 $32 \times 10 = 320$,那么 $21 \times 21 - 11 \times 11 =$ _____。

(3) 你能举出一个类似的例子吗？

_____

(4) 从以上过程中,你发现了什么规律？

(5) 你能用语言叙述这个规律吗？你能用字母表示这个规律吗？

_____

$a^2 - b^2 =$ _____

(6) 用图形来验证。

求下图中阴影部分的面积。

　　　小强的算法：　　　　　　　小雅的算法：

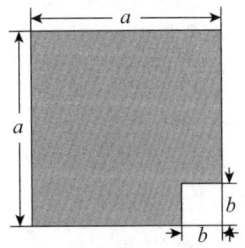 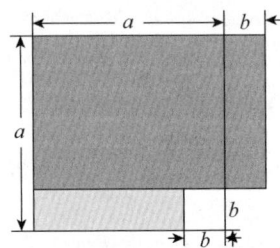

说明：$a^2 -$ _____ = _____ 。

(7) 已知 $56×56-1=3135$，那么 $57×55=$ _____。

(8) 用字母表示：$a^2-1=$ _____。

显然，学生发现问题、提出问题与教师的创新、开发新问题必然相辅相成、教学相长。

教师的应对经验还表现为，对小学数学教材整体编排的通晓与对本班具体学生理解水平的把握。

例如，二年级学生学了表内乘法后，常常会问"为什么口诀只到 $9×9$ 为止"。是当即举例说明，还是笼统回答"更大数的乘法都能转化为表内乘法，到三年级就知道了"，取决于教师对提问学生接受能力的估判。

这一例子提醒我们，培养学生的问题意识需要长期持续的努力，需要教师成为有心人，有意识记下学生曾经提出的问题，待时机成熟时予以释疑解惑，这样才能不断激发学生的提问欲望。

综上，怎样结合日常教学活动，培养学生的批判思维与问题意识，使他们敢于质疑，善于发现问题、提出问题，各方面的研究都还有很大的深化、发展空间，有待继续探索。